예수님을 어떤 분으로 알고 믿는가

요한복음에서
만난
예수님

조치민 지음

Q 쿰란출판사

예수님을 어떤 분으로 알고 믿는가

요한복음에서 만난 예수님

머/리/말/

"태초에 말씀이 계시니라 이 말씀이 하나님과 함께 계셨으니 이 말씀은 곧 하나님이시니라"(요 1:1).

요한복음의 첫 구절은 요한복음이 다른 복음서들 – 마태, 마가, 누가복음 – 에 나타나지 않은 예수님의 또 다른 모습을 보여주기 위해 기록되었다는 것을 말해준다. 마가복음은 1장 1절에서 "하나님의 아들 예수 그리스도의 복음의 시작이라"고 선언한다. 이것은 1장 2절부터 마지막 장인 16장까지, 곧 마가복음 전체가 예수 그리스도의 복음이라는 것이다. 일반적으로 마가복음이 말하는 예수님은 "고난 받는 종"으로서 메시아를 그리고 있다고 한다. 예수님이 행하신 일 – 병든 자를 고치고 귀신을 내어 쫓으며 배고픈 자들에게 먹을 것을 주고 가르치신 것 등 – 들은 과연 메시아가 와서 행할 일들이었다.

그러나 이것이 전부가 아니었다. 예수님이 하나님께서 보내신 메시아라는 결정적인 증거는 죄인들을 위해 그들이 당할 고난을 대신 당하는 것이었다. 마가복음은 예수님이 하나님께서 보내신 메시아로서 죄인들을 위해 고난을 받으시고 십자가에 매달려 피 흘려 죽으셨음을 말하고 있다. 이것은 예수님을 따르던 제자들이나 메시아를 기다리던 모든 사람들에게 충격적인 일이었다.

요한복음에서 만난 예수님

　마가복음을 통해 예수님이 행하신 이적들을 경험하기 원하고, 그저 놀라운 가르침을 듣는 것에만 머물러 있으면서 예수님을 메시아로 믿는다면, 그래서 죄인인 자기를 대신하여 십자가에 못 박혀 피 흘려 죽으신 예수님을 메시아로 믿지 않는다면 그는 예수님을 믿는 자가 아니다. 예수님의 십자가의 죽음이 걸림이 되거나 거슬리는 자는 하나님께서 택하신 자가 아니다.

　다른 한편으로 마가복음의 예수님을 고난받는 종으로, 섬기기 위해 오신 분으로 오셨음을 지나치게 강조하여 실제로 예수님을 섬기는 분으로만 대하는 경우가 있다. 나 같은 죄인을 대신하여 죽으셨다는 것을 인정하고 감사하면서 예수님을 구주로, 주님으로 믿고 부르지만, 실제로는 예수님을 자기의 구원을 위해 돕는 자, 자기 삶의 여러 필요를 도와주는 분, 자기를 섬기려고 오신 분 정도로만 여기는 경우가 있다는 것이다.

　인간의 죄성이 예수님이 나를 대신하여 십자가에 못 박혀 죽으셨다는 것을 그저 나를 위해 해주신 고마운 일 정도로만 받아들이게 한 것이다. 그리고 여전히 자기가 주인 노릇을 한다. 이 또한 예수님을 주님으로 믿는 자가 아니다. 예수님을 주님으로 믿고 모신 자가 아니면 그는 예수님을 믿는 자가 아니다.

분명하게 기억하자. 예수님이 고난을 받고 십자가를 지신 것은 죄인들을 위한 일이기 전에, 하나님 아버지의 영광을 위해, 하나님 아버지의 이름을 영광스럽게 하기 위한 것이었다. 하나님께서도 자기의 영광을 위해 예수님을 보내셨고, 자기의 영광을 위해 예수님으로 하여금 십자가를 지게 하신 것이다.

마가복음의 경우가 마태복음과 누가복음을 통해서도 일어난다. 예수님이 구약의 약속대로 다윗의 혈통에서 왕으로 오신 메시아라는 것을 증거하기 위해 마태복음이 기록되었다는 이해가 현세의 삶에서 예수님을 통해 태평성대를 이룰 수 있다는 기대를 가지게 하는 잘못을 범하곤 한다. 이것은 유대인들이 다윗의 시대처럼 태평성대를 열어줄 메시아를 대망한 것과, 제자들이 예수님을 정치적이고 경제적인 메시아로 기대하면서 따랐던 것과 다를 바 없다.

누가복음은 이런 잘못을 범하는 데 있어서 더 많은 여지를 제공한다(누가복음이 예수님을 인본주의 관점으로 기록했다는 것이 아니라, 사람들이 오해하여 그렇게 해석하고 적용한다는 것이다). 누가복음은 예수님을 인자(Son of Man)로 오신 메시아로 증거하고 있다. 그런데 이것을 문자 그대로 사람의 아들로 오신 메시아, 인간적인 면모를 가지신 메시아

요한복음에서
만난
예수님

라는 것을 지나치게 강조하여 이해한다.

그래서 예수님을 동정심이 많은 메시아, 가난한 자나 소외된 자들의 편인 메시아, 누구의 요구든지 거절하지 못하는 메시아, 그들의 모든 문제를 해결해 주기 위해 오신 메시아 정도로 여기게 한다. 심지어는 부자들에게는 책망과 심판을, 가난한 자들과 소외된 자들에게는 한없는 긍휼을 베푸는 분으로 제시한다.

우리가 꼭 기억해야 할 첫 번째는, 복음서는 그리스도인들, 곧 성령으로 말미암아 예수를 구주와 주님으로 믿고 고백한 자들을 위해 기록한 책이라는 것이다(사도들이 그들에게 했던 설교 중 일부이기도 하다). 당시(A.D. 40-90) 그리스도인들은 예수님을 통해 삶의 여러 문제가 해결되어 태평성대를 맞이하기는커녕 엄청난 핍박이 예루살렘을 비롯해 로마 전역에서 일어난 시기를 살았다(유대인들에 의해서 시작된 핍박이 로마 황제에 의한 핍박으로 이어졌다). 이런 상황에 있던 성도들을 위로하고 격려하며 그들의 믿음을 예수 그리스도의 터 위에 더욱 견고하게 세우기 위해 기록한 것이다.

마가복음은 성도들에게 예수님이 우리 대신 고난을 받은 메시아라는 것과, 예수님이 고난을 받으신 것처럼 우리도 예수님을 믿고 따르면 고난을 받는 것이 불가피하다는 것을 말해 주고 있다. 우리가 받는 고난이 예수님의 고난에 동참하는 것이요, 예수님의 발자취를 따라가는 것임을 말해 준다. 물론 그 길의 종착역도 고난 받으신 예수님이 다다르신 곳이다. 이것은 고난을 당하고 있는 그리스도인들에게 매우 큰 위로와 격려가 된다.

마태복음은 성도들에게 예수님이 약속의 성취로 오신 분이요, 왕으로 오신 분이며 우리도 땅에서와 하나님 나라에서 예수님으로 말미암아 왕 노릇할 것임을 말하고 있다. 땅에서의 왕 노릇은 상위 1%가 되어 세상에 영향력을 끼치는 자로 살게 하신다는 것이 아니라, 예수님의 공생애처럼 우리도 만왕의 왕이신 하나님 아버지의 제사장으로 산다는 것이다.

누가복음은 성도들에게 예수님이 매우 인간적인 분, 휴머니스트라는 것을 말하는 것이 아니다. 예수님이 멀리 계시고 높이 계셔서 우리를 내려다보시는 분이 아니라, 우리와 같은 모습으로 오셔서 우리의 삶에 깊숙이 개입하시고 우리를 세심하게 돌보시는 메시아임을 말하고 있다. 하나님의 아들이 완전한 인성을 가지고 사람의 아들로 오셔서 우리 가운데 사신 모습을 그리고 있는 것이다. 이것은 예수님

요한복음에서
만난
예수님

을 믿음으로 거듭난 자들의 삶에 나타나게 되는 모습이기도 하다.

그런데 공관복음서에서 말하는 예수님에 대한 이해가 오해나 곡해가 되어 일반적인 사회복음으로 전락해 버리고 있다. 그것은 공관복음서의 독자의 범위를 모든 사람으로 확대한 결과이다. 공관복음서를 모두를 위한 책으로 만들려면 공관복음서의 지향점(목적)을 낮추거나 변형시켜야 하고, 복음서에 나타난 신·불신의 경계를 흐리게 만들거나 허물어야 하기 때문이다.

복음서는 서신서와 마찬가지로 교회에 보낸 하나님의 편지요, 교회의 머리이신 예수님이 몸 된 교회에 보낸 편지이다. 그러므로 복음서의 목적과 경계를 흐리게 하고 허무는 것은 교회에 대한 정의와 목적을 왜곡시키는 결과를 가져온다. 교회를 세우고 이끌어 가는 주체가 누구냐, 그리고 교회의 역할은 무엇인가에 대한 왜곡이다.

여기서는 교회론을 다루고자 한 것이 아니기에 간략하게만 언급하고 넘어가기로 하자. 교회는 하나님께서 구원하여 자녀로 삼은 자들이 예수 그리스도 안에서 서로 지체가 되어 모이는 공동체다. 그러므로 교회는 예수 그리스도가 세우신다(마 16:18; 엡 2:22 참조).

교회는 예수 그리스도를 주님으로 모신 자들이 하나님 아버지께 예배하는 공동체요, 예수님과 사도들의 가르침이 가감(加減)이나 타협이 없이 가르쳐지고 순종하게 하는 공동체다. 여기에서 벗어난 공동체(단체)는 주님의 몸인 교회가 아니다. 겉보기에는 훌륭하고 활기찬 공동체처럼 보일지라도 이미 촛대가 옮겨졌다(성령 충만과 부흥을 주심으로 일어나는 역동성과 삶의 변화가 아닌, 그저 성장과 활력만을 원한다면 세상의 최신 트렌드를 좇으면 된다. 성령 충만과 하나님께서 주시는 부흥은 삶을 변화시킨다).

우리가 꼭 기억해야 할 두 번째는 복음은 시대나 정치, 경제 상황, 신분, 이념을 초월한다는 것이다. 예수님이 그러하셨고, 사도들 또한 그러했다. 예수님은 로마의 식민 통치하에 있는 유대 땅, 유대 민족 가운데 오셔서 그들에게 하나님의 은혜와 진리를, 하나님 나라의 복음을 전하셨다. 예수님의 전도와 가르침은 당시 식민지 상황, 신분의 차별, 경제적인 어려움, 정치나 이념 등에 의해 전혀 영향을 받지 않았다. 이러한 것들을 주제로 삼지도 않으셨다. 예수님은 세상의 문제(정치, 경제, 사회적인 여러 문제들)를 해결하러 오신 것이 아니다. 오직 하나님께서 택하신 자들을 구원하여 그들을 통해 세상의 새로운 대안이 될 공동체를 세우고자 하신 것이다. 그것은 믿는 자들의 가정이요, 그들의 모임인 교회이다. 사도들도 예수님의 본을 그대로 이어

요한복음에서
만난
예수님

받았다.

  세상에는 서로를 정치적으로나 경제적으로 억압하고 지배하며, 주인과 종의 관계에서 부당한 대우나 착취를 하고, 가난한 자들이 적절한 돌봄을 받지 못하는 일과 소외당하는 일들이 있다. 이런 세상에 예수님이 오셨고 복음이 전해졌다. 그럼에도 불구하고 복음은 이 모든 문제를 초월하여 전해졌다. 세상의 상황, 당시 사람들이 당면한 문제들을 초월하여 매우 객관적으로 전해졌다.

  복음은 사람들이 어떤 상황, 어떤 형편에 있는지에 전혀 관심을 두지 않고, 그들이 하나님 앞에서 죄인이라는 사실만을 드러낸다. 그리고 예수님을 그리스도로, 주님으로 믿어 세상에 속하지 않은 하나님 나라의 백성이 되라고 초대한다. 하나님의 주권과 통치 아래서 하나님 나라의 삶을 살라고 초대한다. 복음은 세상의 한복판에 하나님의 나라의 삶을 사는 새로운 공동체를 만든다. 그곳에는 세상과는 다르게 억압이나 착취도, 신분의 구분이나 그에 따른 사회적, 경제적 수준의 차이는 있어도 차별은 없다. 그리고 그 누구도 소외당하지 않는다.

  하나님의 나라에 속한 자들은 세상의 권력과 질서에 의해 억압과 착취, 부당한 대우와 소외, 심지어는 핍박을 받을지라도 그 모든 것을 견디고 오히려 그들을 축복한다. 그리고 하나님 나라의 공동체

안에서는 그러한 일이 없도록 한다. 이것이 예수님과 사도들이 전한 복음이고, 복음의 능력이다. 복음은 세상의 질서를 변혁시키는 것이 아니라, 세상의 질서와 전혀 다른 하나님 나라의 삶을 사는 공동체를 세워 세상에 새로운 대안을 제시한다.

그러나 사람들은, 심지어 교회 안에 있는 자들조차도 시대 상황과 그들의 필요에 부응하지 못하는 교회는 교회로서의 제 역할을 못하는 것이라고 말한다. 이것은 예수님이나 사도들이 그 시대에 무익한 자들이었고, 사람들을 분열과 다툼으로 몰고 가서 사회를 혼란스럽게 한 자들이라고 말하는 것이다. 사실 예수님과 사도들은 그 시대 기득권을 가진 사람들이나 일반 사람들에게 아주 무익했고 오히려 분란을 초래하는 자들이었다. 예수님과 사도들은 죄인들 중에 하나님께서 택하신 자들을 세상에서 불러내 구원하여 그들을 교회로 세우는 일에만 관심이 있었다. 그 일은 전쟁이다.

복음은 정치, 경제, 사회문제, 시대 상황을 초월한다. 이것을 만들어 내는 주체가 사람인데, 이것을 초월하지 못했다는 것은 복음을 하나님 중심으로가 아니라, 사람 중심으로 재해석하고 적용하고 있다는 것이다. 복음은 이미 왜곡된 것이다. 이제 창조주 하나님과 예

요한복음에서 만난 예수님

수 그리스도는 사람을 섬기는 신이 되어 버렸다.

이런 왜곡과 변질은 예수님을 세상적인 해방자(구원자)로 해석하여 해방신학이나 민중신학을 만들었고, 예수님을 자유와 인권, 민주주의의 선봉자로 치켜세우며 자유와 평등, 인권 등을 요구하며 물리적인 투쟁을 하도록 독려하고 그것을 정당화시킨다. 또한 예수님을 정치적이고 경제적인 구원자로 해석하여 번영의 신학, 영광의 신학을 만들어 내고, 예수님을 탁월한 지도자나 기업의 CEO 정도로 해석하여 적용하는 강연과 책들이 난무하다.

그러나 이 모든 것들은 예수님과 사도들이 전한 복음과 너무도 거리가 멀다. 단언컨대 그들은 사도들이 전했던 참된 복음, 순수한 복음을 듣지 못한 자들이다. 그들은 불순물로 범벅이 된, 시대 상황과 시대정신에 의해 재해석된 복음을 들었을 뿐이다. 이는 하나님께서 그들에게 은혜를 베풀어 주시지 않은 결과이다.

오늘날 예수님의 몸인 교회에 대한 정의와 교회의 존재 이유와 목적에 대해서도 너무 사회적인 차원으로 이해한다. 마치 온 사회가 예수님의 몸이요, 모든 사람들이 양인 것처럼 말이다. 분명히 기억하자. 하나님의 주권적인 은혜로 예수 그리스도의 십자가를 통과한 자들만이 예수님의 양이요, 예수님의 몸에 속한 지체가 된다.

오늘날 세상 사람들이 교회와 목회자와 성도들을 싫어하고 혐오하는 이유 중 대부분이 우리가 저지르고 있는 잘못 때문인데, 우리는 우리가 너무 성경적인 교회다움을 추구하여 세상과 분리되고 있기 때문에 미움을 받고 있는 것처럼 세상과의 거리를 좁히는 데 열심이다. 세상은 교회가 자기들과 가깝게 지내려고 해도 좋아하지 않는다. 심지어 교회가 종교적인 모든 것을 포기하고, 세상과 같아지려고 하고, 그들의 비위를 맞추어 주어도, 세상은 교회를 자기와 동등한 자로 받아 주지 않는다. 오히려 아담과 하와의 경우처럼 자기의 종이 되게 만들어 버린다.

교회의 머리이신 예수님은 교회의 거룩함과 순결함을 지키라고 하시는데, 교회 지도자들과 교인들은 그렇게 하면 누가 교회에 오겠느냐고 항변하고 있다. 그리스도 안에서 없어질 수건이 아직도 벗어지지 않고 그들의 마음을 덮고 있는 것이다(고후 3:14-15). 그들은 오순절 성령강림을 체험하기 전의 제자들이 교회를 세우고 이끌어 가는 것처럼 사역을 하고 있다(이때 제자들은 부와 명성과 권력을 목표로 예수님 옆에 딱 달라붙어 있었다).

오순절 성령강림 이후, 사도와 제자들은 성령으로 말미암아 예수

요한복음에서
만난
예수님

님과 예수님의 공생애를 새롭게 조명 받아 복음을 전했고, 공동체의 특성에 따라 그것들을 정리하여 복음서를 기록했다. 그리고 성령으로 말미암아 예수님을 구주로, 주님으로 믿고 따르는 성도들이 복음서를 읽었다. 그들은 사도들이 구두로 전한 예수님의 이야기와 눈으로 읽은 복음서를 통해 믿음이 더욱 굳건하게 되었으며, 고난과 핍박과 순교의 상황들을 넉넉히 이겼다.

"누가 우리를 그리스도의 사랑에서 끊으리요 환난이나 곤고나 박해나 기근이나 적신이나 위험이나 칼이랴 기록된바 우리가 종일 주를 위하여 죽임을 당하게 되며 도살당할 양같이 여김을 받았나이다 함과 같으니라 그러나 이 모든 일에 우리를 사랑하시는 이로 말미암아 우리가 넉넉히 이기느니라"(롬 8:35-37).

요한복음은 예수님과 복음에 대해 오해하고 곡해할 여지를 완벽하게 차단한다. 요한복음은 네 개의 복음 퍼즐 조각 중에 가장 중요한 하나이다. 다르게 표현하면, 요한복음은 복음(예수님)을 보여주는 네 겹의 필름 중에 마지막 필름이다. 마지막 필름이 겹쳐져야 비로소 선명하게 보이는 것처럼 말이다.

요한복음은 성부와 성자의 관계를 통해 우리와 삼위일체 하나님과의 관계를 말해 준다. 그것은 단지 성부와 성자의 관계가 어떠하냐를 보여주는 것으로 끝나지 않고, 우리가 예수님 안에서 하나님과 어떤 관계가 되며, 어떻게 유지되고 진행되는지에 대한 본보기(롤 모델)로 제시되고 있다. 이런 이해가 필자로 하여금 《중보적인 삶》(쿰란출판사, 2015)을 쓰게 했다.

요한복음은 예수님을 중심으로 세상의 영역과 하나님의 영역을 철저하게 구분하고 있다. 위와 아래, 하늘과 땅, 하나님께 속한 자와 세상에 속한 자로 나눈다. 모든 성경은 예수 그리스도를 향하여 있고, 예수 그리스도를 증거하고 있다. 특히 신약성경은 직접적으로 예수 그리스도를 증거하고 있다. 그럼에도 오늘날 대부분의 설교와 성경공부들이 예수 그리스도(창세전에 하나님 아버지와 함께 누렸던 영광으로 다시 영화롭게 된 예수님) 중심이 아니라, 사람 중심(인본주의)의 범주를 벗어나지 못하고 있다.

혹, 공관복음의 내용 중에 어떤 부분이 사람 중심의 해석과 적용을 하게 할 여지를 갖게 하는 경우가 있다고 할지라도(사실 이런 경우는 절대 없지만 워낙 많은 설교와 성경공부가 이런 식으로 행해지고 있어서) 요한

요한복음에서
만난
예수님

복음은 그런 여지를 절대로 허락하지 않는다.

사도 요한은 예수님에 대해 성도들에게 설명하면서 그들을 이해시키고 설득시키려 하지 않는다. 오히려 예수님이 오심으로 세상에 어떤 일이 벌어졌고, 예수님을 믿고 영접하여 생명을 얻은 자들이 어떤 삶을 살게 되는지를 말한다.

어둠으로 가득한 세상에 예수님이 빛으로 오시자 사람들 중에서 마귀에게 속한 자와 하나님께로부터 난 자가 누구인지가 분명하게 구분되었다. 하나님께로부터 난 자들은 사람의 몸을 입고 오신 예수님을 믿고 영접하여 생명을 얻고 빛에 속한 자, 하나님께 속한 자, 하늘에 속한 자가 되었고, 마귀에게 속한 자는 예수님을 영접하지 않고 대적함으로 자기들이 어둠에 속한 자요, 세상에 속한 자요, 땅에 속한 자임을 스스로 증명했다.

하나님께로부터 난 자들은 예수님을 창조자요, 하나님으로, 하나님의 아들로 알고 믿었으며, 또한 세상 죄를 지고 가는 하나님의 어린양이요, 그리스도이며, 임금으로 오신 분임을 알고 영접하였다. 이것이 바로 그들이 거듭났다는 증거이다.

요한복음에서 만난 예수님은 누구신가? 일곱 개의 "나는 ~이다"를 풀어 설명하는 것이 답이 아니다. 그것은 명제적인 선언이다. 중요한 것은, 그 선언이 나로 하여금 어떻게 반응하게 하는가이다. 그 선언을 하신 예수님이 당시 사람들에게 무엇을 요구(또는 말씀을)하고 계시는지를 보아야 한다. 그리고 그 요구(말씀)에 사람들이 어떤 반응을 보였는지, 그들의 반응에 대해 예수님이 어떤 결론을 내리시는지를 보아야 한다.

복음서(특히 요한복음)를 통해 예수님에 대한 설명, 논리적으로 정리해서 논증하는 글이 아니라, 사람들 속에서, 사건을 통하여 말씀하시는 예수님, 행동하시는 예수님을 보고 만나야 하는 것이다. 예수님이 오심으로 세상에 격변이 일어나고, 역동적으로 움직이고 말씀하시는 예수님의 모습을 생동감 있게 그려내고 있는 요한복음을 예수님에 대한 설명문 정도로 취급하는 잘못을 범하지 말자.

요한복음은 철저하게 예수 그리스도가 중심임을 증거한다. 또한 하나님께로부터 나서 하나님께 속한 자와 땅에 속한 자를 확실하게 구분한다. 요한복음은 하나님 아버지의 주권적인 역사를 강조한다. 사람이 스스로 예수님께 반응하고 예수님을 선택해야 하는 것이 아

요한복음에서 만난 예수님

니라, 하나님께서 택한 사람만, 예수님께로 이끌어 주는 사람만 예수님께로 와서 예수님을 주님으로 믿고 따르게 된다. 하나님께서 택하지 않은 자들이 예수님께 적극적으로 반응하며 따르는 경우에는 그들의 중심을 드러내어 그들 스스로 떠나게 만드시는 예수님을 이야기한다.

   요한복음은 철저하게 하나님께서 택하신 자들을 중심으로 기록되었다. 택하심을 받아 거듭난 자들에게 요한복음은 가장 수준 높은 위로와 격려를 주고, 확신을 심어 주는 말씀이다. 믿는 자들의 믿음을 가장 높이 끌어올려준다. 그리고 삼위일체 하나님과 우리의 관계를 최고의 수준으로 끌어올려준다. 그 모든 과정이 예수 그리스도 안에서 하나님의 은혜로 되는 것임을 분명하게 보여준다.

   이 책을 읽는 모든 성도들에게 이런 은혜가 있기를 예수 그리스도의 이름으로 축복한다.

2018년 6월
예수님을 태운 나귀 조치민 목사

차/례/

머리말 … 4

01_ 말씀이 육신이 되어 우리 가운데 거하셨다 · 25

예수님은 하나님이시다 … 27
생명, 곧 사람들의 빛 … 30
하나님께로부터 난 자 … 34
은혜와 진리가 충만 … 35
하나님을 나타내심 … 35

02_ 세례 요한의 증언 · 37

세상 죄를 지고 가는 하나님의 어린양 … 39
보내심을 받았는가? … 42

03_ 하나님의 아들, 이스라엘의 임금 · 48

빌립의 증언 … 50
나다나엘의 고백 … 52

요한복음에서
만난
예수님

04_ 새로운 시작 · 57

05_ 성전(聖殿)이신 예수님 · 63

06_ 거듭나지 아니하면 · 70

07_ 영(靈)과 진리(眞理)로 예배하라 · 82

08_ 생명의 떡이신 예수님 · 94

    참으로 오실 그 선지자 … 96
    오병이어 표적 … 100
    분별 … 107
    사역자에 대한 분별 … 109
    생명의 떡 … 115
    내 살을 먹고 내 피를 마셔라 … 123
    생명의 떡으로 오신 목적 … 128

09_ 세상의 빛이신 예수님 · 132

    현장에서 붙잡힌 여인 … 133
    다시는 죄를 범하지 말라 … 136
    자유롭게 하시는 예수님 … 140
    사람들의 실체가 드러나다 … 146

10_ 눈을 뜨게 하시는 예수님 · 150

11_ 선한 목자이신 예수님 · 158

양의 문 ··· 161
선한 목자 ··· 162
양은 목자의 음성을 듣는다 ··· 168

12_ 영생의 삶, 빛의 삶 · 176

부활이요, 생명이신 예수님 ··· 177
아버지의 이름을 영광스럽게 ··· 180
전환점 ··· 183

13_ 발을 씻어주신 예수님 · 188

제자들의 발을 씻기심 ··· 189
서로 사랑하라 ··· 193
사랑의 우선순위 ··· 198

14_ 길이요, 진리요, 생명이신 예수님 · 201

제자들을 준비시키심 ··· 202
길, 진리, 생명 ··· 203
하나님 아버지와 예수님은 하나다 ··· 204
아버지가 예수님 안에, 예수님이 아버지 안에 ··· 207
너희가 내 안에, 내가 너희 안에 ··· 211

15_ 포도나무이신 예수님 · 216

내 안에 거하라 … 217
새 언약 … 219
열매는 무엇인가? … 221
서로 사랑한다는 것? … 223
열매와 기도 응답 … 225
미움을 받을 것이다 … 231

16_ 보혜사 성령을 약속 · 235

가장 필요한 것 … 236
죄에 대하여, 의에 대하여, 심판에 대하여 … 238
기쁨 … 241

17_ 예수님의 기도 · 244

하나가 되게 하옵소서 … 245
그들을 세상에 보내었고 … 248
내게 주신 영광을 … 250
영광을 보게 하소서 … 251
소망과 확신, 그리고 우리의 기도 … 253
응답을 위해 고난당하심 … 256
요한복음의 기록 목적 … 257

01

말씀이 육신이 되어 우리 가운데 거하셨다

"태초에 말씀이 계시니라 이 말씀이 하나님과 함께 계셨으니 이 말씀은 곧 하나님이시니라 그가 태초에 하나님과 함께 계셨고 만물이 그로 말미암아 지은 바 되었으니 지은 것이 하나도 그가 없이는 된 것이 없느니라 그 안에 생명이 있었으니 이 생명은 사람들의 빛이라 빛이 어둠에 비치되 어둠이 깨닫지 못하더라 하나님께로부터 보내심을 받은 사람이 있으니 그의 이름은 요한이라 그가 증언하러 왔으니 곧 빛에 대하여 증언하고 모든 사람이 자기로 말미암아 믿게 하려 함이라 그는 이 빛이 아니요 이 빛에 대하여 증언하러 온 자라 참 빛 곧 세상에 와서 각 사람에게 비추는 빛이 있었나니 그가 세상에 계셨으며 세상은 그로 말미암아 지은 바 되었으되 세상이 그를 알지 못하였고 자

기 땅에 오매 자기 백성이 영접하지 아니하였으나 영접하는 자 곧 그 이름을 믿는 자들에게는 하나님의 자녀가 되는 권세를 주셨으니 이는 혈통으로나 육정으로나 사람의 뜻으로 나지 아니하고 오직 하나님께로부터 난 자들이니라 말씀이 육신이 되어 우리 가운데 거하시매 우리가 그의 영광을 보니 아버지의 독생자의 영광이요 은혜와 진리가 충만하더라 요한이 그에 대하여 증언하여 외쳐 이르되 내가 전에 말하기를 내 뒤에 오시는 이가 나보다 앞선 것은 나보다 먼저 계심이라 한 것이 이 사람을 가리킴이라 하니라 우리가 다 그의 충만한 데서 받으니 은혜 위에 은혜러라 율법은 모세로 말미암아 주어진 것이요 은혜와 진리는 예수 그리스도로 말미암아 온 것이라 본래 하나님을 본 사람이 없으되 아버지 품속에 있는 독생하신 하나님이 나타내셨느니라"(요 1:1-18).

요한복음 1장 1절부터 18절은 요한복음의 서론이다. 그렇다고 일반적인 글쓰기에서의 서론은 아니다. 사도 요한은 여기에서 요한복음의 핵심을 몇 개의 굵직한 명제로 선언하고 있다. "예수님은 누구시냐? 왜 오셨느냐?"라는 질문에 대해 선언적으로 답을 하고 있다. 사실 여기만 읽어도 요한복음을 다 읽은 것이다. 그 선언들이 믿어지고 이해된다면 요한복음을 다 이해한 것이고 요한복음을 기록한 목적이 달성된 것이다(요 20:31 참조).

19절부터 마지막 장까지의 말씀은 본문에서 선언하고 있는 명제들을 하나씩, 그러나 순서대로가 아니라, 반복과 교차시키는 방식으로 근거(이유)들을 제시하면서 증명하고 있다. 등장인물들의 입을 통해 예수님을 증언하게 하고 기사와 표적을 통해서나 예수님의 강론을 통해서 '과연 예수님은 1장 1절부터 18절에서 선언하신 분이 맞구

나'라고 인정하게 하고 우리가 누구에게 속한 자인지를 알게 한다.

예수님은 하나님이시다

예수님은 창조 때의 태초보다 더 오래전의 태초, 곧 영원 전의 태초에 말씀으로 계셨다. 이는 예수님이 문자적으로 말씀이셨다는 것이 아니다. 다만 당시 헬라 철학자들이 최고의 지혜요, 세상 만물의 법칙을 로고스라고 주장하는 것에 대해 그 로고스가 바로 영원 전부터 계시는 예수님이라는 것을 주장하고, 예수님이 최고의 지혜요, 세상 만물을 지으신 분이요, 주관하시는 분임을 강조하기 위해 그들이 주장하는 로고스(말씀)를 차용한 것이다. 로고스가 만물의 시작과 이치(법칙)가 아니라, 바로 예수님이라는 것이다.

그것은 사도 바울이 아덴에서 전도할 때 그곳에 있던 에피쿠로스와 스토아 철학자들과 논쟁할 때의 경우와 비슷하다(행 17:16-34 참조). 그들은 바울을 아레오바고(아테네의 종교, 도덕에 관한 문제를 강론하고 재판하던 장소)로 데려가 거기에 세우고 바울이 전하는 예수와 부활에 대한 새로운 사상을 말하게 한다. 거기서 바울이 가장 비중 있게 전한 내용이 하나님께서 우주와 그 가운데 만물을 지으신 천지의 주재시라는 것이다.

이것을 전하기 위해 바울이 차용해 쓴 것이 "알지 못하는 신에게"라고 어느 단에 새겨진 문구였다. 이는 아덴 사람들의 종교심이 어떠한가를 잘 보여주는 것이다. 자기들이 알고 있는 신들을 위해 단을 세웠지만, 혹 자기들이 알지 못한 신이 있는데 그 신을 위한 단을 쌓지 않으면 재앙이 임할까 두려워하여 단을 세우고 거기에 "알지 못하는 신에게"라고 새겨 놓은 것이다.

01 말씀이 육신이 되어 우리 가운데 거하셨다

바울은 이들의 종교심을 간파하고 그들이 알지 못하는 신이 바로 천지의 주재이신 하나님이요, 하나님은 우상이 아니시기에 우상처럼 섬김을 받는 분이 아니심을 증거했다. 그리고 회개와 하나님이 보내신 예수 그리스도의 죽으심과 부활을 전하였던 것이다.
　이처럼 요한복음은 예수님이 철학자들이 이해하고 말하는 로고스 정도가 아니라, 창세전에 하나님과 함께 계신 분이요, 하나님이시며, 천지 만물을 지으신 분이라고 증거하고 있다.

　예수님은 태초(창세전의 태초)에 성부 하나님과 함께 계셨다. 아니 예수님은 하나님이셨다. 성부 하나님과 같은 본질과 동등한 영광을 가지셨다(소요리문답 6문-성부, 성자, 성령 참조). 태초에 하나님과 함께 계셨던 예수님으로 말미암아 천하 모든 만물이 지음을 받았다. 그 어느 것 하나라도 예수님 없이 생겨난 것은 없다(3절).
　이것은, 창세기 1, 2장에서는 천지 창조를 성부 하나님이라고 해 놓고, 신약에 와서는 '천지 창조는 성부가 아니라 성자가 행하신 일이다'라고 말하는 것이 아니다. 또는 '창조 때의 주도권이 성부가 아니라 성자에게 있었던 것이다'라고 말하고 있는 것도 아니다. 천지를 창조하실 때 성부, 성자, 성령 하나님은 같은 본질과 동등한 영광을 가지고 계셨다. 삼위일체 하나님께서 창조사역을 함께하신 것이다. 다만 요한복음은 예수님이 하나님이심을 증거하는 데 초점을 맞추었기 때문에 창조사역을 성자 하나님이신 예수님이 하신 것으로 기록하고 있을 뿐이다.

　예수님은 우리를 섬기기 위해 와서 우리가 받을 고난과 죽음을 대신 당해 주신 구원자일 뿐이 아니다. 우리가 죄의 대가로 죽어야

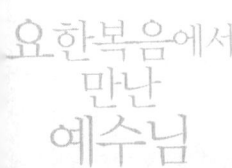

할 죽음은 육신의 죽음뿐만 아니라, 영원한 죽음 곧 영원히 지옥에서 사는 것이다. 우리가 죄의 대가로 죽는다면 그 순간 우리는 영원히 끝이다. 그런데 예수님이 우리를 위해 이런 죽음을 당해 주신 것이다. 우리가 죽어야만 했던 죽음에 대한 이런 이해와 깨달음이 없다면, 그에게 예수님은 그저 자기에게 사면장을 주어 생명을 연장시켜 준 고마운 분에 지나지 않는다.

예수님은 영화 속의 영웅들처럼 우리를 도와주는 분이 아니다. 그 영웅들은 독립적으로 존재하면서도 사람들에게 종속되어 있다. 사건이 일어나지 않아 사람들이 그들을 필요로 하지 않으면 상처를 받고 사람들로부터 잊히지는 않을까 걱정한다. 그들은 사람들이 어려운 일을 당했을 때만 필요한 존재들이다.

예수님은 이런 영웅이 아니다. 그저 고마운 분이 아니다. 우리를 억압하는 세력을 몰아내고, 사회적인 부조리와 구조적인 문제를 다 바로잡아서 우리에게 태평성대를 열어주는 분이 아니다. 사회적인 약자에게는 한없이 약하여 무조건 그들의 편을 들어주고, 강한 자에게는 강하여 그들이 가진 것을 가져다가 약한 자들에게 주는 분이 아니다.

예수님은 하나님이시다. 창세전부터 성부 하나님과 함께 계셨고 천지를 창조하신 하나님이시다. 세상의 모든 일들 중에 하나님의 손을 벗어나 되는 것은 하나도 없으며, 그 모든 것은 하나님의 뜻과 목적대로 진행되고 있다. 아덴 사람들이 그랬던 것처럼 하나님은 삶에 복을 받기 위해서나 화를 당하지 않기 위해 우상을 섬겼던 것과 같이 섬김을 받으시는 분이 아니다.

천지의 주재이신 하나님은 무엇이 부족한 것처럼 사람의 손으로 섬김을 받으시는 것이 아니다. 오히려 하나님은 사람에게 생명과 호흡과 만물을 친히 주시는 분이다. 또한 인류의 모든 족속을 한 혈통으로 만드시고, 온 땅에 흩어져 살게 하시고, 그들의 연대를 정하시고, 그들이 거할 땅의 경계를 한정하신 분이다(행 17:24-26). 그리고 하나님께서는 모든 사람에게 회개하라고 말씀하셨다. 왜냐하면 예수님으로 하여금 천하 모든 만물을 공의로 심판하게 할 날을 정하고, 예수님을 죽은 자 가운데서 다시 살리사 영화롭게 하셨기 때문이다(30-31절). 마지막 날, 모든 만물을 심판할 권세가 하나님이신 예수님께 주어졌다.

지금 사도 요한은 A.D. 80-90년경에 극심한 핍박을 받고 순교한 초대교회 성도들에게, 우리가 믿는 예수님은 하나님이시며 우리를 지으신 분임을 증거하면서 그들을 위로하고 격려하며 믿음을 독려하고 있다.

생명, 곧 사람들의 빛

"그 안에 생명이 있었으니 이 생명은 사람들의 빛이라"(4절).

하나님이신 예수님 안에 생명이 있었다. 성부 하나님께서 창조사역을 하실 때, 하늘과 땅과 바다의 모든 생물들에게 생명을 주시고, 사람을 지으시고, 그 코에 생기를 불어넣으심으로 생령이 되게 하셨다. 이 사역을 성자 하나님께서 함께하신 것이다. 생명을 가지신 하나님으로, 지으신 것들에게 생명을 부여하시는 하나님으로 말이다.

생명을 가지시고 생명을 부여해 주신다는 것은 단순히 육체적인

생명을 주었다는 것만을 말하지 않는다. 그것은 생명을 부여 받은 자가 창조자로부터 자신의 가치와 존재 이유와 목적을 부여 받았다는 것이다.

이런 의미에서 생명은 사람들의 빛이다. 그들의 눈을 열어 그들이 나아가야 할 길과 방향과 목적지를 보게 하는 빛 말이다. 무엇보다도 자기를 지으신 창조자를 보고 따라가게 하는 빛이다. 사람이 창조자로부터 부여 받은 이유와 목적은 오직 창조자를 향해 있다. 이는 하나님께서 흙으로 사람을 지으시고, 그 코에 생기를 불어넣으셔서 생령이 되게 하신 이유와 목적도 마찬가지다. 또한 아담의 갈비뼈로 여자를 지으시고 아담과 한 몸이 되게 하신 이유와 목적도 마찬가지다.

아담과 하와가 생명을 부여 받고 부부가 되어 한 몸이 된 이유와 목적은 그들을 향해 있지 않고 그들을 위한 것도 아니다. 그들의 존재 이유와 목적은 오로지 하나님이다. 하나님을 위해 그들이 지음을 받았고 한 몸이 된 것이다. 그들이 생육하고 번성하여 땅을 다스리고 정복해야 하는 것도 그들이 땅에서 왕처럼 살기 위해서가 아니라, 하나님의 영광을 위해 하나님의 뜻이 이루어지기 위해서 해야 하는 것이다.

이것은 선택 사항이 아니다. 하나님의 지으심을 받고 생명을 부여 받은 남자와 여자는 반드시 부모를 떠나 한 몸을 이루어야 하고 생육하고 번성해야 한다. 이러할 때 비로소 그들은 하나님 앞에서 가치 있는 존재, 지음 받은 목적대로 사는 존재가 된다(이것이 창조의 목적과 원리다). 이것이 아니라면 남자와 여자로 지으실 이유도, 그들에게 생명을 주실 이유도 없다.

마태복음 19장에서 바리새인들이 예수님을 시험하기 위해 "사람이 어떤 이유가 있으면 그 아내를 버리는 것이 옳으니이까"(3절)라고 묻는다. 그러자 예수님은 "사람을 지으신 이가 본래 그들을 남자와 여자로 지으시고 말씀하시기를 그러므로 사람이 그 부모를 떠나서 아내에게 합하여 그 둘이 한 몸이 될지니라 하신 것을 읽지 못하였느냐 그런즉 이제 둘이 아니요 한 몸이니 그러므로 하나님이 짝지어 주신 것을 사람이 나누지 못할지니라"(4-6절)고 대답하신다. 그리고 "누구든지 음행한 이유 외에 아내를 버리고 다른 데 장가드는 자는 간음함이니라"(9절)고 하셨다.

그러자 제자들이 "만일 사람이 아내에게 이같이 할진대 장가들지 않는 것이 좋겠나이다"(10절)라고 말하자, 예수님은 그들에게 "사람마다 이 말을 받지 못하고 오직 타고난 자라야 할지니라 어머니의 태로부터 된 고자도 있고 사람이 만든 고자도 있고 천국을 위하여 스스로 된 고자도 있도다 이 말을 받을 만한 자는 받을지어다"(11-12절)고 말씀하셨다. 결혼을 하지 않고 독신으로 사는 것은 타고난 자만이 가능하다는 것이다. 결혼의 유무를 떠나서 간음과 음행을 할 가능성이 전혀 없는 자만이 가능하다는 것이다. '고자'라는 말은 생물학적인 의미만이 아니라, 성적인 욕구에 대한 것을 포함하여 표현한 말이다.

사도 바울은 자기가 하나님께로부터 독신의 은사를 받았다고 말한다(고전 7:7 이하 참조). 바울은 모든 사람이 자기처럼 결혼을 하지 않고 온전히 주를 위해 독신으로 살기를 원하지만, 그것은 각각 하나님께로부터 받은 자기의 은사가 있다고 말한다. 어떤 이는 결혼한 자로, 어떤 자는 독신으로 말이다. 그러면서 또 말하기를 성적인 욕구를 절제할 수 없다면 결혼을 하라고 한다. 욕구를 어찌지 못하고

끙끙거리거나 부부 관계 밖에서 해결함으로 죄를 짓는 것보다 결혼하는 것이 더 낫다는 것이다(9절).

하나님께로부터 독신의 은사를 받아 온전히 구별되어 부여 받은 사명에만 전심전력해야 하는 자 외에는 모두 결혼하여 생육하고 번성해야 하는 것이다. 이것이 창조주 하나님의 뜻을 이루는 첫 걸음이다.

하나님이신 예수님은 생명을 가지신 분이요, 생명의 수여자이시다. 이제 모든 피조물은 예수님 안에서만 생명을 얻고 누릴 수 있다. 창조 때에 생기를 부여받아 생령이 된 사람(아담과 하와)이 하나님께 죄를 지음으로 하나님과의 관계가 단절되어 생명을 잃게 되었다. 빛을 잃은 것이다(빛을 잃은 육체의 생명은 그리 큰 의미가 없다).

온 세상이 어둠에 갇혀 버렸다. 다만 미세한 한 줄기의 빛만이 그 명맥을 유지하고 있었다(아담 이후 하나님께서 택하신 자들-노아, 아브라함 등의 족장들-과 맺으신 언약). 그리고 그 빛이 조금씩 굵어지더니(아브라함의 언약을 이어 모세와 다윗의 언약) 마침내 참 빛이 세상에 임하게 된다. 생명을 가지신 분, 사람들에게 다시 빛을 주실 참 빛이신 예수님이 자기 땅, 곧 죄로 말미암아 어둠에 빠져 있는 땅에 오셨다(1:9). 태초에 만물을 지으실 때 그들에게 생명을 주셨던 것처럼, 죄로 말미암아 어둠에 갇혀 사는 자들을 자기 안에서 재창조하심으로 그들에게 생명을 주시기 위해 참 빛으로 오신 것이다.

그러나 세상은 자기를 지으신 예수님을 알지 못했고, 자기 땅에 오셨지만 자기 백성이 영접하지 않았다(10-11절). 여기서 "자기 땅"은 예수님이 지으신 이 세상이다. 그리고 "자기 백성"은 하나님께서 택하신 사람들이 아니라, 일반적인 차원에서의 모든 사람을 가리킨다. 모든 사람이 하나님의 형상대로 지음을 받았기 때문에 하나님의 백성이다. 그들은 어디까지나 일반적인 은혜 차원에서 하나님의 것이라는 의미일 뿐이다. 일반적인 은혜 차원에 머물러 있는 자들은 자기들을 지으신 자가 눈앞에 있어도, 자기들과 함께 거닐고 먹고 마셔도 그분을 자기들의 창조자로, 생명의 수여자요, 참 빛으로 알아보지 못했다. 그들은 "말씀이 육신이 되어 우리 가운데 거하시매 우리가 그의 영광을 보니 아버지의 독생자의 영광이요 은혜와 진리가 충만하더라"(14절)고 말씀하시는 아버지의 독생자(외아들이 아니다)이신 예수님의 영광을 볼 수 없다.

하나님께로부터 난 자

"영접하는 자 곧 그 이름을 믿는 자들에게는 하나님의 자녀가 되는 권세를 주셨으니 이는 혈통으로나 육정으로나 사람의 뜻으로 나지 아니하고 오직 하나님께로부터 난 자들이니라"(12-13절).

하나님께로부터 난 자들만이 사람의 몸을 입고 오신 예수님을 자기의 창조자요, 하나님으로, 그리고 은혜와 진리가 충만한 하나님의 독생자로 보게 된다. 그래서 그들은 예수님을 영접하고 그 이름을 믿음으로 하나님의 자녀가 되는 권세를 얻는다(12절). 이들은 하나님의 특별한 은혜를 받은 자들로서 예수님을 보내신 하나님께서 예수님께로 이끌어 주신 자들이며 하나님께 듣고 배운 사람들이다(6:44-45).

은혜와 진리가 충만

모세로 말미암아 율법이 주어졌고, 그 율법을 따라 살아오던 백성들에게 예수 그리스도로 말미암아 은혜와 진리가 왔다(17절). '은혜'는 택하신 백성들에게 율법을 수여하신 은혜 위에 더 크고 넘치는 은혜이다. 돌비에 새겨진 어렵고 무거운 멍에를 벗게 하시고 훨씬 더 쉽고 가벼운 멍에와 짐을 지게 해주셨다(마 11:29-30 참조). 율법은 절대로 할 수 없는 것을 예수님으로 말미암아서는 얼마든지 가능하게 하셨다. 율법의 행위로가 아니라, 예수님으로 말미암아 값없이 의롭다 하심을 얻게 하셨다. 이것은 참으로 충만한 은혜(완전한 은혜)가 아닐 수 없다.

또한 예수 그리스도로 말미암아 '진리'가 왔다는 것은, 율법과 달리 우리를 자유케 하는 진리가 왔다는 것이다. 예수 그리스도로 말미암아 우리가 자유를 누리게 된 것이다("진리를 알지니 진리가 너희를 자유케 하리라"-요 8:32). 이것은 나중에 14, 15, 16장에서 말씀하신 '다른 보혜사' '성령'에 대한 약속을 전제하고 있다. 예수 그리스도로 말미암아 온 '진리'는 순종하기를 힘써야 하는 구약의 율법과 달리 믿는 자들의 마음에 새겨져서 그들을 인도해 간다.

이제 모든 사람들은 예수 그리스도 안에서 충만한 은혜로 구원을 받아 하나님의 자녀가 되는 권세를 얻고, 그 은혜로 진리의 말씀에 순종하게 된다. 이것이 바로 은혜 위에 은혜이다(16절).

하나님을 나타내심

창조 이래 하나님을 본 사람은 없다. 모세도 하나님의 등만 겨우 보았을 뿐이다(출 33:23). 그렇다. "본래 하나님을 본 사람이 없으되 아버지 품속에 있는 독생하신 하나님이 나타내셨다"(1:18). 예수님이 하나님을 나타내신 것이다. 이것은 단순히 육신을 입으신 예수님을 봄으로 하나님을 보았다는 것이 아니다. 예수님의 공생애 동안 예수님을 본 사람들 모두가 하나님을 본 것이 아니다. 하나님께로부터 나지 않은 자들, 곧 하나님의 택하심을 받지 못한 자들, 그래서 예수님을 하나님으로 알지 못한 자들은 예수님을 보고 만지고 함께 음식을 먹었지만 예수님을 통해 하나님을 보지 못했다.

   요한복음을 읽어 가면 우리는 이런 경우의 사람들을 많이 만나게 될 것이다. 그들은 예수님이 행하신 기사와 표적을 보고도, 예수님이 자신을 하나님이라고 여러 번 하신 말씀을 듣고도 예수님을 하나님으로 알아보지 못한다.

   오늘날 우리 중에도 요한복음을 읽으면서 예수님을 하나님이요, 창조자요, 생명의 주요, 구원의 주님으로 알지 못한다면 그는 하나님께로부터 난 자가 아니다. 하나님께로부터 난 자, 하나님의 택하심을 입은 자는 성육신하신 예수님을 하나님 아버지의 독생자요, 하나님으로 알게 되어 있다. 그리고 그에 합당한 반응을 하게 된다.

02

세례 요한의 증언

　　　　　세례 요한은 참 빛으로 오신 예수님을 증언하라고 보내심을 받은 사람이다(1:6, 8). 하나님께서 그를 예수님보다 먼저 보내신 것은, 그의 증언을 통해 사람들로 하여금 참 빛으로 오시는 예수님을 믿게 하기 위함이었다(7절).

　제사장들과 레위인들이 요한에게 와서 물었다. "네가 누구냐?"(19절) 그러자 요한은 "나는 그리스도가 아니다. 나는 선지자 이사야의 말과 같이 주의 길을 곧게 하라고 광야에서 외치는 자의 소리다"(20, 23절)라고 분명하게 말했다. 광야에서 외치는 자의 소리는 어떤 소리였는가? 희망의 소리였고 위로의 소리였다. 이사야 40장에서 하나님께서는 메신저에게 "너희는 위로하라 내 백성을 위로하라"(1절)고 하신다. "그 노역의 때가 끝났고 그 죄악이 사함을 받았다"(2절)는 외침으로 그들을 위로하라는 것이다.

외치는 자의 소리의 역할은 광야에서 여호와의 길을 예비하고, 사막에서 하나님의 대로를 평탄하게 하는 것이었다(3절). 그래서 골짜기마다 돋우어지며, 산마다 언덕마다 낮아지며, 고르지 아니한 곳이 평탄하게 되며, 험한 곳이 평지가 되고, 마침내 여호와의 영광이 나타나 모든 육체가 그것을 보게 될 것이다(4-5절).

이것은 일차적으로 70년의 포로생활을 끝내고, 광야를 지나 고향 땅 예루살렘으로 돌아오는 과정을 말하는 것이다. 그들이 다시 돌아오는 것은 여호와 하나님께서 자기의 크고 거룩한 이름을 아끼신 결과요, 자기의 영광을 다시 회복하시는 것이다(에스겔 36장 참조). 외치는 자의 소리는 포로생활을 하고 있는 하나님의 백성들에게 아주 큰 권위를 가지고 장엄하게 위로와 회복에 대한 희망을 선포하고 있다. 여호와의 영광이 다시 자기 백성 가운데, 예루살렘에 임하실 것이기 때문이다.

또한 외치는 자의 소리는 하나님의 백성들로 하여금 자신들에게가 아니라, 오직 하나님에게 그들의 시선을 고정시키도록 한다("너희의 하나님을 보라"-9절). 왜냐하면 하나님께서 장차 강한 자로 임하실 것이고, 친히 그의 팔로 다스리실 것이며, 상급과 보응이 그에게 있기 때문이다(10절). 백성들이 하나님만을 바라보아야 하는 더 큰 이유는, 하나님께서 자기 백성을 목자같이 양 떼를 먹이시고, 어린양을 그 팔로 모아 품에 안으시며, 젖먹이는 암컷들을 온순히 인도하시는 것처럼 하실 것이기 때문이다(11절).

이처럼 세례 요한은 과거 바벨론에서 포로생활을 하던 하나님의 백성들에게 외쳤던 자의 소리와 같은 역할을 하라고 예수님보다 먼저 보내심을 받았다. 그는 당시 백성들에게 예수 그리스도로 말미암는 위로와 소망, 회복을 외치고, 예수님이 백성들 가운데 나타나실 것을 준비하는 자(하나님께로 돌이키라는 회개를 외침으로 백성들을 준비시키는 자)로 보내심을 받은 것이다. 말씀이 육신이 되어 우리 가운데 오셔서 하나님을 나타내시고, 아버지의 독생자의 영광을 보게 하며, 충만한 은혜와 진리를 주실 예수 그리스도를 바라보게 하는 자로 보내심을 받은 것이다.

그래서 요한은 자기를 찾아와 계속 추궁하는 자들에게 "나는 물로 세례를 베풀거니와 너희 가운데 너희가 알지 못하는 한 사람이 섰으니 곧 내 뒤에 오시는 그라 나는 그의 신발끈을 풀기도 감당하지 못하겠노라"(1:26-27)고 대답한다.

요한은 오로지 예수님이 자신을 백성들에게 나타내시는 것을 준비할 뿐이었다. 요한의 세례는 예수님이 성령으로 세례를 주실 것에 대한 그림자 역할을 할 뿐이었다. 사람을 회개케 하여 하나님께로 돌이키게 하는 데 있어서 구약의 제사나 율법의 역할 정도이다. 요한의 세례는 백성들로 하여금 표면적인 회개를 하게 하는 동시에 진정한 메시아를 기다리게 한 것이다.

세상 죄를 지고 가는 하나님의 어린양

이튿날 예수님이 요한이 세례를 주는 곳에 오셨다(1:29). 이날이 바로 예수님이 백성들에게 자기를 나타내시기로 예정된 날이었다. 요한이 처음부터 예수님을 알아본 것은 아니었다. 그가 어떻게 예수님을 하나님께서 보내신 자, 곧 "하나님의 아들이심을"(34절) 알아보았는가? 그는 이미 "성령이 내려서 누구 위에든지 머무는 것을 보거든 그가 곧 성령으로 세례를 베푸는 이인 줄 알라"(33절)는 계시를 받았다. 그리고 예수님에게 세례를 베풀었을 때, "하늘이 열리고 하나님의 성령이 비둘기같이 내려" 예수님 위에 임하신 것을 보았다(마 3:13-17 참조). 그래서 요한은 지금 자기에게 세례를 받은 예수님이 하나님께서 말씀하신 바로 그분이라는 것을 안 것이다.

그래서 그는 곧바로 백성들에게 외쳤다.

"보라 세상 죄를 지고 가는 하나님의 어린양이로다 내가 전에 말하기를 내 뒤에 오는 사람이 있는데 나보다 앞선 것은 그가 나보다 먼저 계심이라 한 것이 이 사람을 가리킴이라"(29-30절).

세례 요한은 예수님을 '하나님의 아들'이라고 증언하고, 하나님의 아들이신 예수님이 "세상 죄를 지고 가는 하나님의 어린양"이라고 증언한다(사복음서, 곧 마태, 마가, 누가, 요한복음이 서로의 내용을 보충해 주고 확장시켜 준다는 것을 인정할지라도, 그렇다고 서로의 내용을 혼합시켜 하나의 본문으로 만들지는 말아야 한다. 왜냐하면 각 복음서는 저마다의 주제와 특징, 관점들을 가지고 기록되었기 때문이다. 특히 요한복음은 더욱 그래야 한다. 요한복음은 공관복음·마태, 마가, 누가과 연속성과 통일성을 가지고는 있지만 요한복음만의 특징을 가지고 있기 때문이다.

그러므로 요한복음의 본문에 공관복음의 내용들을 너무 많이 끼워 넣어 해석하고 적용하는 것은 요한복음의 의도를 훼손하고 왜곡시키거나 희석시키는 결과를 가져올 수도 있다. 세례 요한에 대해서도 마찬가지다. 마태복음 2장과 누가복음 3장의 세례 요한에 대한 내용을 요한복음에 덧붙여서 설명하게 되면, 저자 미상의

새로운 세례 요한의 이야기가 만들어져 버린다. 요한복음에서 세례 요한의 역할은 하나님의 아들이신 예수님을 세상 죄를 지고 가는 하나님의 어린양으로 증언하는 것이다).

　세례 요한은 하나님의 아들이신 예수님이 자기에게 세례를 받으신 것과 예수님 위에 성령이 내려 머무는 것을 보고, 구약에서 속죄물로 바쳐지는 양에게 안수함으로 죄를 전가시킨 것과 같은 의식을 치르고 있음을 알았다. 그래서 그는 백성들에게 예수님을 가리켜 "세상 죄를 지고 가는 하나님의 어린양"이라고 증언한 것이다. 세례 요한의 증언 중에 또 하나 중요한 증언이 있다. 예수님이 "성령으로 세례를 베푸는 이"라는 것이다. 이것은 "은혜와 진리가 충만하더라"(14절 하반절)는 말씀에 대한 근거와 14, 15, 16장에서 약속하신 '성령'에 대한 말씀을 예고하고 있는 것으로 보인다.

　하나님께서는 세례 요한을 예수님보다 먼저 보내셔서 사람들의 빛(생명의 빛)이신 예수님이 오시는 길을 준비하게 하셨다. 이것은 그가 "광야에서 외치는 자의 소리"로서 당시 백성들에게 예수님을 하나님의 아들이요, 세상 죄를 지고 가는 하나님의 어린양이요, 성령으로 세례를 베푸는 분이라고 증언하고, 그들로 예수님을 알아보고 믿고 따르도록 하는 것이었다.

　세례 요한이 자기의 역할에 충실했다는 것은, 그의 제자들에게도 예수님을 "하나님의 어린양"으로 증언하고, 제자들을 예수님께로 떠나보내는 것을 통해서도 확실하게 알 수 있다(35-37절, 그는 적극적으로 제자들을 예수님께 보낸 것이다). 이에 그의 제자 중 한 사람인 안드레가 예수님을 따르게 되었고, 그는 자기의 형제 시몬을 찾아가 예수님을 '메시아' 곧 '그리스도'로 소개한다(41절).

세례 요한은 메시아를 기다리는 자요(당시 유대인들이 그러했듯이), 메시아가 오시는 길을 준비하는 자의 삶을 충실하게 살았다. 그는 사람들로 하여금 자신이 아니라 예수님을 바라보도록 했다. 예수님이 바로 그토록 기다리던 메시아요, 하나님의 아들이시며 하나님의 어린양이심을 증언하고, 자기를 따르던 제자들은 물론 모든 사람들이 예수님을 믿고 따르도록 했다.

보내심을 받았는가?

모든 그리스도인은 하나님 아버지로부터 보내심을 받은 자이다. 여기서 그리스도인은 누구인가?(오늘날은 그리스도인에 대한 정의를 꼭 짚고 넘어가야 하는 시대가 되어 버렸다. 그럼에도 사람들은 이것을 껄끄러워한다. 교회의 문턱을 너무 높여 버린다고 말이다) '그리스도인은 누구인가?'라는 질문보다 더 정확한 질문은 '그리스도인은 예수님을 누구로 아는 자인가?'이다.

그리스도인은 어둠 가운데 살다가 생명, 곧 빛으로 오신 예수님 안에서 새 창조의 역사를 통해 생명을 얻고 빛 가운데로 나아와 빛에 거하는 자다. 이는 단순히 예수님을 믿고 영접기도를 하는 정도가 아니라, 만물을 지으신 예수님, 그리고 말씀이 육신이 되어 자기 땅에 오신 예수님을 영접하는 것을 통해 이루어진다. 이것은 예수님을 나 대신 십자가에 못 박혀 죽어 주신 분 정도가 아니라, 나를 지으신 분이요, 하나님 아버지의 독생자, 곧 독생하신 하나님으로, 나의 생명의 빛으로 알고 믿는 것이다.

또한 그리스도인은 예수님을 세상 죄를 지고 가는 하나님의 어린

양으로 알고 믿는 자이다. 이것은 하나님 앞에서 자신이 죄인이라는 것을 아는 것이요, 예수님을 죄인인 나의 죄를 대신 짊어지고 하나님께 제물로 드려져 피 흘려 죽으신 분으로 아는 것이다. 그리고 이 예수님을 메시아(그리스도)로 믿고 영접하는 것이다. 이것은 예수님을 나의 하나님으로, 나의 창조자, 나의 구원자, 내 삶의 주인(주관자)으로 영접하는 것이다. 이런 자가 바로 그리스도인이다.

여기에 못 미치는 자는 그리스도인이 아니다. 그리스도인은 혈통으로나 육정으로나 사람의 뜻으로 된 것이 아니라, 오직 하나님께로부터 난 자다(1:14). 하나님께로부터 난 자가 예수님을 이런 분으로 알지 못하고 믿지 못하는 것은 불가능하다. 혹 그리스도인이라고 하는 자가 예수님을 이런 분 – 자기의 창조자, 구원자, 삶의 주인 – 으로 알지도 못하고 영접하지도 않았다면 그는 아직 그리스도인이 아니다. 그는 기독교 집안에 태어나서(혈통으로), 또는 종교적으로 끌려서나 자의든 타의든 의지적인 결단을 통해(육정과 사람의 뜻으로) 기독교에 속해 있는 것일 뿐이다.

우리는 그리스도인인가? 그렇다면 우리는 보내심을 받은 자다. 그러므로 우리는 "주의 길을 곧게 하라고 광야에서 외치는 자의 소리"로 살아야 한다. 세례 요한이 예수님의 초림과 공생애를 준비했다면, 오늘날 우리는 다시 오실 예수님, 만왕의 왕으로 신랑으로 심판의 주로 오실 예수님의 오실 길을 준비해야 한다.

그러므로 우리는 세례 요한이 사람들에게 회개를 외치고 실제적으로 죄에서 돌이키게 했던 것처럼, 우리의 삶(말과 행실)이 죄 가운데 사는 사람들로 하여금 양심에 찔림을 받아 회개케 해야 한다. 최소한 그들이 잘못 살아가고 있다는 것을 알게 하고, 더 나은 삶이 있다는 것을 인정하게 해야 한다. 우리의 삶이 "한번 죽는 것은 사람에게 정해진 것이요 그 후에는 심판이 있다"(히 9:27)는 것을 외치게 하는 것이다.

예수님이 다시 오실 길을 준비한다는 것은 단지 어린양 혼인잔치의 즐거움만을 기대하면서 사는 것이 아니다. 예수님의 재림이 신랑이신 예수님이 신부를 데리러 오시는 것이기는 하지만, 모든 사람들에게 그날은 최후의 심판의 날이다. 그러므로 재림을 기다리며 사는 것은 현실을 도피하는 것이 아니라(이런 의도로 재림을 기다리는 것은 재림에 대한 올바른 이해와 믿음을 가지고 있는 것이 아니다) 심판을 염두에 두고 사는 것이다. 다른 말로 하면 하나님 앞에 설 준비, 하나님을 만날 준비를 하면서 사는 것이다. 우리가 만날 하나님은 크고 거룩하신 분이다.

그러므로 오늘날 외치는 자의 소리로서 예수님의 다시 오심을 준비하는 자로 산다는 것은, 자기 자신은 물론 다른 사람들로 하여금 심판, 곧 거룩하신 하나님 앞에, 죗값으로 죽으셨다가 다시 살아나신 예수 그리스도 앞에, 행한 대로 갚으시는 예수 그리스도 앞에 설 준비를 하게 하는 것이다. 말로만 예수님의 재림이 분명하고 확실하다고 외치는 자가 아니라, 심판 받을 자처럼 사는 모습을 보여주는 것이다. 이것이 마태복음 25장에서 비유로 말씀하신 깨어 있는 삶이요, 맡겨진 달란트를 충성되게 감당하는 것이며, 양과 염소 중에서 양의 삶을 사는 것이다. 또한 우리는 사람들로 하여금 하나님의 어린양으로 오신 예수님, 죽으셨다가 부활하신 예수님을 바라보게 하고 예수님을 믿고 따르게 해야 한다.

그러나 오늘날 하나님이 교회와 설교자들에 의해 풍요의 신인 바알과 다산의 신인 아세라와 같은 존재로 가르쳐지고 있다. 예수님은 이런 하나님의 비위를 맞추고 요구사항을 확실하게 얻어내기 위한 수단으로 전락하고 있다. 그래서 지금은 예수님을 믿고자 할 때 하나님 앞에서 자신이 죄인이라는 사실을 인정할 필요도 없고, 당연히 회개할 필요도 없다. 그냥 교회에 속하게 되고 그리스도인이라고 불려진다. 그저 여러 종교적인 행위를 잘함으로 우상으로 전락한 하나님을 잘 달래면 된다.

어떤 사람들은 예수님을 슈퍼스타나 슈퍼 히어로(영웅) 같은 존재로 알고 믿는다. 그들에게 예수님은 모든 질병과 고난, 핍박을 제거하고 자유와 해방, 번영을 가져다주는 분이다. 예수님을 믿으면서 이런 삶을 누리지 못한 자는 믿음이 없는 자이거나 하늘의 비밀과 번영의 공식을 알지 못한 자로 취급을 받는다. 단언컨대, 그들이 아는 하나님과 예수는 다른 하나님이요, 다른 예수다. 그들이 전한 복음은 다른 복음이다. 그들은 하나님께로부터 난 자들이 아니요, 하나님으로부터 보냄을 받은 자도 아니다.

하나님께로부터 난 자, 하나님의 보내심을 받은 자가 예수님을 그런 분으로 알고 믿고 따르며 그런 분으로 전하는 것은 불가능하다. 혹 거듭난 자 중에 예수님을 이런 분으로 믿고 가르치는 자가 있다면, 자기 자신이나 다른 사람을 위해서 절대로 강단에 서면 안 된다. 그렇게 하는 것은 하나님의 매를 버는 일일 뿐이기 때문이다(사울 왕의 경우가 될 것이다. 《공동체를 빚으시는 하나님의 손》 중에서 '2. 왕을 세워주소서' 참조).

하나님께로부터 나서 예수님을 증언하라고 보내심을 받은 자가 예수님을 올바로 알아보지 못하거나, 예수님을 보내신 하나님 아버지를 왜곡되게 가르치는 일은 없다. 성경은 이런 자들을 거짓 선지자, 거짓 사도, 거짓 선생, 자기 배를 섬기는 자들, 세상을 사랑하는 자들이라고 분명하게 말한다.

광야의 외치는 자의 소리로 살았던 세례 요한은 "신부를 취하는 자는 신랑이나 서서 신랑의 음성을 듣는 친구가 크게 기뻐하나니 나는 이러한 기쁨으로 충만하였노라 그는 흥하여야 하겠고 나는 쇠하여야 하리라"(3:29-30)고 했다.

그러나 오늘날 우리는 우리가 직접 신부를 취하고 그 기쁨을 차지하려는 듯하다. '내가 대접 받는 것이 곧 주님이 대접을 받는 것이다'라고 하면서 말이다. 여기에 대한 여러 논쟁이 있을 수 있겠지만, 결과적으로 오늘날 우리는 흥하였는 데 반해 하나님 아버지와 예수 그리스도는 그 어느 때보다도 쇠하여진 것을 보면 무언가 잘못되어도 아주 많이 잘못되었다는 것은 인정해야 하지 않을까?

그리스도의 복음에 대한 열정과 성도들을 향한 깊은 사랑으로 자기의 사명을 충성되게 감당한 사도 바울의 고백이 귓전에 쟁쟁하게 울린다.

"우리가 너희에게 신령한 것을 뿌렸은즉 너희의 육적인 것을 거두기로 과하다 하겠느냐 다른 이들도 너희에게 이런 권리를 가졌거든 하물며 우리일까 보냐 그러나 우리가 이 권리를 쓰지 아니하고 범사에 참는 것은 그리스도의 복음에 아무 장애가 없게 하려 함이로다, 그러나 내가 이것을 하나도 쓰지 아니하였고 또 이 말을 쓰는 것은 내게 이같이 하여 달라는 것이 아니라 내가 차라리 죽을지언정 누구든지 내 자랑하는 것을 헛된 데로 돌리지 못하게 하리라, 그러즉 내 상이 무엇이냐

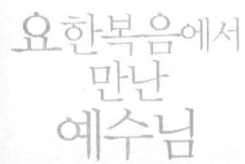

내가 복음을 전할 때에 값없이 전하고 복음으로 말미암아 내게 있는 권리를 다 쓰지 아니하는 것이로다"(고전 9:11-12, 15, 18).

03

하나님의 아들, 이스라엘의 임금

    1장 전반부(1-18절)에서 예수님에 대해 명제적으로 선언한 후, 세례 요한을 통해 예수님을 하나님의 아들이요, 성령으로 세례를 베푸시는 이요, 세상 죄를 지고 가는 하나님의 어린양으로 증거한다. 이것은 예수님을 이런 분으로 알라는 것에서 멈추거나 자기의 삶에서 죄로 드러난 것들을 반성하고 돌이키는 것만으로 충분한 것이 아니라, 육신을 입고 오신 독생하신 하나님이신 예수님을 메시아(그리스도)로 알고 믿고 영접하여 하나님의 자녀가 되는 권세를 얻으라는 강력한 요청이다.
    만약 세례 요한의 회개의 세례를 받고 자신이 잘못 살아온 것을 반성하고 돌이키기는 했으나 하나님의 어린양으로 오신 예수님, 성

령으로 세례를 베푸시는 예수님을 영접하지 않았다면, 그는 상당한 수준의 도덕적인 삶을 사는 자일 수는 있으나 예수님을 믿는 자가 아니요, 여전히 죄 가운데 사는 자다.

예수님은 우리로 좀 더 나은 삶, 좀 더 고상하고 깨끗하며 사람다운 삶을 살게 하기 위해 오신 것이 아니라, 우리의 죄 문제를 해결하러 오신 분이다. 또한 우리로 더 이상 죄와 어둠 가운데 살지 않고, 예수 그리스도 안에서 성령으로 말미암아 진리에 순종하고 빛 가운데 살면서 하나님 아버지와 사귐이 있는 삶을 살도록 하기 위해 오셨다(요일 1:7).

오늘날 기독교인들의 문제는, 예수님을 믿는다고 하면서 교회에 나오지만 세상 사람들이 보기에도 분명한 죄에서조차 돌이키지 않는다는 것이다. 이에 대해 그 누구도, 심지어 설교자나 목회자도 두루뭉술하게 넘어가거나 못 본 체하고 넘어가고 있다. 이것이 너무도 일상적인 것이 되어 버렸다. 이것은 말씀을 맡은 자라고 하는 사역자들이 사도들은 고사하고 회개의 세례를 베푼 세례 요한의 역할도 못하고 있는 것이다.

세례 요한은 자기에게 나오는 자들에게 회개를 외치고 죄에서 돌아서라고, 회개에 합당한 열매를 맺으라고 했을 뿐만 아니라(마 3:1-8 참조), 그들로 하여금 세상 죄를 지고 가는 하나님의 어린양으로 오신 예수 그리스도를 바라보게 하였다. 그분 앞에서 그들 자신을 죄인으로 인정하고, 그분이 자신을 위해 하나님께서 보내신 대속물이요, 화목제물임을 알도록 그분께로 인도했다.

빌립의 증언

사도 요한은 외치는 자의 소리 역할을 잘 감당한 세례 요한의 뒤를 이어 나다나엘을 통해 한층 더 장엄하고 웅장하게 예수님을 증언한다. 예수님이 갈릴리로 가시는 길에 부르심을 받은 빌립이 나다나엘을 찾아가 그에게 예수님을 다음과 같이 소개한다.

"모세가 율법에 기록하였고 여러 선지자가 기록한 그이를 우리가 만났으니 요셉의 아들 나사렛 예수니라"(1:45).

빌립의 말은 예수님이 유대인들에게 하신 말씀을 생각나게 한다. 예수님은 도무지 자기를 믿지 않는 유대인들에게 "너희가 성경에서 영생을 얻는 줄 생각하고 성경을 연구하거니와 이 성경이 곧 내게 대하여 증언하는 것이니라 그러나 너희가 영생을 얻기 위하여 내게 오기를 원하지 아니하는도다"(5:39-40)라고 말씀하셨다.

여기서 '성경'은 구약성경, 곧 율법서와 시가서, 선지자들의 글이다("내가 너희와 함께 있을 때에 너희에게 말한바 곧 모세의 율법과 선지자의 글과 시편에 나를 가리켜 기록된 모든 것이 이루어져야 하리라 한 말이 이것이라"-눅 24:44).

여기서는 구약에 나타난 그리스도에 대한 구절들을 일일이 열거하지 않을 것이다. 여기에 대해서는 훌륭한 책들이 많이 나와 있다.

중요한 것은 빌립이 구약에서 예언하고 있는 메시아가 바로 요셉의 아들 나사렛 예수라는 것을 알아보았다는 것이다. 당시 거의 대부분의 유대인들은 빌립만큼 구약성경을 공부했다. 특히 당시에는 약속된 메시아에 대한 열망이 그 어느 때보다도 열렬했다. 그래서

유대인들은 조금이라도 사람들을 이끄는 힘이 있는 자가 나타나면 혹시 그가 메시아는 아닐까 하고 생각한 것이다. 유대인들이 세례 요한에게 단도직입적으로 질문한 것도 바로 이 때문이었다.

그러나 정작 모세가 율법에 기록하였고, 여러 선지자가 기록한 메시아인 예수님이 그들 앞에 나타났을 때, 그들은 예수님을 메시아로 알아보지 못했다. 나다나엘도 "나사렛에서 무슨 선한 것이 날 수 있느냐"(1:46)고 반문하면서 믿지 못했다. 이는 당시 유대인들의 메시아에 대한 고정관념과 선입관 때문이기도 하다. 메시아는 다윗 왕의 영광을 재현할 자로 오신다는 것이다. 그러니 나사렛이라는 시골 출신이 메시아일 리는 없는 것이다.

그런데 세례 요한, 안드레, 시몬 베드로, 그리고 빌립은 당시의 고정관념과 선입관을 뛰어넘어 나사렛 예수를 메시아로 알아보고 따르고 있었던 것이다. 이는 그들이 하나님의 큰 은혜를 받은 자들임을 말해 준다. 그들은 하나님께로부터 난 자인 것이다. 하나님께서 그들에게 예수님이 나사렛 출신이라는 것이 걸림이 되지 않게 하신 것이다. 예수님과 사도들의 삶이 걸림이 되는 자는 하나님께로부터 난 자가 아니다. 하나님께서 그를 택하지 않았기 때문에 그것들이 그에게 걸림이 되는 것이다.

택함을 받은 자는 예수님의 생활수준, 거처, 인간관계, 사회적 위치, 가르치신 말씀, 사역 등 어떠한 것에도 실족(실망)하지 않는다. 예수님으로 인하여 실족하지 않는 자는 복이 있다(마 11:6).

빌립의 증언을 통해 우리가 받아야 할 교훈은 무엇인가? 구약성경은 예수 그리스도를 증거하고 있다는 것이다. 메시아에 대해 문자적으로 기록한 구절뿐만 아니라, 창조 사건에서부터 족장들의 이야기 속에, 그리고 모세의 율법과 제사제도, 성막 자체가 예수 그리스도를 가리키고 있고, 여러 언약들이 예수 그리스도를 향하고 있다.

그러므로 우리는 구약을 하나님 중심으로 읽고 이해해야 할 뿐만 아니라, 구약을 통해 예수 그리스도를 발견하고 예수 그리스도를 향하도록 해야 한다. 구약을 통해 우리는 하나님 아버지께서 예수 그리스도를 통해 행하신 일들을 더욱 풍성하게, 또는 체험적으로 알게 된다. 물론 구약의 모든 부분이 예수 그리스도를 나타내는 것은 아니다. 그러므로 억지로 꿰어 맞추지는 말아야 한다.

나다나엘의 고백

나다나엘이 빌립을 따라 예수님께로 갔다. 예수님은 나다나엘에 대해 이렇게 말씀하셨다.

"보라 이는 참으로 이스라엘 사람이라 그 속에 간사한 것이 없도다" (47절).

이것은 나다나엘이 혼혈이 아니라 순수 혈통의 유대인이라거나 율법을 잘 지키고 있다는 말이 아니다. 다른 유대인들과는 달리 순수한 마음으로 메시아를 기다리는 자라는 것이다. 참으로 하나님을 경외하는 자라는 말이다. 그것은 또한 그가 '참 이스라엘' 곧 '언약 가운데 있는 자'라는 것이다. 나다나엘이 하나님의 택하심을 입은 자라는 것이다. 그럼에도 그는 나사렛 예수라는 말에 "나사렛에서 무슨 선한 것이 날 수 있느냐"라고 약간 회의적인 반응을 보였었다.

자기에 대한 예수님의 말씀을 들은 나다나엘이 놀라서 "어떻게 나를 아시나이까?"(48절 상반절)라고 물었다. 그러자 예수님은 "빌립이 너를 부르기 전에 네가 무화과나무 아래에 있을 때에 보았느니라"(48절 하반절)고 대답하셨다. 이 말을 들은 나다나엘이 곧바로 예수님을 "당신은 하나님의 아들이시요 당신은 이스라엘의 임금이로소이다"라고 고백한다. 무엇 때문에 그는 곧바로 예수님을 하나님의 아들로, 이스라엘의 임금으로 고백했을까? 예수님이 천리안과 같은 능력을 가지고 있어서 혹은 강심술과 같이 사람의 마음을 꿰뚫어보는 능력이 있어서인가? 그랬다면 뛰어난 사람 중에 한 사람 정도로는 여길지언정, 하나님의 아들로, 이스라엘의 임금으로까지는 고백하지 않았을 것이다.

사도 요한은 1장 1-18절에서 예수님에 대해 명제적으로 선포해 놓은 후, 세례 요한, 안드레, 빌립, 나다나엘 등의 인물들을 통해 그 명제적인 선포들을 좀 더 역동적이고 깊이 있게, 그리고 체험적으로 증거하고 있다(선포한 말씀에 대한 체험자들의 증언을 나열하고 있다). 이것은 니고데모(3장)와 사마리아 여자(4장)의 경우도 마찬가지다. 예수님이 행하신 표적들은 두말하면 잔소리다.

나다나엘은 예수님을 보고 그분의 말씀을 듣고서는 곧바로 예수님이 빌립이 말한 대로 모세가 율법에 기록하였고, 여러 선지자가 기록한 그분이라는 것을 알았던 것이다. 또한 예수님이 만물을 지으신 분이요(1:3), 자기 땅, 자기 백성에게 오신(11절) 하나님이라는 것을 깨달았다.

나다나엘은 예수님을 통해 말씀이 육신이 되어 자기 백성 가운데 거하시는 하나님 아버지의 독생자의 영광을 본 것이다(14절). 예수님을 독생하신 하나님으로 알게 된 것이다(18절). 이것 외에 다른 이유가 있을 수 없다. 그래서 그는 곧바로 예수님 앞에서 "당신은 하나님의 아들이시요 당신은 이스라엘의 임금이로소이다"(49절)라고 고백한 것이다(사도 요한은 의도적으로 이렇게 기록해 가고 있다).

나다나엘의 신앙고백을 들으신 예수님은 그에게 더욱 놀랄 만한 말씀을 하신다.

"내가 너를 무화과나무 아래에서 보았다 하므로 믿느냐 이보다 더 큰 일을 보리라 또 이르시되 진실로 진실로 너희에게 이르노니 하늘이 열리고 하나님의 사자들이 인자 위에 오르락내리락 하는 것을 보리라 하시니라"(50-51절).

이 구절에 대한 해석들은 분분하지만, 핵심은 '임마누엘'이다. 창세기 28장에서 야곱은 하나님이 특정한 곳에만 계시는 분으로 알았다가 벧엘에서 사닥다리 환상을 체험하고서는 매우 놀랐다. 하나님께서 거기에도 계시는데 미처 알지 못했다는 것이다(16절). 그리고 그는 매우 두려워하면서 "두렵도다 이곳이여 이것은 다름 아닌 하나님의 집이요 이는 하늘의 문이로다"(17절)라고 외쳤다.

이것은 야곱만의 문제가 아니었다. 구약의 족장들(노아, 아브라함, 이삭 등)의 하나님에 대한 이해가 그러했다. 하나님을 제단이 세워진 곳에만 거하는 분으로 알았다. 하나님께서는 이런 그들의 이해를 확장시켜 주신 것이다. 어디에도 국한되지 않으시고 어디에나 계시는 하나님, 특히 택하신 자와 언제 어디서든지 함께하시며 그를 원하시는 곳으로 인도해 가시는 하나님이심을 나타내 주신 것이다.

이스라엘과 아람과의 전쟁을 통해서도 이것을 나타내신다(열왕기상 20장). 첫 전투에서 아람 왕 벤하닷이 패했다. 그러자 그의 신복들이 왕에게 "그들(이스라엘)의 신은 산의 신이므로 그들이 우리보다 강하였거니와 우리가 만일 평지에서 그들과 싸우면 반드시 그들보다 강할지라…우리가 평지에서 그들과 싸우면 반드시 그들보다 강하리이다"(23, 25절)라고 말하자 벤하닷이 그들의 말을 듣고 그대로 했다.

아람 왕 벤하닷이 다시 군대를 이끌고 싸우려고 왔을 때, 하나님께서 하나님의 사람을 통해 이스라엘 왕에게 "여호와의 말씀에 아람 사람이 말하기를 여호와는 산의 신이요 골짜기의 신은 아니라 하는도다 그러므로 내가 이 큰 군대를 다 네 손에 넘기리니 너희는 내가 여호와인 줄을 알리라 하셨나이다 하니라"(28절)고 말씀하셨다.

이 전쟁의 결말은 아합 왕이 벤하닷을 살려 주고 거래를 함으로 씁쓸하게 끝났지만, 이스라엘의 대승이었다. 하나님께서는 이 전쟁을 통해 산의 신일뿐만 아니라, 골짜기의 신이요, 더 나아가 모든 곳에 계시며 모든 곳에서 자기의 뜻을 행하시는 하나님이심을 나타내신 것이다. 특히 택하신 자기 백성 이스라엘로 하여금 하나님 자신을 더욱 깊이 알게 하신 것이다.

그러므로 51절의 말씀은 문자적으로 하나님의 사자(천사)들이 예수님 위에 오르락내리락 하는 것을 볼 것이라는 말이 아니다. 이것은 먼저, 야곱이 벧엘에서 체험한 사건을 알고 있는 나다나엘을 비롯한 모든 사람들에게 예수님 자신이 구약의 하나님과 동등한 하나님임을 말씀하신 것이다(1:1-2, 18절의 또 다른 반복이다).

또한 하나님이 예수 그리스도로 말미암아 우리 가운데 오셔서 우리와 함께 거하시고 택하신 자기 백성들을 돌보시는 분이라는 것이다. 이것은 앞으로 행하시는 사역(표적과 이적)을 통해서 분명하게 드러나게 될 것이다. 하나님의 사자가 예수님 위에 오르락내리락 하는 모습으로 사역하는 것을 통해서가 아니라, 하나님 아버지께서 예수님 안에, 예수님이 하나님 아버지 안에 계셔서 하나가 되어 사역하시는 모습, 하나님 아버지께서 예수님을 통해 아버지의 뜻을 이루어 가시는 것을 통해서 말이다.

세례 요한은 예수님을 "세상 죄를 지고 가는 하나님의 어린양", "성령으로 세례를 베푸는 이", "하나님의 아들"로 증언했다. 그리고 안드레는 예수님을 '메시아'로 증언한다. 빌립은 메시아이신 예수님이 모세가 율법에 기록하였고 여러 선지자들이 기록한 분, 곧 약속된 메시아이심을 증언한다. 이에 더하여 나다나엘은 선한 것이 절대로 나올 수 없는, 제대로 된 인물이 절대로 나올 수 없는 동네 출신 나사렛 예수가 하나님의 아들이요, 이스라엘의 임금이라고 증언하고 있다.

"혈통으로나 육정으로나 사람의 뜻으로 나지 아니하고 오직 하나님께로부터 난 자들"(13절)은 예수님을 이런 분으로 알고 영접하고 믿어 하나님의 자녀가 되는 권세를 얻는 것이다(12절). 하나님 아버지께서 때가 되면 그들의 눈을 열어 예수님을 독생하신 하나님으로 알게 하고 아버지의 독생자의 영광을 보게 하시고 예수님을 믿고 따르게 하시는 것이다.
　오늘 우리는 예수님을 누구로 알고 믿고 있는가?

04

새로운 시작

"예수께서 이 첫 표적을 갈릴리 가나에서 행하여 그의 영광을 나타내시매 제자들이 그를 믿으니라"(요 2:11).

예수님과 제자들이 가나의 혼례에 청함을 받았다(2:2). 잔치가 한창 무르익어 갈 무렵 큰 문제가 생겼다. 잔칫집의 포도주가 떨어진 것이다. 그때 예수님의 어머니가 예수님께 와서 포도주가 떨어졌다고 말한다(3절). 그러자 예수님은 "여자여 나와 무슨 상관이 있나이까 내 때가 아직 이르지 아니하였나이다"(4절)라고 자신과는 상관없는 일이라는 식으로 말씀하신다.

예수님의 어머니는 예수님의 반응에 아랑곳하지 않고 예수님이 어떤 지시를 할 것을 미리 알고 있는 것처럼 그 집 하인들을 준비시킨다(5절). 역시나 예수님은 하인들에게 말씀하셨다. 그 집에 정결 예식을 지키기 위해 마련되어 있는 여섯 개의 돌 항아리에 물을 가득 채우라고 하셨다(6-7절). 하인들이 다 채우자 곧바로 다시 떠서 연회장에게 갖다 주라고 해서 연회장에게 가져다주었더니 그가 맛보고는 감탄을 했다. 그래서 신랑을 불러 "사람마다 먼저 좋은 포도주를 내고 취한 후에 낮은 것을 내거늘 그대는 지금까지 좋은 포도주를 두었도다"(10절)라고 말하며 그를 칭찬했다.

이것은 예수님이 공생애로 접어들어서 첫 번째로 행하신 표적이다(11절). 자신을 세상에 나타내시기 위해 행하신 첫 번째 표적인 것이다. 그러므로 이 표적에서 중요한 것은 "예수님이 어떤 목적으로 물을 포도주로 변하게 하셨는가?"이다. 나머지 인물들은 모두 들러리다. 물의 성질과 포도주의 성질을 비교하면서 성질의 변화를 이야기하거나 예수님의 어머니의 행동과 하인들의 순종(?)을 강조하는 것도 본문의 핵심을 잘못 짚는 것이다.

또한 누군가의 구원의 문제든지, 변화되기를 원하는 소원이든지 무조건 '믿습니다' 하면서 헌금, 봉사, 작정 기도 등을 동원하여 밀어 붙이면 하나님께서는 어쩔 수 없이 응답해 주신다는 것을 알려주는 본문이 아니다. 사실 이런 것을 알려주는 본문은 성경 어디에도 없다. 하나님은 절대로 그런 분이 아니기 때문이다.

하나님은 사람의 처지나 소원, 간구에 매여 있는 분이 아니다. 하나님께 대한 잘못된 이해가 본문의 의도와는 전혀 상관없는 자칭 '공식'들을 만들어 낸다.

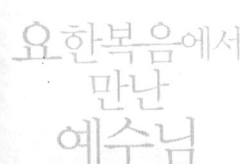

요한복음에서 예수님이 행하신 이적과 기사는 모두 '표적'이다. 이것은 이적과 기사가 그것을 행하시는 예수님이 누구인가를 실제적으로 보여주는 도구라는 것이다. 예수님이 표적을 행하신 것은 '우리가 어떻게 하면 우리에게도 그런 표적(이적과 기사)이 나타날 수 있는가'를 말하기 위함이 아니라, 그 표적을 통해 예수님 자신을 나타내어 우리로 믿도록 하기 위함이다. 그러므로 예수님이 행하신 일들을 가지고 어떤 공식들을 찾아내어 어떻게 하면 우리 삶에서도 그런 기적을, 그런 응답을 받을 수 있는가라는 식으로 가르치고 설교하는 것은 그 본문의 요점을 놓친 것이다. 어떠한 변명을 하더라도 그런 가르침은 인본주의의 산물이다.

예수님이 첫 표적을 갈릴리 가나에서 행하여 그의 영광을 나타내심으로, 즉 예수님이 창조자 하나님(동등한 분)이심을 나타내심으로 제자들이 예수님을 믿었다(11절).

그러면 예수님의 어머니와 하인들의 행동은 어떻게 이해해야 하는가? 예수님이 자신을 세상에 나타내시려고 표적을 행하시고자 하실 때, 그곳에 있음으로 그 일에 쓰임을 받은 것이다. 물론 예수님의 어머니의 행동은 높이 평가를 받아야 한다. 그러나 이 또한 그녀가 예수님을 믿는 믿음으로 행동했더니 기적을 경험했다는 식으로 설교하거나 가르치면 안 된다. 그녀가 하인들보다 더 나은 것은 하나님의 은혜를 입은 자로서 세례 요한이나 나다나엘처럼 예수님이 어떤 분으로 오셨는지를 알았다는 것과, 이제 예수님이 공적인 삶을 시작했다는 것을 알고 기회를 보며 행동했다는 것이다. 마가복음서에서는 예수님의 친척들이 예수님을 미쳤다고 해서 붙들러 왔다고 기록하고 있지만(막 3:21), 요한복음은 이런 부분을 의도적으로 생략한다.

예수님에 관한 영화 중, 어떤 영화는 예수님의 공생애의 시작 부분을 이렇게 묘사하고 있다. 예수님은 요셉과 마리아의 장남으로서, 상당히 실력 있는 목수로 아버지의 일을 돕다가 공생애를 살아야 하는 때가 왔을 때, 부모에게 자초지종을 이야기하고 길을 떠나신다. 예수님의 부모는 예수님이 원래 그런 삶을 위해 태어난 아들임을 인정하고 기꺼이 예수님을 떠나보낸다.

　요한복음의 예수님의 어머니는 이미 하나님의 은혜를 입은 자로서 예수님을 알고 믿고 있었다. 그리고 공생애를 시작하신 예수님이 결혼식장에서 포도주 문제를 해결해 주시기를 기대한 것이다. 그 해결을 통해 더욱 확실하게 예수님 자신을 세상에 나타내시기를 기대한 것이다. 그녀의 기대는 예수님이 자신을 세상에 나타내시기로 작정하신 때에 딱 맞아 떨어졌다.

　만약 예수님이 작정하신 때가 아니었다면, 예수님의 어머니나 하인들의 수고는 헛수고가 되었을 것이다. 예수님(하나님)은 그 누구에게도, 자칭 믿음의 기도에도 매이는 분이 아니다. '믿음의 기도'는 하나님의 뜻이 이루어지기를 구하는 기도이다. 하나님을 전적으로 신뢰하면서 하나님의 뜻대로, 하나님의 방법대로 하나님의 때에 하나님의 영광을 위해 이루어지기를 구하는 것이다.

　하나님께서는 간혹 간절히 매달리는 간구에도 응답하시기는 하지만, 이것은 하나님의 선하시고 기뻐하시고 온전하신 뜻 안에서 즐겁게 응답하신 것이 아니다. 그냥 허용하신 것일 뿐이다. 하나님께서 마지못해서 허락하신 것이다. 이런 응답은 궁극적으로 당사자에게 유익하지 않다. 선한 열매를 맺게 하지 못한다는 것이다.

　어떤 응답은 '차라리 받지 않았더라면 더 좋았을 것을'에 해당되

기도 한다(당장은 응답을 못 받으면 죽을 것 같은 심정이었겠지만 말이다). 히스기야 왕이 병 고침을 받아 생명을 15년 더 연장 받은 일이 이런 경우이다(열왕기하 20장). 하나님께서 이사야를 통해 하신 말씀처럼, 자기의 죽음을 받아들이고 집안을 정리했더라면 그 이후의 역사는 어떻게 되었을까? 히스기야가 고침을 받지 않았다면, 바벨론 사신들이 오지도 않았을 것이고, 유다 역사상 가장 악한 왕, 그래서 하나님으로 하여금 심판을 확정짓게 만든 장본인인 므낫세가 태어나지도 않았을 것이다(히스기야 왕이 고침을 받은 후 3년에 므낫세를 낳았다. 히스기야가 죽고 므낫세가 12세에 왕위에 올랐다-왕하 21:1 참조).

하나님께서는 자기의 기뻐하시는 뜻을 따라 행하시는 분이다. 이 일에 누군가를 동역자로 수행자로 세워 기도하게 하시고 순종하게 하신다.

요한복음은 시작부터 창조, 구원, 그리고 새롭게 되는 모든 일들이 하나님께로부터 시작된다는 것을 매우 강조하고 있다. 가나에서 행하신 표적은 창조자요, 독생하신 하나님이요, 하나님의 어린양이요, 메시아(그리스도)이신 예수님이 새로운 시대를 여시는 분, 새로운 삶을 살게 하시는 분임을 매우 효과적으로 보여주고 있다.

어둠 속에서 살던 자들에게 빛의 삶을 살게 하고, 하나님의 자녀된 권세를 가지고 살게 하기 위해 새로운 시대를 여는 분이라는 것을 나타내기 위해서는, 물을 포도주로 바꾸는 표적보다 더 나은 것은 없었다. 이를 위해 창조자요 하나님이신 예수님이 죄인들과 같은 육체를 입고 오신 것이다.

이제 예수 그리스도를 통해서만, 예수 그리스도 안에서만 하나님께 속한 자, 하늘에 속한 자로서 새로운 시대, 새로운 삶, 빛 가운데서의 삶, 자녀로서의 삶을 살 수 있다. 이것을 위해 예수님은 물을 전혀 다른 성질의 포도주(최소한의 공통부분만 가지고 있는 포도주)로 변화시킨 것처럼, 자신이 하나님께로부터 난 자들을 어둠에서 불러내어 전혀 새로운 사람으로 재창조하는 자임을 드러내신 것이다. 이 일을 통해 예수님은 독생하신 하나님의 영광을 나타내셨다.

    이제 하나님께로부터 난 자들은 거듭나서(3장, 니고데모와의 대화) 성전이신 예수님 안에서(2:13-22) 하나님 아버지께 참되게 예배하는 자로 살아가게 될 것이다(4장, 사마리아 여인과의 대화).

05

성전(聖殿)이신 예수님

"예수께서 대답하여 이르시되 너희가 이 성전을 헐라 내가 사흘 동안에 일으키리라 유대인들이 이르되 이 성전은 사십육 년 동안 지었거늘 네가 삼 일 동안에 일으키겠느냐 하더라 그러나 예수는 성전 된 자기 육체를 가리켜 말씀하신 것이라"(요 2:19-21).

가나에서 물이 포도주가 되게 하는 첫 표적을 행하심으로 새 시대의 시작을 알리신 예수님은 유월절이 가까워지자 예루살렘으로 올라가셨다(1:13). 예루살렘 성전에 들어가자 유월절에 제물로 바쳐질 소와 양과 비둘기 파는 사람들과 타지에서 오는 유대인들이 성전세를 내도록 돈을 바꾸어 주는 사람들로 북새통을 이루고 있었다(14절).

이를 본 예수님은 노끈으로 채찍을 만들어서 양이나 소들을 다 성전에서 쫓아내시고, 돈을 바꾸어 주는 사람들의 돈도 쏟으시고 상을 엎으셨다(15절). 그리고 그들에게 "이것을 여기서 가져가라 내 아버지의 집으로 장사하는 집을 만들지 말라"(16절)고 말씀하셨다[여기에다 "강도의 굴혈"(마 21:13; 막 11:17; 눅 19:46)을 끌어다가 덧붙여서 설명하는 것은, 요한복음의 맥을 끊는 것이고 요점을 놓치게 하는 결과를 가져온다. 요한복음에 기록된 표적, 말씀, 비유들은 요한복음의 의도(맥락) 안에서 이해하고 설명해야 한다].

아마도 많은 사람들이 놀라고 당황스러워했을 것이다. 예수님을 향해 적대감을 품고 수군거리며 비방하기도 했을 것이다. 성전에서의 예수님의 행동, 곧 "주의 전을 사모하는 열심"(17절)으로 행한 일이 사람들로 하여금 예수님을 죽이고자 하는 마음을 품게 하는 동기 중 하나가 되었을 것이다(시 69:9 참조).

이때 유대인들이 예수님의 말씀 – "내 아버지의 집으로 장사하는 집을 만들지 말라" – 에 매우 불쾌하게 생각하면서 예수님에게 표적을 보이라고 요구한다(18절). 그렇게 할 만한 자격이 있는 사람인지를 표적을 통해 증명하라는 것이다. 이들이 요구한 표적은 예수님을 하나님의 아들로, 그리스도로 믿기 위한 표적이 아니었다. 당시 유대인들의 기대 수준이었던 영웅적인 능력을 보여 달라는 것이다. 가깝게는 과거에 성전을 수복한 마카비 형제들처럼 말이다.

유대인들의 요구에 예수님은 그들이 듣기에 매우 황당하다고 여길 만한 말씀을 하신다.

"너희가 이 성전을 헐라 내가 사흘 동안에 일으키리라"(19절).

당시 성전은 46년 동안에 걸쳐서 지어졌는데, 사흘 동안에 다시 짓겠다고 하신 것이다. 예수님이 그들에게 보여주실 표적은 성전을 사흘 동안에 다시 세우는 것이었다. 그러나 그들은 예수님의 말씀을 전혀 이해하지 못했다. 그래서 그들은 예수님을 별 볼일 없는 사람, 허풍쟁이, 또는 쉰 소리나 하는 사람 정도로 여겨 버린다.

그러나 21절은 우리에게 매우 중요한 것을 말씀해 준다(요한복음의 독특함과 탁월함을 보여주는 한 부분이다).

"그러나 예수는 성전 된 자기 육체를 가리켜 말씀하신 것이라."

예수님은 왜 성전에 올라가서 장사하는 사람들을 다 내쫓으셔서 큰 소란이 일어나게 하셨는가? 하나님의 성전이 너무 타락하고 세속화되어 있어서 다시 깨끗하게 하여 성전의 본래 기능을 회복시키기 위해서였는가? 다시는 성전 안에서 장사하는 사람들, 성전을 이용해서 자기의 이익을 챙기는 사람들이 없게 하고, 성전의 질서와 규율들을 다시 확실하게 세우기 위해서였는가? 그래서 거룩하게 구별된 성전에서 양과 소를 가져다가 제사하고, 성전세를 잘 바침으로 성전이 원활하게 운영되게 하시기 위함이었는가? 결코 아니다.

웅장하게 지어진 예루살렘 성전은 그림자에 불과했다. 성전은 하나님의 임재가 머무르는 장소요 건물이었다. 그런데 지금 하나님이신 예수님이 육신을 입고 이 땅에 오셨다. 건물적인 성전에 하나님이 임하여 계신 차원이 아니라, 하나님이 오신 것이다. 참 성전이 하늘로부터 임한 것이다. 더 이상 예루살렘 성전은 필요 없다. 예수님이 오심으로 그 성전의 역할은 끝났다. 하나님은 사람의 몸을 입으신 예수님 안에 거하신다. 그러므로 예수님 밖에서의 임마누엘은 없다. 예수님이 참 성전인 것이다.

참 성전이신 예수님이 성전의 모퉁잇돌이다(엡 2:20). 그래서 성전인 예수님 안에서 믿는 자들이 서로 연결되어 지어진다. 하나님께로부터 난 자들이 예수님을 하나님의 아들로, 메시아(그리스도)로 믿고 영접하고, 그들이 성령 안에서 하나님이 거하실 처소(성전)가 되기 위하여 그리스도 예수 안에서 함께 지어져 간다(엡 2:21-22).

예수님이 예루살렘 성전에 올라가 성전을 깨끗하게 하신 것은, 예수님 자신이 실체로 오신 성전이심을 증거하기 위해서다. 물을 포도주로 변화시킨 표적이 어머니 마리아의 믿음이나 하인들의 수고와 순종을 말하는 것이 아니라, 하나님의 때가 되어 예수님이 새 시대를 열고, 새로운 삶을 살게 하시는 메시아(그리스도)로 오신 분임을 나타내는 것이었듯이 말이다.

하나님께로부터 난 자들이 빛으로 오신 예수님 안에서 생명을 얻고(요 1:4, 9) 어둠에서 빛으로 옮겨진다. 또한 예수님을 영접하여 하나님의 자녀가 된다(12절). 이제 그들이 성전으로 오신 예수님 안에서 하나님이 거하실 성전으로 세워지게 된다. 예수님이 모퉁잇돌이요, 머리(주인)가 되신 공동체에만 하나님의 임재가 있게 된다. 그 공동체가 성전이다. '우리 교회의 주인은 예수 그리스도입니다'라는 구호로만 그치지 않고 실제적인 임재가 나타나는 공동체, 진리의 말씀이 실천되고 경험되는 공동체가 성전이다.

공관복음서와 달리 요한복음에서 성전을 깨끗하게 하신 사건이 초반부에 기록된 것은 무슨 이유인가? 이미 앞에서 언급했듯이, 성전과 하나님의 임재는 불가분의 관계다. 출애굽 이후 성막, 다윗의

장막, 솔로몬 성전, 바벨론 포로 귀한 후의 스룹바벨 성전, 헤롯 성전으로 이어진 성전은 하나님께서 택하신 자기 백성들과 함께하시고 그들을 돌보시고 인도해 가시는 하나님의 임재를 가시적으로 보여준다.

그런데 요한복음은 첫 장부터 천지를 지으신 하나님, 말씀이신 하나님이 육신을 입고 자기 땅, 자기 백성에게 오셨다고 선언한다. 그분은 독생하신 하나님이요, 하나님의 어린양이시다. 하나님께로부터 난 자들을 구원하시기 위해 오신 메시아(그리스도)이시다. 그러면 그 다음으로는 당연히 성전에 대한 언급이 있어야만 하는 것이다. 하나님께서 자기 백성을 위해 임하셨는데, 그것도 영으로가 아니라 육신을 입고 오셨는데, '그러면 지금의 예루살렘 성전은 어떻게 되는 것인가?'라는 질문이 생긴다. 이런 유의 질문에 대해 요한복음은 매우 확고하게 예수님이 바로 성전이라고 선언하고 있는 것이다. 그림자의 시대는 가고 실체가 오셨다는 것이다.

예수님이 육신을 입고 이 땅에 오신 목적은 무엇인가? 우리는 단순히 '죄인들을 구원하시기 위해서 오셨다'고만 생각하는 경우가 많다. 물론 이것은 매우 중요한 사실이다. 모든 죄인들 중에서 하나님의 택하심을 입은 죄인들의 죄를 대신 짊어지고 피 흘려 죽으심으로 그들을 구속하고 하나님과 화목하게 하여 하나님의 자녀가 되게 하시기 위해서 오신 것은 너무도 분명한 사실이고, 매우 중요한 목적이다.

그러면 이것이 전부인가? 그렇지 않다. 예수님이 육신을 입고 오심으로 하나님의 나라가 이 땅에 임했다. 그러나 예수님은 죄인들의 구원을 위해 죽으시고 부활하여 다시 하늘로 가실 것이다. 그렇다면 하나님의 나라가 예수님 안에서 이 땅에 임했다가 다시 예수님과 함께 하늘로 올라가 버리는 것인가? 그렇지 않다는 것을 우리는 너무도 잘 알고 있다.

예수님의 오심과 죽으심과 부활로 말미암아 이 땅에 하나님의 나라를 보여줄 한 공동체가 세워지게 되었다. 이것은 영원부터 우리 주 예수 그리스도 예수 안에서 예정된 뜻이었다(엡 3:11). 하나님께서는 이제 예수 그리스도로 말미암아 세워진 교회(공동체)를 통해 하늘에 있는 통치자들과 권세들에게 하나님의 각종 지혜를 알게 하시고, 하나님 속에 감추어져 있던 비밀의 경륜을 밝히 드러내시고자 하신 것이다. 이것은 예수 그리스도로 말미암아 피조물들을 구속하시고 새롭게 하시는 하나님의 지혜를 의미한다(고전 1:18, 21).

예수님이 육신을 입고 오신 목적은 하나님께로부터 난 자들을 구속하시고, 그들을 통해 교회, 곧 하나님께서 거하실 성전으로서의 공동체를 세우시는 것이었다. 이제 세상은 교회를 통해 하나님 나라의 모습을 보게 되고, 구원의 은혜와 능력을 경험하게 될 것이다.

태초에 하나님과 함께 계시던 말씀이 육신을 입고 이 땅에 오셨다. 하나님이 영으로 어느 지역, 어느 건물에 오신 것이 아니라, 사람의 몸을 입고 오신 것이다. 그러므로 사람의 몸을 입고 오신 독생하신 하나님이신 예수님이 곧 성전이다. 예루살렘 성전은 그림자, 모형으로서 그의 역할을 다했다. 실체이신 예수님이 성전으로 오셨기 때문이다. 그리고 이어서 3, 4장에서 성전, 곧 하나님의 임재가 있는 곳, 더 나아가 그 성전의 모퉁잇돌이신 예수님 안에서 하나님이 거하실 성전이 되도록 예수님 안에서 함께 지어져 갈 자들은 어떠한 자들이며, 그곳에서 무엇을 해야 하는지를 말씀한다.

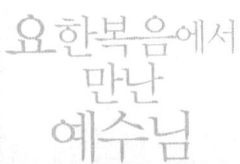

3장에서 니고데모와 대화하신 거듭나는 것과, 4장에서 사마리아 여자에게 말씀하신 영과 진리로 예배하는 것이 예수님 안에서 세워진 교회인가 아닌가를 결정짓는다. 그것이 예수 그리스도가 머리(주인)인 교회 공동체인가 아닌가를 결정짓는 것이다. 이 두 가지 조건이 충족되지 않은 자나 그런 자들의 모임은 예수님이 세우신 교회가 아니다.

06

거듭나지
아니하면

"예수께서 대답하여 이르시되 진실로 진실로 네게 이르노니 사람이 거듭나지 아니하면 하나님의 나라를 볼 수 없느니라 니고데모가 이르되 사람이 늙으면 어떻게 날 수 있사옵나이까 예수께서 대답하시되 진실로 진실로 네게 이르노니 사람이 물과 성령으로 나지 아니하면 하나님의 나라에 들어갈 수 없느니라 육으로 난 것은 육이요 영으로 난 것은 영이니 내가 네게 거듭나야 하겠다 하는 말을 놀랍게 여기지 말라 바람이 임으로 불매 네가 그 소리는 들어도 어디서 와서 어디로 가는지 알지 못하나니 성령으로 난 사람도 다 그러하니라"(요 3:3-8).

하나님이신 예수님이 죄인들 가운데 오셨다. 독생하신 하나님의 영광과 충만한 은혜와 진리를 가지고 오셨다. 그래서 예수님은 성전이다. 구약시대에는 성막이나 성전 건물을 중심에 두고 살았지만, 이제는 육체를 입고 오신 예수님이 하나님께서 충만하게 임재(객관적인 관계에서의 임재가 아니라, 한 분 하나님으로서의 임재)해 계시는 성전이다.

더 놀라운 사실은 예수님 안에서 우리가 성전으로 지어져 간다는 것이다. 하나님께서 예수 그리스도 안에서 우리를 성전 삼으시고 우리 안에 실제적으로 임재하시는 것이다. 이것은 예수님의 성육신과 같이 우리 안에 하나님의 임재가 있고, 하나님의 임재를 실제적으로 경험하게 된다는 것이다. 이 땅에서 하나님 나라의 삶을 사는 것이다. 현실적인 삶에서 우리는 하나님의 주권적인 통치와 하나님 아버지의 돌보심과 인도하심을 받는다.

이런 일이 어떻게 가능한가? 이에 대한 답변을 예수님과 니고데모와의 대화 속에서 찾을 수 있다. 니고데모가 밤중에 예수님을 찾아와 예수님이 하나님께로부터 오신 분이요, 하나님이 함께 계셔서 표적을 행하시는 분임을 안다고 말하자, 예수님은 대뜸 거듭나는 것에 대해 말씀하셨다.

"사람이 거듭나지 아니하면 하나님의 나라를 볼 수 없느니라"(3절).

거듭나야 한다는 말이 무슨 뜻인지를 이해하지 못하는 니고데모에게 예수님은 다시 "사람이 물과 성령으로 나지 아니하면 하나님의 나라에 들어갈 수 없느니라"(5절)고 확고하게 말씀하셨다. 거듭나지 않으면 예수님 안에 거하시는 하나님의 임재, 곧 하나님 나라의 삶을 살 수 없다는 것이다. 거듭나지 않으면 성전이신 예수님 안에서 하나님이 거하실 성전으로 세워져 갈 수 없다는 것이다.

이것은 보편적인 하나님의 편재(무소부재)를 말하는 것이 아니다. 일반은혜가 아닌 특별은혜, 곧 거듭난 자, 물과 성령으로 난 자들만이 하나님 나라에 속하여 누리는 임마누엘의 은혜이다. 이 은혜를 주시기 위해 예수님이 우리 가운데 오신 것이었다. 여기서 "물과 성령으로" 난다는 것은 "거듭나게 씻어 주심과 성령으로 새롭게 해주심"(딛 3:5)을 말한다.

그렇다면 어떤 사람들이 거듭나게 되는가?

전제는 거듭나는 것이 사람에게 달려 있지 않다는 것이다. 하나님의 절대적인 주권에 의해 이루어진다(100%). 그러면 사랑이신 하나님께서 죄인들을 구원하시기 위해 예수님을 보내셨기 때문에 죄인들은 모두 거듭나게 되어 있는가? 아니다. 우리는 이에 대해 이미 1장에서 살펴보았다.

"참 빛 곧 세상에 와서 각 사람에게 비추는 빛이 있었나니 그가 세상에 계셨으며 세상은 그로 말미암아 지은바 되었으되 세상이 그를 알지 못하였고 자기 땅에 오매 자기 백성이 영접하지 아니하였으나"(1:9-11).

이 말씀은 일반적인 은혜, 보편적인 은혜 차원에서의 서술이다. 천지(天地)가 하나님에 의해 지음을 받았기에 예수님이 세상에 오신 것은 자기 땅에 오신 것이요, 모든 사람이 하나님의 형상대로 지음 받았기에 자기 백성에게 오신 것이다(택함을 받아 구원을 받은 하나님의 자녀로서의 백성이 아니다). 그런데 그들이 자기를 지으신 창조자, 생명을 주기 위해 빛으로 오신 예수님을 알아보지 못하고 영접하지 않은

것이다.

그러나 그들 중에 예수님을 창조하신 하나님으로, 생명의 주로, 빛으로 알아본 자들은 예수님을 믿고 영접하여 하나님의 자녀가 되는 권세를 얻게 된다(12절).

그들은 누구이기에 예수님을 알아보고 믿게 되었는가? "하나님께로부터 난 자들"(13절)이었기 때문이다. 예수님을 믿고 영접하여 하나님의 자녀가 되는 것은 혈통이나 육정으로나 사람의 의지적인 선택으로 되는 것이 아니라, 하나님께로부터 난 자들이어야만 가능하다. 창세전에 그리스도 안에서 택함을 받고 예정된 자요(엡 1:3-4), 영생을 주시기로 작정된 자들이어야만 하는 것이다(행 13:48). 그들이 때가 되어 거듭나서 예수님을 알아보고 믿고 영접하는 것이다.

그러면 거듭난다는 것은 무엇인가?

거듭나는 것을 아이가 출산하는 과정을 설명하는 것처럼 할 수는 없다. 다만 예수님의 말씀처럼 거듭난다는 것이 육체적으로 두 번 태어나는 것이 아니라 영으로 난다는 것이요(요 3:6), 성령으로 난다는 것 정도로 말할 수 있을 뿐이다(8절). 분명한 것은 새롭게 태어난다는 것이요, 새 사람, 곧 새로운 본성을 부여받은 자로 다시 태어난다는 것이다.

이것은 죄인이 예수님의 공로를 힘입어 천국에 들어가는 수준을 뛰어넘는다. 거듭나는 자는 하나님께로부터 난 자이다. 하나님께서 그를 물과 성령으로 씻으시고 그에게 하나님의 영, 곧 자녀(양자가 아니라, 자녀)의 영을 부어 주심으로 그를 하나님의 아들이라고 인정하시고, 그로 하여금 하나님을 아빠 아버지라고 부르게 하신다(롬 8:14-15). 예수님으로 말미암아 하나님의 자녀로 입양되는 양자(養子)가 되는 것이 아니라, 하나님께서 예수 그리스도 안에서 낳으심으로 자녀(子女)가 되게 하신 것이다. 거듭난 자들은 하나님 아버지의 양자(養子)나 서자(庶子)가 아니라, 하나님 아버지께서 친히 사랑하는 자녀이다(16:27).

또 한 가지는, 예수님이 거듭남에 대해 말씀하신 것은 거듭난 단계에 국한시켜서 말씀하신 것이 아니라는 것이다. 니고데모에게 거듭남에 대해 말씀하시고, 바로 이어서 하나님이 보내신 독생자, 곧 하나님의 아들을 믿는 자는 영생을 얻는다고 말씀하신다. 구원의 전 과정을 아우르고 있다는 것이다(거듭나서 예수님을 믿고 하나님의 자녀로서 성화의 삶을 살다가 천국에 들어가는 것까지 포함하고 있다. 하나님 아버지는 자녀로 삼은 자를 끝까지 책임지시는 분이다. 택하신 자녀를 통해 정하신 뜻을 이루신 후에 그를 영원한 천국으로 데려가시기 위해 자녀로 삼으신 것이다).

성령으로 거듭나게 하신다는 말씀 속에는 이 모든 것이 포함되어 있다. 하나님께서는 예수 그리스도로 말미암아 택하신 자(거듭나게 하셔서 자녀 삼으신 자)들에게 보혜사 성령을 보내셔서 원하시는 뜻대로 그들을 끝까지 인도해 가시기 때문이다.

그렇다면 언제, 어떻게 거듭났는지를 알 수 있는가? 사람에 따라 다르다. 어떤 사람은 거듭난 순간에 체험이 있기도 하고, 다른 어떤 사람은 거듭난 후에 체험이 있기 때문이다. 여기서 체험은 거듭남의 체험, 또는 회심 체험이라고도 한다(《공동체를 빚으시는 하나님의 손》, pp. 176-193 참조).

거듭난 자에게는 반드시 회심이 일어난다(정도의 차이는 있다). 그러므로 체험의 순간은 기억할 수 있지만, 거듭남의 순간을 정확하게

기억한다는 것은 불가능하고 그것은 별로 중요하지 않다. 내가 하나님께로부터 난 자여서 거듭났고 회심했느냐가 중요한 것이다.

거듭남 자체를 아이가 태어나는 과정처럼 설명할 수 없고, 언제 거듭났는지도 정확하게 알 수는 없지만, 거듭났는지 회심했는지의 여부는 확인이 가능하다(사도들은 누가 거듭나서 예수 그리스도에게 속한 자인지 아닌지와 진리를 좇고 있는지, 잘못된 가르침-다른 복음, 다른 예수, 거짓 사도, 거짓 선지자들-을 따르고 있는지를 매우 분명하게 분별하여 그에 따른 조치를 취했다).

거듭났는지의 여부는 무엇을 통해 확인이 가능한가? 그가 살아가는 모습을 보면 아는가? 이것은 너무 많이 건너뛴 것이다. 살아가는 모습을 보더라도 착하게, 성숙한 인격을 가지고 사느냐가 아니라, 예수님의 말씀과 사도들의 가르침대로 살아가고 있느냐를 따져 보아야 한다.

그러면 무엇을 통해 알 수 있는가? 하나님께서 세상을 사랑하사 믿는 자마다 영생을 얻게 하시려고 보내주신 하나님의 독생자 예수님을 믿느냐를 통해서다(요 3:16).

거듭나지 않은 자는 하나님의 독생자의 이름, 곧 예수님을 믿지 않는다. 그래서 그는 이미 심판(정죄)를 받은 자이다(18절). 그들이 정죄를 받은 것은 "빛이 세상에 왔으되 사람들이 자기 행위가 악하므로 빛보다 어둠을 더 사랑한 것"(19절) 때문이다. 그들은 자기들의 악한 행위가 드러나는 것을 두려워하여 빛으로 오지 않고 계속해서 어둠에 거한다(20절). 이것은 그들이 하나님께로부터 난 자들이 아니요, 태생적으로 어둠의 자식이요, 마귀에게 속한 자임을 증명한다. 그들은 "불순종의 아들들"(롬 5:6)로서 계속해서 어둠에 속하여 어둠의 일(롬 5:3-5, 13:12-14, 참조)을 행하는 자들이다.

반대로 거듭난 자들은 빛으로 오신 예수님께 나와 예수님을 주님으로 믿으며 진리를 따르는 삶을 살게 된다(21절). 그들은 하나님을 피하여 숨지 않는다. 자기의 행위가 하나님 보시기에 의로워서가 아니다(행위로 말미암아 하나님 앞에 의롭게 설 자는 아무도 없다). "그 행위가 하나님 안에서 행한 것임을 나타내려 함이라"(21절)는 말씀과 같이 하나님의 독생자이신 예수님을 믿고 따르면서 살기 때문에 빛 가운데로 나아간다. 그들은 거듭나서 하나님 아버지와 예수 그리스도와 함께 사귐이 있는 삶을 살고 있는 것이다(요일 1:3). 또한 그들은 은혜와 진리가 충만하신 예수 그리스도로 말미암아 하나님의 자녀가 되는 권세를 얻었기 때문에 언제든지 하나님 아버지 앞에 담대히 나아갈 수 있다.

거듭났는지의 여부는 영접기도를 따라 했느냐, 교회에 등록했느냐, 예배와 봉사활동에 참여하고 있느냐가 아니라, 그가 예수님을 믿고 진리를 따라 순종하며 사느냐를 통해 분명하게 알 수 있는 것이다.

여기에서 한 걸음 더 나아가 질문을 던져야 한다. "예수님을 어떤 분으로 알고 믿느냐?" 이것은 매우 중요하고 심각한 질문이 아닐 수 없다. 사도 시대에도 다른 예수, 다른 복음이 가르쳐지고 있었는데, 오늘날은 오죽하겠는가? 사실 우리나라에 복음이 전해진 이래 과연 '우리가 정말로 순수한 복음을 듣기는 했는가'라는 의구심마저 든다.

복음은 시대나 문화의 산물이 아닌데, 한국교회가 격변의 시대를 지나오면서 그 시대와 문화, 당시 사람들의 기대에 의해 새롭게 해석된 복음(사도들이 전한 복음과는 조금 동떨어진 복음)의 토대 위에 세워진 것은 아닐까? 그럼에도 순수하게 예수님을 믿고 따르던 선진들이 있

었다는 것은 하나님의 크신 은혜가 아닐 수 없다.

우리는 예수님을 믿고 있는가?(믿는다는 것은 반드시 그에 따른 행함을 불러온다) 우리가 믿는 예수님은 어떤 분인가? 이것은 이론이나 지식이 아니다. 예수님을 어떤 분으로 알고 믿고 있느냐는 우리의 삶이 어떠하냐를 보면 정확하게 알 수 있다. 여기서 삶은 외적인 삶의 모습(경제적 수준이나 사회적 지위 등)이 아니라, 삶의 가치관과 우선순위, 그리고 삶의 내용이다.

요한복음에서 "영접하는 자 곧 그 이름을 믿는 자"(1:12), "그를 믿는 자마다"(3:16)라고 말할 때, 어떤 예수님을 믿어야 한다고 말하는 것일까?

요한복음은 어떻게든 예수님을 믿으면, 영접기도만 따라 하면 그가 예수님을 믿는 자라고 말하지 않는다. 거듭난 사람이기 때문에 영접기도를 따라 하는 것도 아니다. 그럴 수도 있고, 전혀 아닐 수도 있다. 사실 너무 간단하게 요약된 전도지는 복음의 지극히 일부분만을 겨우 담고 있다. 그래서 사도들이 전한 복음을 왜곡시키거나 변질시킬 위험성이 매우 높다. 이런 일이 전하는 자에 의해서 일어나기도 하고, 전하는 자의 의도와는 달리 듣는 자에 의해서 왜곡되고 변질된다.

"하나님이 세상을 이처럼 사랑하사 독생자를 주셨으니 이는 그를 믿는 자마다 멸망하지 않고 영생을 얻게 하려 하심이라 하나님이 그 아들을 세상에 보내신 것은 세상을 심판하려 하심이 아니요 그로 말미암아 세상이 구원을 받게 하려 하심이라 그를 믿는 자는 심판을 받지 아니하는 것이요 믿지 아니하는 자는 하나님의 독생자의 이름을 믿지 아니하므로 벌써 심판을 받은 것이니라"(3:16-18).

세상을 구원하시려는 하나님의 사랑이 진하게 배어 나오는 말씀, 온 세상을 품고도 남음이 있는 풍성한 사랑으로 세상을 사랑하시는 하나님의 사랑이 전해져 오는 말씀이다. 이 말씀만 보면 하나님의 큰 사랑 때문에 구원받지 못할 자가 하나도 없을 것처럼 느껴진다.

　그러나 기억해야 한다. 이 말씀은 우리 주변에서 흔하게 접하는 전도지들처럼 밑도 끝도 없이, 앞뒤 설명도 없이 전해지는 말씀이 아니다. 여기서 "그를 믿는 자"라는 것은 예수님이 우리를 대신해서 십자가에 못 박혀 죽으셨다가 다시 살아나신 것을 믿는 자라는 말씀이 아니다(이렇게 부정적으로 이야기하는 이유는, 요한복음의 전개를 충실하게 따르자는 것을 강조하기 위해서다).

　요한복음은 3장 16절에서 하나님이 세상을 사랑하셔서 하나님의 독생자를 보내시고 그를 믿는 자는 영생을 얻게 하신다고 하기 전에, 하나님의 독생자가 누구인지에 대해 명제적으로 선언하고, 세례 요한과 여러 증인들을 동원하여 증언하였다. 그리고 "그를 믿는 자"와 "믿지 아니하는 자"의 결말을 말씀하고 있다(18절).

　"멸망하지 않고 영생을 얻는 자", "심판(정죄)을 받지 아니하는 자"는 누구인가? 하나님께서 보내신 독생자 예수님을 믿는 자이다. 어떤 예수님인가? 1, 2장에서 증언한 예수님이다. 요약하면, 태초(창세기 1장 1절의 태초가 아니라, 영원의 태초)에 성부 하나님과 함께 계신 하나님으로서 성부 하나님과 함께 천지를 창조하신 예수님, 하나님의 형상대로 지음을 받았으나 죄로 말미암아 어둠 속에 살고 있는 사람들에게 생명의 빛을 주시기 위해 육신을 입고 이 땅에 오신 예수님이다(1:1-18). 그리고 하나님의 아들로서 세상 죄를 지고 가는 하나님의 어린양으로 오신 예수님이요, 약속된 메시아(그리스도)시며 임금으로

오신 예수님이다(29, 41, 45, 49절). 또한 물을 포도주로 변하게 하신 것처럼 새 시대, 새로운 시작을 여시는 예수님이다.

예수님을 믿는 자는 이제 성전으로 오신 예수님 안에서 하나님께서 거하실 성전으로 지어져 가는 삶, 하나님의 임재를 누리며 하나님의 다스림을 받는 하나님 나라의 삶을 살게 된다.

요한복음의 전개에 따르면, 거듭난 자는 예수님을 하나님이요 하나님의 아들로(이것은 예수님을 그저 나를 대신하여 죽어 주신 분으로만 여기지 않게 한다), 창조주로(이것은 자신을 피조물로 인정하게 한다), 그리고 세상 죄를 지고 가는 하나님의 어린양으로(이것은 자동적으로 자신이 하나님 앞에서 죄인임을 인정하고 회개하게 한다), 메시아로(이것은 오직 예수님만을 나 같은 죄인의 유일한 구원자로 인정하고 영접하게 한다), 이스라엘의 임금으로(이것은 예수님을 구원의 은혜를 베풀어 주신 분만이 아니라, 내 삶의 임금(주인)으로 모시게 한다) 알고 믿게 한다.

하나님께로부터 난 자, 그래서 거듭난 자는 예수님을 바로 알고 믿고 따르게 된다. 요한복음에서 말하고 있는 예수님에 대한 증언들이 그들에게는 전혀 걸림이 되지 않고, 실족하게 하지도 않는다.

"아들을 믿는 자에게는 영생이 있고 아들에게 순종하지 아니하는 자는 영생을 보지 못하고 도리어 하나님의 진노가 그 위에 머물러 있느니라"(3:36).

거듭난 자는 믿게 되어 있다. 또한 순종하게 되어 있다. 믿는다는 것과 순종한다는 것은 같은 의미이다. 예수님이나 사도들에게는 똑같은 의미였는데 오늘날 우리는 이것을 별개로 생각하고 그렇게 가르친다. 그래서 믿는다고 하면서도 순종함이 없는 교인들(종교적 행위가 아니라, 말씀대로 순종하며 살지 않는 교인들)을 안심시키면서 순종을 강조한다. 이것은 예수 그리스도로 말미암아 우리에게 베푸시는 하나님의 은혜를 인간적인 수준으로, 기독교를 종교적인 수준으로 깎아내리는 것이다.

하나님의 주권적인 은혜로 거듭난 자는 반드시 말씀대로 순종하게 되어 있다(물론 하나님께서 정하여 주신 믿음의 분량만큼 순종한다). 그러므로 행함이 없는 믿음을 가진 교인들에게 행함을 강조하는 것은 태어나지도 않은 아이에게 걷고 뛰라고 하는 것과 같다. 행함이 없는 믿음을 가지고 있는 교인은 먼저 거듭나서 회심해야 한다. 거듭나면 행하게 되고 자라게 되어 있다.

거듭난 자는 결코 배교하지 않고 믿음에서 파선하지 않는다(딤전 1:19). 거듭난 자는 성령으로 인치심을 받고 보증을 받은 자다(고후 1:22, 5:5; 엡 1:13 참조). 그들은 하나님의 사랑에서 결코 끊어지지 않는다(롬 8:39).

어떤 사람이 성령의 은사와 능력을 받았다고 그가 반드시 거듭난 것은 아니다(히 6:4-6). 은사와 능력(이것이 열매가 아니다)은 발휘하지만 그들의 사생활이 타락한 삶, 어둠의 일을 행하는 삶을 산다면(이것이 열매다) 그는 거듭난 자가 아니다. 그는 가시나무나 엉겅퀴와 같은 못된 나무다(마 7:16-18). 그들은 예수님께 "불법을 행하는 자들아 내게서 떠나가라"(마 7:22-23)는 책망을 받게 될 것이다.

오늘날 우리는 누구를 위해 전도를 하고 설교하고 있는가? 거듭남과 회심에 대해서 가르치고 있는가? 아니면 거듭나지 않은

자들을 거듭난 자처럼 살게 하려고 몸부림치고 있지는 않은가? 마치 우리의 노력, 프로그램이 사람들을 거듭나게 하고 회심하게 할 수 있다고 생각하면서 말이다.

07

영(靈)과
진리(眞理)로
예배하라

"예수께서 이르시되 여자여 내 말을 믿으라 이 산에서도 말고 예루살렘에서도 말고 너희가 아버지께 예배할 때가 이르리라 너희는 알지 못하는 것을 예배하고 우리는 아는 것을 예배하노니 이는 구원이 유대인에게서 남이라 아버지께 참되게 예배하는 자들은 영과 진리로 예배할 때가 오나니 곧 이때라 아버지께서는 자기에게 이렇게 예배하는 자들을 찾으시느니라 하나님은 영이시니 예배하는 자가 영(靈)과 진리(眞理)로 예배할지니라"(요 4:21-24).

하나님께서 독생하신 예수님을 보내신 것은 예수님 안에서 우리와 함께 거하시기 위함이다. 이를 위해 예수님을 성전으로, 가장 완전한 하나님의 임재와 영광을 나타내는 임마누엘로 보내셨다. 이것은 '예수님이 성전이다'는 선언으로만 그치지 않는다. 창세전에 택하신 자, 곧 하나님께로부터 난 자들이 하나님이 거하실 성전으로 지어지도록 하기 위해 성전으로 오신 예수님을 모퉁잇돌로 삼으신 것이다.

이제 하나님께서는 예수님 안에서 성령으로 말미암아 지어진 성전(공동체) 안에 영원히 거하신다(건물적인 지역 교회는 성전이 아니다). 다만 예수님 안에서 성전으로 지어질 자들은 반드시 거듭나야 한다. 아니 하나님께로부터 난 자들은 반드시 거듭난다. 그들은 물과 성령으로 거듭나서 하나님께서 보내신 자, 곧 하나님의 아들이요, 하나님이신 예수님을 바르게 알고 믿게 되고, 하나님의 자녀가 되는 권세와 영생을 얻는다.

예수님이 누구인가에 대한 선언과 여러 사람에 의한 증언, 그리고 성전이신 예수님, 거듭나서 예수님을 믿어 영생을 얻는 것과 성전이신 예수님께 속하는 것, 그들이 성전이 되고 그 안에서 하나님께서 찾으시는 예배자가 되는 것. 요한복음의 전개가 매우 주도면밀하지 않은가?

사도 요한은 자기가 확보한 예수님에 대한 방대한 기록들 중에서 매우 분명한 목적을 가지고 자료를 선택하여 치밀하고도 조직적으로 배열하고 있다(20:30-31 참조). 다시 말하지만, 성경은 예수님을 믿어 영생을 얻는다는 것을 신앙의 기초, 입문 정도로만 여기지 않는다. 그것은 전부이다. 예수님을 믿어 영생을 얻는다는 것은 거듭나서 성화의 삶을 살다가 천국에 들어가는 것까지를 포함한다(보장한다).

만약 요한복음의 기록 목적이 '예수님을 믿어 영생을 얻도록 하기 위함'이라고 해서 오늘날 대부분의 사람들처럼 이것을 신앙의 입문 정도로만 여긴다면 요한복음은 3장에서 끝나야 했다. 그러나 요한복음의 모든 말씀과 가르침은 예수님을 믿어 영생을 얻은 것에 대한 것이다.

예수 그리스도를 믿고 영생을 얻어 그분 안에서 성전으로 지어져 가는 자들에게 가장 중요한 것은 무엇인가? 하나님께서는 무엇을 위해 택하신 자들을 거듭나게 하셔서 예수님 안에서 하나님이 거하실 성전으로 지어져 가게 하시는가? 구약에서 성전의 가장 중요한 기능은 '제사'였다. 마찬가지로 예수 그리스도 안에서 지어진 성전, 곧 믿음의 공동체가 가장 중요하게 해야 할 일은 '예배'이다.

요한복음은 예수님이 성전이심을 증언한 후, 예수님과 사마리아 여자의 대화를 통해 예배에 대해 가르치신다. 다른 복음서에서도 그러하듯이(누가복음 10장에서 사마리아 사람, 누가복음 16장에서 거지 나사로 등) 여기서도 무시당하거나 천대받는 사마리아 여자를 등장시켜 이야기를 극대화시킨다(상처가 많은 사람에게 어떻게 접근해서 전도하는가를 알려주는 본문이 아니다. 여자에게 관심을 갖는다면, 그녀가 메시아를 기다리고 있었고, 하나님께 예배하기를 원하고 있었다는 것을 강조해야 한다. 그 외에 다른 요소는 예배하는 자를 찾으시는 하나님을 상대적으로 강조하기 위한 것들이다).

예수님은 유대를 떠나 갈릴리로 가려고 했다(요 4:3). 그런데 유대인들과 달리 예수님은 사마리아를 통과해서 가다가 사마리아에 있는 수가라고 하는 동네에 있는 우물곁에서 잠시 쉬셨다(5-6절). 당시 유대인들은 사마리아 사람들을 혼혈족이라 하여 상당히 경멸하였고, 그들과 상종도 하지 않았다. 그래서 갈릴리 지역으로 가는 데 있

어서 사마리아를 가로질러 가면 훨씬 더 가까움에도 불구하고 그 지역을 돌아서 다녔다. 이것은 단순히 차별을 받고 무시를 당하는 것이 아니었다. 하나님의 택하심을 받았다고 자부하는 자들에 의해서 하나님의 저주를 받은 자로 취급을 받은 것이다(실제로 그들은 택함 받은 민족이다. 그렇다고 이것이 그들의 구원을 보장하지는 않는다. 예수님이 오신 이후에는 예수님을 메시아로 알고 믿는 유대인들만 구원을 받는다).

이것(하나님의 선택을 받았다는 자부심)이 사마리아 사람들을 무시하고 멸시하고 경멸하는 것으로 나타난 것이다. 사람이 사람을 정죄한 것이다. 사람이 하나님의 자리에 앉아서 다른 사람을 심판(정죄)한 것이다. 이것은 매우 큰 죄다[오늘날 믿는 자가 믿지 않는 자들을 함부로 정죄하는 것과 믿는 자들이 서로를 심판(정죄)하는 것도 이에 해당한다].

예수님은 자칭 유대인(선택받은 민족)이라는 자부심으로 똘똘 뭉쳐 있는 자들에 의해 정죄 받고 무시와 경멸을 당하는 사람들이 사는 사마리아 지역으로 일부러 들어가신 것이다. 예수님이 공생애 동안 행하신 일들, 방문한 지역, 만난 사람들은 상황이나 사람들에 이끌려 다니다가 우연히 만나고 행하신 것이 아니다. 하나님 아버지의 뜻대로 섬세하게 계획된 대로 이루어졌다. 예를 들어, 예수님이 여리고로 들어가실 때, 수많은 사람들이 예수님 가까이로 모여들었다. 그러나 예수님은 그곳에서 오직 한 사람 삭개오를 만나 그의 집에 들어가서 그와 그 집에 구원을 선언하셨다(눅 19:1-10). 예수님은 삭개오를 구원하시려는 하나님의 뜻을 이루시고자 여리고에 가신 것이다.

하나님께서는 택하신 자녀들에게 '예배'에 대해 말씀하시고 가르치시기 위해 당시 제사장이나 바리새인, 서기관들을 사용하지 않았다. 당시에 그들만큼 종교적인 규례를 잘 지키고 있는 자들, 제사의 중요성과 절차에 대한 전문가는 없었다. 그러나 예수님은 그들과 제사나 예배에 대해 대화하지 않으셨다. 하나님께서는 자칭 전문가들과 그들의 가르침을 받은 자들에 의해 멸시와 천대, 경멸을 받는 사마리아 여인을 선택하셨다.

앞에서도 언급했지만, 본문은 사람들로부터 소외와 멸시를 받는 자들을 찾아오시는 예수님, 세상에서 찢기고 상처받은 자를 찾아오셔서 위로하고 치유하시는 예수님을 말하고 있지 않다. 혹 이런 예수님을 말하는 본문일지라도, 거듭나서 예수님을 주님으로 믿는다는 것을 전제로 한 위로와 치유의 말씀이다. 예수님의 위로와 치유는 하나님의 택하심을 받아 자녀가 된 자들, 곧 예수님 안에 있는 자들에게만 해당된다.

이런 전제가 무너지거나 문턱이 낮아지면 거듭남과 회심(회개와 믿음)의 중요성이 약화된다. 그런 경우 위로와 치유를 경험한 사람(실제로는 감정적인 차원에서만 경험한 것이다)은 무조건 거듭난 자라고 단정을 짓게 되고, 심지어 그 경험을 회심체험으로 둔갑시키기도 한다.

치유와 회복에 있어서 거듭남과 회심을 전제하지 않거나 강조하지 않는 것은 복음에서 예수 그리스도의 십자가를 빼버린 것과 같다. 예수 그리스도의 십자가는 단지 죄 사함을 받는 단계에만 필요한 것이 아니다. 십자가의 능력은 우리를 구원할 뿐만 아니라 예수 그리스도의 사람으로 온전하게 살게 한다. 우리는 속지 말아야 한다. 예수 그리스도의 십자가의 능력을 경험하지 않고서도 얼마든지 하나님을 위해 열심을 낼 수 있다. 이것은 유대인들이나 예수님을 만나기 전 바울에게만 해당되지 않는다. 오늘날 우리도 주변에서 이런 사람들을 쉽게 볼 수 있다.

예수님이 사마리아 여인을 찾아가신 것은(우연히 만난 것이 아니다. 야곱의 우물 곁에서 그 여인을 기다리신 것이다) 그녀가 상처가 많은 여인이어서가 아니다. 많은 상처와 사람들에게 말하기 부끄러운 생활을 하고 있었음에도 불구하고, 그녀는 메시아를 기다리고 있었고, 예배에 대한 갈급함이 있었다(요 4:20, 25).

여인이 사람들의 눈을 피하기 위해 한낮에 물을 길으러 왔다. 우물곁에서 쉬고 계시던 예수님은 그 여인에게 "물을 좀 달라"(7절)고 하셨다. 이는 실제로 피곤하고 목이 말라서 물을 달라고 하셨을 수도 있고, 다른 한편으로는 이 여인에게 생수에 대해 말씀하기 위해 서일 수도 있다. 예수님은 이 여인과의 대화를 마치신 후 배고픔이나 목마름을 느끼지 않으실 정도로 충만해 있으셨다(31-34절 참조).

예수님은 하나님의 계획하심에 따라 사마리아 여인을 만나러 오신 것이고, 의도적으로 물을 달라고 하신 것이다. 궁극적으로 그 여인에게 생수를 말씀하시기 위한 연출들이었다는 것이다(예수님이 쉬고자 하신 것, 우물곁에서 쉬신 것, 사마리아 여인에게 물을 달라고 하신 것은 이 목적을 이루기 위한 매개체들이다). 생수에 대한 이야기는 예배에 대한 이야기와 그 동네 사람들의 구원으로까지 연결된다.

예수님이 물을 달라고 했을 때 사마리아 여인은 당황했다. 유대인들은 자기들과 상종도 하지 않았고 자기들 지역에 오지도 않는데, 지금 자기 앞에 있는 유대인은 자기 지역에 들어왔을 뿐만 아니라, 자기에게 물을 달라고 한 것이다. 그것도 그냥 사마리아 사람이 아니라, 같은 동네에서도 얼굴을 떳떳이 들고 다니지 못할 정도로 부끄러운 약점이 있는 삶을 살고 있는 자기에게 말이다(여기서 예수님의 본을 이야기하려면 전도의 방법이 아니라, 전도 대상자(모든 불신자)를 대하는 예수님의 태도이다. 오늘날 우리는 불신자들에 대해서나 같은 성도들에 대해서도 너무 무례하다. 일부 설교자들은 강단에서조차 예의 없는 말들을 서슴없이 뱉어낸다. 하나님의 말씀을 전한다는 미명 아래 말이다).

    당황스러워하는 여인에게 예수님은 하나님의 선물에 대해서 말씀하신다(10절). 만약 그 여인이 하나님의 선물을 알고 지금 자기 앞에서 계시는 예수님이 어떤 분이신지를 안다면 예수님에게 그 선물을 달라고 구했을 거라는 것이다. 그 선물은 '생수'이다. 이는 1장 4절에서 "그 안에 생명이 있었으니 이 생명은 사람들의 빛이라"고 말씀하신 것에 대한 다른 표현이다.
    여인은 예수님이 야곱의 우물물보다 더 좋은 물을 줄 것으로 생각했다. 그래서 "당신이 야곱보다 더 크니이까?"(12절 하반절)라고 물었다. 그러자 예수님은 생수는 마시고 나면 또다시 목마르게 되는 물이 아니라, 영원히 목마르지 않는 물이라고 말씀하신다(14절). 그러자 여인은 기다렸다는 듯이 자기에게 그런 물을 주어서 다시는 물을 길을 일이 없게 해달라고 요청한다. 아직도 예수님이 말씀하신 생수에 대해 이해하지 못하고 있다.
    그러나 예수님은 그 여인을 이해시키려고 하지 않으시고 갑자기 "가서 네 남편을 불러오라"(15절)고 하신다. 생수에 대한 개념적인 설명은 불필요하다. 지금 예수님이 그 여인에게 생수를 주고자 하시기 때문이다. 그 여인은 예수님을 통해 영원히 목마르지 않을 생수를 마시게 될 것이다.
    그러므로 예수님이 남편을 불러오라고 하신 것은 여인의 약점을 잡아서 수치와 부끄러움을 느끼게 하려는 것이 아니었다. 여인으로 하여금 예수님이 누구신지를 알도록 하기 위한 것이었다(예수님은 이

미 그 여인을 구원하기로 작정하시고 만나고 계시는 것이다). 예수님의 의도대로 여인은 예수님이 보통 사람이 아님을 알았다. 자기의 삶을 꿰뚫어보신 예수님을 선지자라고 생각한 것이다[19절에서의 나다나엘의 경우와 비슷하다. 그도 예수님이 자기에 대해 이미 아시고 "참으로 이스라엘 사람이라 그 속에 간사한 것이 없도다"(1:47)라고 하신 말씀을 듣고 예수님을 '하나님의 아들'로 '이스라엘의 임금'으로 알아보고 고백했다].

예수님을 선지자라고 생각한 여인은 예수님에게 뜻밖의 질문을 한다.

"우리 조상들은 이 산에서 예배하였는데 당신들의 말은 예배할 곳이 예루살렘에 있다 하더이다"(4:20).

여인은 과거 북이스라엘은 벧엘에서, 남유다는 예루살렘에서 하나님께 예배를 드린 것에 대해, 어디에서 예배를 드리는 것이 맞는가라는 질문을 한 것이다. 자기들은 벧엘에서, 유대인들은 예루살렘에서 예배를 드리면서 자기들과 상종도 하지 않고 경멸하는 상황에서 어디에서 예배를 드려야 하는가라는 것이다. 여인은 하나님께 예배를 드리는 것이 마땅하다고 여겼지만 장소적인 문제에 매여 있었다. 여인의 질문에 성전이신 예수님은 참된 예배에 대해 말씀하신다.

"여자여 내 말을 믿으라 이 산에서도 말고 예루살렘에서도 말고 너희가 아버지께 예배할 때가 이르리라 너희는 알지 못하는 것을 예배하고 우리는 아는 것을 예배하노니 이는 구원이 유대인에게서 남이라 아버지께 참되게 예배하는 자들은 영과 진리로 예배할 때가 오나니 곧 이때라 아버지께서는 자기에게 이렇게 예배하는 자들을 찾으시느니라 하나님은 영이시니 예배하는 자가 영과 진리로 예배할지니라"
(21-24절).

예수님의 답변은 여인의 질문을 뛰어넘어선 것이다. 벧엘이냐, 예루살렘이냐는 장소적인 문제를 뛰어넘었고, 예배의 정의와 방법, 예배하는 자의 자격에 대해서 새롭게 정의를 내리셨다. 구약시대에도 그러했지만, 성전이신 예수님이 오신 이후로는 하나님의 임재(임마누엘)와 예배가 장소나 건물에 구애를 받지 않게 되었다.

하나님께서는 구원받은 자들을 성전으로 삼으시고 그들 안에, 그들의 모임에 함께 계신다. 그들은 어느 곳에서나 하나님의 임재를 경험할 수 있고, 어느 곳에서나 하나님을 예배할 수 있다. 이제는 어느 지역이나 장소, 특정 건물이 하나님의 임재나 예배하는 것을 국한시키지 않는다(건물적인 지역교회는 중요하다. 그렇다고 건물적인 지역교회나 그곳에서의 모임만을 절대적이라고 말하는 것은 옳지 않다. 지역교회의 거룩함과 그곳의 모임과 그곳에서 드려지는 예배의 진정성은 구성원들의 영적상태에 따라 결정된다).

초대교회 시대에는 지역교회들이 세워지기도 했지만 동시에 가정교회들도 많았고, 핍박이 시작되고 심해진 시기에는 감옥에 갇힌 자, 강제 추방된 자, 유배당한 자들이 있는 곳이 하나님의 임재가 있는 곳이요 예배하는 장소였다. 오늘날 우리는 이것을 시대적으로 나누어서 생각하기보다, 같은 시대에 동시적으로 존재하는 여러 유형의 교회로 이해해야 한다. 예루살렘에서 드리는 예배는 받으시고, 벧엘에서 드리는 예배는 받지 않는 것이 아니다. 당시에 벧엘에서보다 예루살렘에서 드리는 자들이 하나님을 더 바르게 알고 예배하는 자들이지만, 예수님을 메시아로 알고 예배하는 자들은 아니었다.

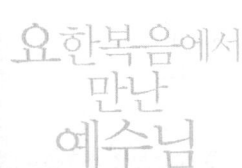

예수님이 성전으로 오심으로 이제 하나님 아버지께 참으로 예배할 때가 왔다. 하나님 아버지께서는 택하신 자들이 자기에게 참되게 예배하는 자들, 곧 영과 진리로 예배하는 자들이 되게 하기 위해 예수님을 보내신 것이다. 이것이 "아버지께서는 자기에게 이렇게 예배하는 자들을 찾으시느니라"(23절)는 말씀의 의미이다(누가 예배하고 있는가를 찾으신다는 것이 아니라). 하나님 아버지께서는 영과 진리로 예배할 자들을 세상에서 따로 불러내어(찾아내서) 참되게 예배하는 공동체, 하나님 아버지의 임재 가운데서 예배로 자기와 교제하는 공동체를 세우시기 위해 예수님을 보내신 것이다.

그러므로 이제는 오직 예수 그리스도를 통해서만 하나님 아버지께 예배할 수 있다. 예수 그리스도 안에서, 예수 그리스도를 통해서 드리는 예배만을 하나님 아버지께서 받으신다. 이것은 성령으로 말미암아 거듭나서(3장) 예수님을 하나님과 하나님의 아들로, 하나님의 어린양, 곧 죄에서 구원하실 분으로, 그리고 임금(주인)으로 알고(1장) 영접한 자가 성전이신 예수님께 속하여 드리는 예배를 받으신다는 것이다.

이것은 혈통이나 육정으로나 사람의 뜻으로 나지 않고 오직 하나님께로 난 자들만이 예수님을 영접하여 하나님의 자녀가 된다는 것과 같이(1:12-13), 예배하는 것도 하나님의 주권적인 은혜로 된다. 예배를 통해 하나님의 자녀가 되는 것이 아니라, 하나님 아버지께로부터 나서 예수님을 믿고 자녀가 된 자들이 아버지께 참되게 예배하는 것이다.

그렇다고 자녀 된 자들이 하나님 아버지께 영과 진리로, 또는 진정으로 예배하기 위해 어떤 또 다른 노력, 하나님께서 예배를 기쁘게 받아 주실 어떤 의로운 행위를 해야 한다는 것은 아니다(물론 예배를 위해 준비하는 것은 바람직하다. 그러나 그것이 영과 진리로 드려지는 예배를 준비하는 것은 아니다). 왜냐하면 예수 그리스도 안에서 하나님 아버지와 예수 그리스도에 대한 신앙 고백이 분명한 자가, 예수 그리스도로 말미암아 드리는 예배가 곧 영(靈)과 진리(眞理)로 드리는 예배이기 때문이다.

예수 그리스도를 주님으로 영접하지 않은 자는 생명이신 예수님이 그 안에 없으므로 영이 죽은 자요, 진리이신 예수님이 그 안에 없으므로 진리가 그 안에 없다. 그래서 그는 하나님의 자녀가 아닐 뿐더러 절대로 영과 진리로 하나님께 예배할 수가 없다. 그는 아직 하나님에 의해 찾으신바 되지 못한 자다.

한마디로 요약하면, 하나님의 자녀가 하나님 아버지께 드리는 예배가 영과 진리로 드리는 예배요, 참되게 드리는 예배이다. 물론 성령으로 충만한 상태에서 드리느냐 아니냐, 진리를 따라 거룩하게 살면서 예배를 드리느냐 그렇지 않느냐의 문제는 점검해야 한다. 그러나 이것은 여기서(4장) 다루어야 할 사항은 아니다. 성화의 단계에서 다룰 사항이다.

오늘날 하나님의 자녀들이 하나님 아버지께 참되게 예배하는 데 있어서 이스라엘 백성들이 광야에서 하나님을 섬길 때 잡족들의 방해를 받았던 것처럼, 교회 안에 있는 거듭나지 않은 자들에 의해서 훼방을 받고 있는 것은 사실이다. 어떤 교회는 거듭나지 않은 자들의 영향력이 커서 배가 산으로 가는 것과 같은 일들이 벌어지고 있다(《공동체를 빚으시는 하나님의 손》 중에서 '09. 교회의 세속화와 그 결과' 참조). 또 다른 한편으로는, 예수 그리스도 안에서 하나님 아버지께 감사로

예배를 드리는 데 집중하기보다 예배에 참석하는 사람들의 기호나 편의에 너무 지나치게 신경을 씀으로 예배가 하나님보다 사람들을 더 존중히 여기는 것으로 전락하기도 한다.

하나님께서는 예수 그리스도 안에서 하나님을 아버지로 알고 참되게 예배할 자들을 찾아내어 그들로 하여금 영과 진리로 예배하게 하신다. 오늘 우리가 예수님을 주님(주인)으로 모시고 하나님 아버지를 예배하고 있다면, 우리는 하나님께서 찾으신 자이고, 영과 진리로 예배하고 있는 자이다.

우리를 찾아내어 예수 그리스도로 말미암아 하나님 아버지를 예배하게 하신 하나님께 감사와 찬양과 영광을 올리며, 하나님 아버지의 이름이 영광스럽게 되고 온 하늘과 온 땅 위에 높아지기를 기도한다. 할렐루야!

08

생명의 떡이신 예수님

"예수께서 이르시되 나는 생명의 떡이니 내게 오는 자는 결코 주리지 아니할 터이요 나를 믿는 자는 영원히 목마르지 아니하리라 그러나 내가 너희에게 이르기를 너희는 나를 보고도 믿지 아니하는도다 하였느니라 아버지께서 내게 주시는 자는 다 내게로 올 것이요 내게 오는 자는 내가 결코 내쫓지 아니하리라"(요 6:35-37).

오병이어로 오천 명을 먹이신 사건은 사복음서에 모두 기록되어 있다(마태복음 14장; 마가복음 6장; 누가복음 9장; 요한복음 6장). 또한 칠병이어로 사천 명을 먹이신 사건은 마태, 마가복음에만 기록되어 있다(마태복음 15장; 마가복음 8장).

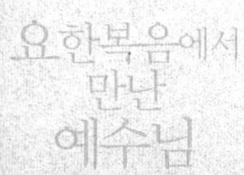

요한복음은 오병이어 사건을 어떻게 해석하고 있는가?

예수님의 신성을 증거하는 복음서이기에 예수님이 하나님과 같은 위대한 능력을 가지신 분이라는 것을 나타내기 위한 기적이라고 말하고 있는가? 그렇지 않다. 예수님은 하나님의 아들이실 뿐만 아니라 하나님이셨다(1:1). 그래서 모든 것을 행하실 능력이 있었다. 그렇다고 자기 능력을 과시하기 위해 무분별하게 능력을 행하시거나 사람들의 요구나 필요에 따라 무조건 그 능력을 행하신 것이 아니다. 돌덩이를 가지고 떡을 만들 수 있는 능력을 가지고 계셨지만, 하나님 아버지의 뜻이 아니었기에 만들지 않은 것이다(마 4:3). 아버지의 뜻에 자신을 쳐서 복종시키신 것이다. 이것이 말씀으로 산다는 것이다.

그때와 달리 오병이어 사건은 오병이어로 남자만 5천 명이나 되는 사람들을 먹이시는 것이 아버지의 뜻이었기에 가지신 능력으로 기적을 행하신 것이다. 예수님은 하나님 아버지의 기뻐하시는 뜻에 따라 분명한 목적을 가지고 기적을 행하셨다. 특별히 요한복음에서는 더욱 그렇다. 요한복음은 공관복음서처럼 사건만을 기록하고 넘어가지 않는다. 예수님이 매우 심오한 의미와 분명한 목적을 가지고 오병이어의 기적을 행하셨다고 기록하고 있다. 요한복음은 오병이어의 기적을 '표적', 곧 예수님이 어떤 분이신지를 나타내기 위해 행하신 사건으로 말하고 있다.

분명하게 기억해야 할 것은, 무리의 배고픔이 예수님으로 하여금 오병이어의 기적을 행하게 하신 것이 아니라는 것이다. 예수님이 가시는 곳마다 수많은 무리가 예수님을 따라다녔고 몰려왔다. 그들이 예수님의 말씀을 듣다가 밥을 먹지 못하고 있으면 매번 오병이어와 같은 기적을 베푸셔서 그들을 먹이신 것이 아니다. 예수님은 항상 하나님 아버지의 뜻에 따라 행하셨다. 무리의 배고픔이 예수님으로 하여금 일하게 한 것이 아니다.

우리의 문제나 필요가 하나님 아버지로 하여금 일하게 하는 것이 아니다. 하나님 아버지께서는 우리 때문에 고민하거나 갈등하지 않으신다. 창세전에 우리를 택하셔서 분명한 목적을 가지고 우리를 이 세상에 보내셨기 때문이고, 자기 이름을 걸고 우리를 신실하게 인도하셔서 기어코 그 목적을 이루심으로 영광을 받으시기 때문이다.

참으로 오실 그 선지자

"그 사람들이 예수께서 행하신 이 표적을 보고 말하되 이는 참으로 세상에 오실 그 선지자라 하더라"(6:14).

유대인의 명절인 유월절이 가까운 때에 예수님은 갈릴리 바다 건너편으로 가셨다(6:1). 그러자 큰 무리가 예수님을 따라왔다. 그들은 예수님이 왕의 신하의 아들을 고치시고(4:43-54), 베데스다 못에서 38년 된 병자를 고치신 일(5:1-15)들을 보고 예수님을 좇아온 큰 무리였다. 이들은 일명 '하나님 마니아'들이었고, 오래전부터 약속된 메시아, 구원자를 기다리던 자들이었다.

그러나 그들, 곧 유대인들과 그들의 지도자들은 하나님께로부터 오는 영광은 구하지 않고, 서로에게서 영광을 구하는 자들이었다(5:44). 하나님의 인정과 칭찬을 얻는 것보다 사람들의 인정과 칭찬과 존경을 더 좋아했다. 이것은 그들이 하나님보다 돈과 권력과 명예를 더 좋아하는 자들이었다는 것을 말해 준다. 그들은 종교를 통해, 성경을 가지고 있다는 것과 하나님의 말씀을 더 많이 알고 가르치는

것을 통해 사람들 위에 군림함으로써 그것들을 누리고 있었다. 즉 하나님과 성경 지식을 팔아 자기들의 배부름과 부유함을 추구했던 자들이었다.

그들은 영생을 얻고 복을 얻기 위해 (구약)성경을 부지런히 연구하고 가르쳤지만, 정작 (구약)성경에서 말씀하고 있는 예수 그리스도를 가르치지 않았다(5:39-40). 왜냐하면 그들의 눈이 어두워서 성경이 그렇게도 크게 외치고 있는 예수님을 알지 못했기 때문이다. 그리고 바로 눈앞에 있는 예수님을 하나님께서 보내신 메시아로 알아보지 못했다. 그래서 예수님은 그들 속에 하나님을 사랑하는 것이 없다고 선언하셨다(42절). 그들은 의롭게 되어 영생을 얻기 위해 율법을 철저하게 순종해야 한다고 가르쳤다. 그것도 본래 율법의 정신을 따라 순종하는 것이 아니라, 자기들이 만들어 놓은 장로의 유전을 철저하게 따르라는 것이었다.

그들에게 있어서 자기들 눈앞에 "연한 순 같고 마른 땅에서 나온 뿌리 같아서 고운 모양도 없고 풍채도 없고 흠모할 만한 아름다운 것이 없는"(사 53:2) 초라한 모습으로 서 있는 예수님은 필요 없었다. 예수님을 하나님께서 보내신 구원자(메시아)로, 하나님으로, 주님으로 믿지 않고 영접하지 않은 유대인들이 지옥의 판결을 받은 것은 지극히 정당하다(죽기 전에 예수님을 믿지 않는다면 그들은 지옥에 간다).

오늘날에도 중세시대 가톨릭 신부들이 자기들만 성경을 가지고 있으면서 하나님의 대리자를 자처하며 군림했던 것처럼, 하나님의 말씀을 가지고 성도들 위에 군림하며 권력을 휘두르는 자들이 있다. 그들은 성경 – 사도들이 구두로 전한 말씀이 성령의 감동으로 기록된 하나님의 말씀이요, 하나님의 자녀들에게 성령님이 조명해 주심으로 깨닫게 하고 순종하게 하시는 성경 – 을 손에 가지고 있는 성도들에게 자기들만이 하나님의 비밀한 것을 알고 있고 전할 수 있다고 하면서 절대 권력과 순종을 요구한다. 이런 사역자들이 예수 그리스도와 복음을 올바르게 가르치는 경우는 거의 없다. 절대 권력과 순종을 요구하는 것부터가 예수님의 본과 가르침에 역행하고 있기 때문이다.

그들은 복음을 율법으로 만드는 재주가 있다. 새 언약을 구약의 옛 언약에 가두어 버리는 재주가 있다. 성령으로 말미암아 우리의 마음에 새겨진 율법, 그래서 우리로 즐거이 순종하게 하는 은혜의 시대를 돌비에 새겨진 율법의 시대로 되돌리는 재주가 있다(《토기장이이신 하나님의 손》 중에서 '14. 약속하신 성령' 참조). 이것은 그리스도인의 삶을 살게 하는 데 있어서 아무짝에도 쓸모없는 재주요, 예수님이 제거하신 멍에를 다시 사람들의 목에 메게 하는 것일 뿐이다. 당장은 순종하게 하는 것 같아 보이지만, 복음의 능력을 경험하는 데 있어서는 엄청난 장애물이다. 경건의 모양은 완벽하게 갖추었지만(완벽해 보이는 종교인), 경건의 능력, 곧 복음으로 변화된 삶의 모습은 없는 껍데기 종교인을 양산할 뿐이다(그들 중에 거듭난 자가 있다고 하더라도 그들은 진리를 아는 자로서의 자유를 맛보지 못한다).

이처럼 유대인들은 성경을 통해 예수 그리스도를 알지 못하고 서로에게서 영광을 구하며 살았기에 예수님께 오지 않았다. 심지어 예수님이 그들에게 가서 그들 앞에 서 계시는데도 예수님을 인정하지도 믿지도 않았다. 오히려 그들은 자신들이 사람들로부터 돈과 권력과 명예를 얻는 데 있어서 예수님을 장애물로, 위협적인 인물로 생각했고 예수님을 대적했다.

그렇다. 예수님은 우리가 사람들로부터, 세상으로부터 돈과 권력과 명예를 얻는 데 있어서, 사람들 위에 군림하는 데 있어서 가장 큰 장애물이요, 가장 위협적인 분이다. 예수님은 우리가 이 모든 것을 포기하고(자기를 부인하고) 예수님께 항복하기를 요구하시기 때문이다. 예수님의 복음, 십자가의 복음은 자기를 부인하고 자기 십자가를 지고 예수님을 따르라고 요구한다(마 16:24). 이런 요구가 없는 복음은 다른 복음이다(《내 안에 예수님께서 사시는 중보적인 삶》 중에서 'Ⅳ. 중보적인 삶' 참조).

우리가 예수님을 주님으로 믿고 하나님께 예배를 드리며 말씀대로 순종하며 살아야 하는 것은 배부르고 부유하게 살기 위한 것이 아니다. 우리는 영원한 하나님 나라를 약속받았고, 그 나라를 유업으로 이을 하나님 아버지의 자녀이다. 우리가 이 세상에서 부유하게 살든지, 가난하게 살든지, 사람들로부터 칭찬과 인정을 받고 명예를 얻든지, 아니면 사람들로부터 무시나 핍박을 당하며 사는지는 중요하지 않다. 하나님 아버지는 우리의 복지와 번영을 위해 존재하시는 분이 아니다.

가장 중요한 것은 우리가 하나님을 경외하고 사랑하며 사는지, 나를 대신하여 십자가에 못 박혀 죽으셨다가 다시 살아나신 예수님, 마지막 날 우리의 삶을 심판하실 예수님을 날마다 주인으로 모시고 말씀대로 순종하며 살고 있느냐이다. 하나님 아버지께서는 우리 각자에게 부여하신 분량대로 아버지의 뜻에 따라 우리의 삶을 인도해 가신다. 자기 자녀들이 가난하게 살고, 고난과 핍박을 받는 것을 못 견뎌하시거나 자존심 상해하는 분이 아니다(예수님이 아버지께로 가신 후 약 300년 동안은 그리스도인들에게 혹독한 기간이었음을 기억하자. 또한 중세

시대 천주교의 핍박으로 수많은 믿음의 형제들이 고난을 받고 순교를 당한 것을 기억하자. 하나님 아버지께서 무능해서 이런 일을 방관하셨는가? 그리스도인들이 사회의 주요 자리를 신속하게 차지하지 못해서인가? 결코 그렇지 않다).

오병이어 표적

예수님은 22절 이하에서 말씀하신 것처럼, 자신이 "생명의 떡"(6:35)이라는 것을 나타내고 가르치시기 위해 오병이어 표적을 행하셨다. 공생애 동안 예수님이 행하신 기적과 가르침의 주요 목적은 제자들을 가르치고 훈련하기 위한 것이었고, 무리에게는 덤이었다(예수님은 무리(그들 중에 있는 예수님의 양들)를 제자들에게 부탁하고 아버지께로 다시 가신 것이다).

오병이어 사건도 먼저는 제자들에게, 그리고 무리들에게 예수님 자신이 누구신지를 나타내고 가르치신다(6장 전체를 하나의 사건, 하나의 주제로 보고 이해해야 한다. 그러므로 요한복음의 오병이어는 열두 제자들을 위해 행하신 표적이다. 68절의 베드로의 고백을 끌어내시기 위한 표적인 것이다). 오병이어는 제자들에게 예수님 자신을 더욱 깊게 나타내시는 표적이다. 이를 위해 예수님은 먼저 빌립을 시험(테스트)하신다.

"예수께서 눈을 들어 큰 무리가 자기에게로 오는 것을 보시고 빌립에게 이르시되 우리가 어디서 떡을 사서 이 사람들을 먹이겠느냐 하시니 이렇게 말씀하심은 친히 어떻게 하실지를 아시고 빌립을 시험하고자 하심이라"(5-6절).

제자들을 대표한다면 당연히 시몬 베드로여야 하는데, 왜 예수님

은 빌립에게 물으신 것일까? 빌립을 비롯한 제자들이 이미 여러 표적들을 보았기 때문인가? 그렇다면 굳이 빌립일 필요는 없다. 모든 제자들이 다 경험했기 때문이다. 그러면 왜 예수님은 빌립을 테스트 하려고 하셨을까? 이는 1장에서 빌립이 나다나엘에게 예수님을 전하는 것과 연관이 있다(요한복음은 매우 치밀하게 예수님을 증거하고 있다는 것과 그 효과를 극대화시키는 방법을 사용하고 있다는 것을 기억하라).

빌립은 처음 예수님의 부르심을 받고 예수님을 따라나선 후, 친구 나다나엘을 찾아가 예수님을 "모세가 율법에 기록하였고 여러 선지자가 기록한 그이", 곧 성경이 증거하고 있는 메시아(구원자)라고 말한다. 이것은 5장에서 하나님께로부터 오는 영광을 구하지 않는 유대인들과는 대조되는 모습이다. 그들은 예수님에 대하여 증언하고 있는 성경을 열심히 연구하면서도 정작 예수님을 알아보지 못했고 예수님께 오지 않았다. 자기들의 스승이라고 존경하는 모세가 모세오경에서 예수님에 대해 증거한 글도 믿지 않았다. 그러나 빌립은 자기를 부르시는 예수님을 성경에서 약속하신 메시아로 알고 따라나선 것이다.

빌립의 전도를 받은 나다나엘은 예수님을 "하나님의 아들이시요 당신은 이스라엘의 임금"(49절)이라고 고백한다. 이때 빌립은 자기가 나다나엘에게 모세가 율법을 통해 증거하고 여러 선지자들이 말한 이라고 소개한 나사렛 예수가 하나님의 아들이요, 이스라엘의 임금이라는 신앙고백을 들은 것이다. 그 후 물이 포도주가 된 표적, 왕의 신하의 아들이 고침 받고, 38년 된 병자가 고침 받는 표적을 보았다. 예수님은 바로 이런 빌립을 테스트하고자 하신 것이다. 이 시점에서 빌립이 예수님을 누구로 알고 믿고 있는지를 확인하고자 하신 것이다(이는 요한복음을 읽는 성도들을 더 깊은 신앙 고백으로 이끌어가는 장치이기도 하다). 예수님은 지금 큰 무리가 예수님을 믿지 않고 있는 상황에서 빌립을 필두로 해서 모든 제자들에게 빌립이 이미 예수님에 대해 고백하고 알고 있는 바를 확증시켜 주고자 한 것이다.

'내가 바로 네가 나다나엘에게 말한 대로 율법에 기록하였고 여러 선지자가 기록한 바로 그 선지자요, 나다나엘이 고백한 대로 내가 하나님의 아들이요, 이스라엘의 임금이다. 그리고 내가 생명의 떡이다'는 것을 확실하게 나타내기 위해 오병이어 표적을 행하신 것이다.

예수님은 이미 어떻게 큰 무리들을 먹이실지를 다 계획하고 계셨고, 그 계획을 실현할 충분한 능력을 가지고 계셨다. 그러나 빌립은 테스트에 불합격했다. 그는 논리적이고 계산적이어서 재빠르게 계산하여 무리를 배부르게 먹이기는커녕 배고픔만 겨우 면할 정도로만 나누어 주어도 최소한 이백 데나리온의 떡이 필요하다고 말씀드린 것이다(6:7). 그가 예수님을 나다나엘에게 소개하고 병든 자를 고치신 사건을 경험했다는 것이 무색해지는 순간이다.

그러면 시몬 베드로의 형제 안드레는 더 나은가? 그도 빌립과 비슷하다.

"제자 중 하나 곧 시몬 베드로의 형제 안드레가 예수께 여짜오되 여기 한 아이가 있어 보리떡 다섯 개와 물고기 두 마리를 가지고 있나이다 그러나 그것이 이 많은 사람에게 얼마나 되겠사옵나이까"(8-9절).

안드레가 한 아이가 가져온 보리떡 다섯 개와 물고기 두 마리를

가져다가 예수님께 내어 놓은 행동에 너무 큰 의미를 부여할 필요는 없다(아이의 헌신과 안드레의 행동은 훌륭하지만 본질적인 것은 아니다. 이것을 제자들에게나 초대 성도들에게 가르치려고 한 것은 더더욱 아니다. 이것을 강조하는 것은 우리의 눈을 예수님이 아닌 다른 데로 돌리게 만든다). 예수님이 바로 그날에 제자들과 무리에게 자신을 더욱 확실하게 나타내기 위해 표적을 행하기로 작정하셨기 때문에 오병이어 기적이 일어난 것이다.

예수님이 그날 기적을 행하실 계획이 없었다면 오병이어 기적은 일어나지 않았을 것이다. 도시락을 싸온 사람은 자기 도시락을 먹고, 배고픔을 참지 못한 자들은 먹을 것을 찾아 집이나 음식점으로 흩어졌을 것이다(다른 때에도 늘 그랬듯이 말이다). 예수님이 오병이어를 통해 표적을 행하시기로 작정하지 않았다면, 예수님은 오병이어를 손에 들고 축사하지 않았을 것이다. 그러나 예수님은 아버지의 뜻에 따라 오병이어 표적을 행하심으로 큰 무리들을 모두 배부르게 먹이셨고 남은 조각이 열두 바구니나 된 것이다.

그러나 이것으로 끝이 아니었다. 오병이어 기적을 통해 큰 무리가 모두 배불리 먹었다는 이야기로 끝나는 것이 아니다. 오병이어 기적이 표적이라는 것은 이튿날 예수님의 말씀으로 연결되어 있기 때문이다(22절 이하).

예수님께서 오병이어 표적을 행하신 목적은 무엇인가? 1-15절에서만 찾는다면, 예수님을 모세의 율법이 증거하고 선지자들이 증언한 자라고 믿고, 예수님을 하나님의 아들이요, 이스라엘의 임금으로 알고 있는 빌립을 비롯한 제자들을 테스트하기 위함이다. 그래서 제자들에게 예수님 자신을 더 자세히 알리셔서 그들의 믿음을 더욱 굳건하게 해주기 위함이다.

오병이어의 기적을 통해 배부름을 경험한 무리는 예수님을 "참으로 세상에 오실 그 선지자"(14절)라고 말했다. 그들의 판단은 옳았다. 그러나 그들의 다음 행동은 그들이 예수님을 올바르게 알지 못하고 있다는 것을 증명해 준다.

"그러므로 예수께서 그들이 와서 자기를 억지로 붙들어 임금으로 삼으려는 줄 아시고 다시 혼자 산으로 떠나가시니라"(15절).

예수님은 사람들의 반응을 미리 아시고 그 자리를 피하셨다. 사람들은 오병이어 기적을 통해(배부름을 경험한 것 때문에) 예수님을 하나님께서 보내신 선지자로 알았다. 그래서 예수님을 자기들의 임금으로 모시려고 한 것이다. 그러나 그들은 예수님을 생명, 영생을 주시는 임금으로 모시려는 것이 아니었다. 그들은 예수님을 지극히 육신적인 문제, 곧 가난, 배고픔 등의 문제를 해결해 주는 임금으로, 또한 이것들은 로마의 지배를 받는 것 때문에 더 심하게 겪는 문제이기에 로마의 지배에서 벗어나 독립된 나라, 부유하고 강한 나라를 세워줄 임금으로 모시려고 한 것이다.

이와 같은 그들의 속셈과 행동은 오병이어 표적을 통해 자신을 나타내시고자 하신 예수님의 목적과는 너무도 거리가 먼 것이었다. 그들은 하나님께로부터 오는 영광을 구하지 않고 사람들로부터 오는 인정과 칭찬, 부유함, 돈과 권력과 명예를 구하였다(5:44). 그리고 오병이어의 기적을 경험하고 나서는 예수님을 통해 그러한 것들을 얻으려고 한 것이다. 예수님을 메시아라고 말하고, 심지어 자기들의 임금으로 삼으려고 했다고 그들이 예수님을 믿은 것은 아니다. 그들은 예수님께 온 것이 아니다. 예수님을 통해 육신적이고 세상적인 것

들을 얻으려고 하는 자들은 절대로 예수님께 오지 않는다(교회에 나올 수는 있지만, 절대로 예수님께로 오지 않는다).

그들은 예수님을 메시아로, 임금으로 삼으려고 하지만 예수님께 항복하지는 않는다. 그래서 예수님은 그들로부터 떠나가셨다. 절대로 그들이 원하는 임금이 되어 주지 않겠다는 것이다.

주변에서 교회 건축이나 어떤 사역의 성과 등의 간증이 오병이어의 기적인가? 그것을 경험한 자들이 배부르게 되었고, 이전보다 더 많은 사람들이 모이게 되었으며, 지역사회에 더 많은 영향력을 끼치게 되었다는 것 등이 오병이어의 기적인가? 아니다. 그와 같은 것들은 오병이어의 기적 자체일 뿐 그로 인해 성취된 목적(맺어진 열매)은 아니다. 그렇다면 오병이어 기적이 표적으로서 원래의 목적을 달성한다면 어떤 결과가 나타나야 하는가?

이에 대해서는 6장 22절 이하에서 자세히 살펴보도록 하자. 그래도 질문을 했으니 답을 간단하게 하고 넘어가자. 오병이어 표적의 목적이 달성되는 것은 생명의 떡이신 예수님의 피를 마시고, 예수님의 살을 먹는 것이다. 다시 말해서 예수님을 하나님께서 보내신 생명의 떡임을 알고 믿는 것이다. 그것은 5장의 말씀과 같이 하나님의 아들이신 예수님과 예수님을 보내신 하나님 아버지를 공경하는 것이요, 예수님의 말씀을 듣고 순종하는 것이다(23-24절).

사람들로 하여금 예수님을 믿고 말씀대로 순종하는 사람이 되게 하지 않는다면 그들에게 오병이어의 기적은 아무런 유익이 없다. 오히려 그들이 보고 경험한 표적은 그들이 나중에 심판의 부활로 나와(5:29) 영원한 지옥의 판결을 받는 것이 너무도 정당한 판결이라는 것을 확증해 줄 뿐이다. 예수님이 오병이어의 기적을 통해 예수님 자신을 분명하게 알려 주셨는데도 배부르게 먹었을 뿐이고, 육신적인 목적을 가지고 예수님을 임금으로 삼고자 했을 뿐 예수님을 주님으로 믿고 순종하지 않았기 때문이다.

오병이어의 기적과 같은 일이 일어나 교회가 건축되고, 어떤 사역의 성과가 크게 나타났다고 하는 것 자체는 문제가 아니다. 다만 그 일로 인해 사람들이 이전보다 더 예수님을 믿는 믿음이 견고하게 되고, 예수님께 항복하여 자기 삶의 주인으로 모시고 순종하며 살아가는 삶의 모습이 나타나지 않는다면, 그저 배부르게 먹고 살다가 끝나는 이야기일 뿐이다.

요한복음에서 오병이어 표적은 빌립을 비롯한 제자들에게 예수님이 누구신지를 더욱 명확하게 알게 하고 믿고 따르게 하는 목적을 달성했다(이 본문을 읽는 초대 성도들에게도 마찬가지다). 예수님은 오병이어 표적을 통해 빌립에게, 그리고 나머지 제자들에게, 또한 오늘날 우리에게 이렇게 말씀하신다.

"내가 바로 모세오경에서와 여러 선지자들이 증언한 그 선지자, 그 구원자다. 내가 바로 하나님의 아들이요, 이스라엘의 임금이다. 내게로 와서 나와 나를 보내신 하나님 아버지를 믿고 순종하여라. 그러면 너희가 영원한 생명을 얻을 것이요, 심판의 날에 영원한 천국에서 살기 위해 생명의 부활로 나올 것이다."

또 한편으로 오병이어 표적은 예수님께 몰려온 무리에게도 그 목적을 달성했다. 이것에 대해서는 22절 이하에서 살펴보자.

분별

    세례 요한이 요단 강에서 백성들에게 세례를 베풀다가 예수님이 자기에게 나아오시는 것을 보고 "보라 세상 죄를 지고 가는 하나님의 어린양이로다"(1:29)고 외쳤다. 그리고 그분이 바로 하나님의 아들이시요, 성령으로 세례를 베푸시는 분이라고 했다(33-34절). 그 후에 세례 요한의 제자였던 안드레가 예수님을 따르게 되고 자기 형 시몬 베드로에게 가서 자기가 '메시아'를 만났다고 전한다. 또한 예수님의 부르심을 받은 빌립이 나다나엘에게 가서 "모세가 율법에 기록하였고 여러 선지자가 기록한 그이를 우리가 만났으니 요셉의 아들 나사렛 예수니라"(45절)고 증거한다. 이 말을 들은 나다나엘이 예수님을 만나서는 "당신은 하나님의 아들이시요 당신은 이스라엘의 임금이로소이다"(49절)라고 고백한다.

    예수님이 오시는 길을 준비하라고 먼저 보냄을 받은 세례 요한의 증거, 부르심을 받은 제자들의 고백을 통해 예수님이 누구신지가 증거되었다. 이어서 가나의 혼인잔치에서 물을 포도주로 바꾸는 표적을 행하심으로 예수님은 자신이 누구인지를 처음으로 직접 나타내셨다.

    또한 사마리아 여자와의 만남을 통해 성전인 자기 안에서 하나님 아버지께 참되게 예배할 때가 왔다고 선언하시고, 사마리아 지역의 많은 사람들에게 자신을 나타내셨다(4장). 그리고 왕의 신하의 아들을 고쳐 주신 두 번째 표적(46-54절)과 유월절 즈음에 예루살렘 성 옆 베데스다 연못가에서 38년 된 병자를 고치신 사건(5:1-9)을 통해 많은 사람들이 예수님을 알게 되었고, 예수님이 가는 곳마다 무리를 지어 모여들었다.

예수님께 무리를 지어 나온 자들은 오래전 하나님께서 모세와 여러 선지자를 통해 약속하신 메시아를 기다리고 기다리던 자들이었다. 그래서 성경을 부지런히 연구하였고, 모세를 통해 주신 말씀들을 매우 철저하게 지키려고 하였다(보통의 유대인들이 그러했고, 바리새인이나 서기관들은 말할 것도 없다). 그들은 그렇게 해야만 하나님으로부터 영원한 생명을 얻을 수 있고, 복을 받을 수 있다고 믿었기 때문이다.

그러나 그들은 성경이 증거하고 모세가 증거한 이인 예수님이 자기들 앞에 계시는데도 알아보지 못했다. 영원한 생명이 자기들 앞에서 거니시는 예수님께 있다는 것을 알지 못했다. 여전히 그들은 약속된 메시아를 기다렸고, 예수님은 자기들이 고대하는 메시아와는 거리가 먼 행보를 보이는 것 때문에 온갖 방법으로 예수님을 죽일 방도를 찾았다. 그들은 성경대로 철저히 말씀을 지키기 위해 힘쓰지만, 정작 자기들 앞에 계시는 예수님을 하나님의 아들로 인정하지 않았으며 자기들의 주(主)님으로 모시지 않은 것이다.

이와 같은 일은 오늘날에도 흔하게 나타나고 있다. 하나님을 사랑하고 죄를 짓지 않고 살기 위해 노력하며, 모든 예배에 다 참석하려고 하고, 교회 봉사도 열심히 한다. 기도도 열심히 한다. 그런데 정작 예수님을 자신의 주님으로 모시지 않은 상태에 있을 수 있다는 것이다.

모든 것을 열심히 하지만 십자가에 못 박혀 죽으시고 부활하신 예수님, 마지막 날에 모든 것을 심판하실 예수님께 엎드려 항복하고, 예수님을 자신의 주인으로 모시는 것은 원하지 않을 수 있다는 것이다. 이것은 불가능한 일이 아니다. 십자가에 못 박혀 죽으시고 부활하신 예수님을 다른 예수로 각색시켜 다른 예수를 믿는다면 얼마든

지 가능한 일이다. 모든 것에 대한 주권을 가지고 섭리하시는 창조주 하나님을 금송아지 하나님으로 바꾸어 섬기는 자들에는 너무도 쉽게 일어나는 일이다.

어떤 이들은 죄를 짓지 않고 살고 있으며, 예배에 열심히 참석하고, 봉사를 열심히 하고, 기도를 열심히 하는 것이 예수님을 주님으로 믿고 살아가는 것이라고 생각한다. 이것도 중요하지만 그런 행위들이 그리스도인의 삶의 핵심이나 전부는 아니다. 그것들의 대부분은 경건한 삶을 살기 위한 경건의 훈련에 속하는 것이다. 어떤 사람이 예수님을 주님으로 믿고 있고 순종하며 사는 사람이라는 것은, 그가 경건의 훈련을 하는 모습이 아니라 경건하게 살아가는 삶의 모습으로 증명되는 것이다.

하나님을 사랑한다고 큰소리를 치지만 하나님께로부터 오는 영광은 구하지 않고 사람들로부터 인정과 칭찬을 얻고자 하는 사람들도 경건의 모양(훈련)에 속한 행위들을 아주 열심히 한다. 보이지 않는 하나님보다 보이는 주변 사람들을 더 의식하기 때문이다. 하나님보다 사람들 앞에서 자기 체면과 자존심을 세우고자 하는 것이 더 강력한 동기부여가 되는 것이다.

사역자에 대한 분별

일반 교인들 중에 이런 사람이 있다는 것은 차치하고, 교회 지도자들 가운데 이런 사람이 있다면 어떻게 분별할 수 있는가? 그들이 예수님을 전하지 않는다는 것이 아니다. 복음을 전하지 않는다는 것이 아니다. 예수님의 십자가, 곧 자기를 부인하고 자기 십자가를 지고 예수님을 따르라고 전하기도 한다. 그럼에도 이들 중에 과거 사도 시대에 있었던 자칭 사도들과 거짓 선지자(예언자들)의 경우처럼, 거짓 사역자들이 있을 수 있다. 무엇으로 이들의 정체를 파악할 수 있는가? 여러 가지가 있으나 예수님이 말씀해 주신 분별 기준보다 확실한 것은 없다.

"거짓 선지자들을 삼가라 양의 옷을 입고 너희에게 나아오나 속에는 노략질하는 이리라 그들의 열매로 그들을 알지니 가시나무에서 포도를, 또는 엉겅퀴에서 무화과를 따겠느냐 이와 같이 좋은 나무마다 아름다운 열매를 맺고 못된 나무가 나쁜 열매를 맺나니 좋은 나무가 나쁜 열매를 맺을 수 없고 못된 나무가 아름다운 열매를 맺을 수 없느니라 아름다운 열매를 맺지 아니하는 나무마다 찍혀 불에 던져지느니라 이러므로 그들의 열매로 그들을 알리라"(마 7:15-20).

여기서 열매는 무엇인가? 간증할 만한 어떤 사건들인가? 자칭 믿음생활을 잘해서 얻은 보상, 곧 자녀의 진학이나 결혼, 직장, 사업 등이 잘 풀린 것이 열매인가? 예수님이 말씀하신 열매는 그런 것이 전혀 아니다. 열매를 보라는 것은 신앙 때문에 얻게 된 것이 무엇인가를 보라는 것이 아니다. 사역자의 경우에는 사역을 통해 그가 경제적으로나 사회적으로 위치가 올라가고 그들의 자녀들이 잘 나가게 되었는가를 보라는 것이 아니다.

열매는 '삶'이다. 사역자라고 하는 자가 참된 자인지, 거짓된 자인지를 알아보려면 그의 삶을 뜯어보라는 것이다. 삶의 구석구석을 잘 들여다보라는 것이다. 그가 예수님의 이름으로 말씀을 유창하게 전하며, 귀신을 쫓아내며, 예수님의 이름으로 많은 능력을 행하고 있는

지를 보라는 것이 아니라(7:22), 그가 자기의 삶이라는 집을 반석 위에 짓고 있는지, 모래 위에 짓고 있는지를 보라는 것이다(24-27절).

좋은 나무가 좋은 열매를 맺고 나쁜 나무가 나쁜 열매를 맺는다(17절). 좋은 나무인 사람이 반석 위에 집을 짓고, 나쁜 나무인 사람이 모래 위에 집을 짓는다. 둘 사이에는 본질적인 변화가 일어나지는 않는다. 나쁜 나무가 시간이 지나면서 좋은 나무가 되는 경우는 없다는 것이다.

거짓 선지자는 처음부터 거짓 선지자다. 그는 마태복음 5장의 팔복을 받지 못한 자요, 자칭 선지자 노릇하는 자다. 천국 백성이 아닌 것이다. 왜냐하면 산상수훈은 또 다른 율법이 아니라 복을 받은 자들, 곧 하나님 나라의 백성 된 자들이 예수님 안에서 성령의 능력으로 살아가는 삶의 모습을 말하고 있기 때문이다. 다만 믿음의 분량과 성화의 정도에 따라 각기 다른 수준의 삶을 살 뿐이다.

그러므로 "그들의 열매로 그들을 알리라"(7:20)는 말씀은, 사역자라 하는 자들이 산상수훈의 말씀대로 순종하는 삶을 살고 있는가를 보면 그들이 참된 자인지 아닌지를 알 수 있다는 것이다.

그는 심령이 가난한 자인가? 하나님 앞에서 죄인임을 인정하고 예수 그리스도의 십자가를 붙들고 있는가? 그 앞에서 날마다 자기를 부인하고 있는가?

그는 애통하는 자인가? 자기의 죄 때문에, 그리고 자녀들 때문에, 믿음이 약한 지체나 믿지 않는 자들 때문에 애통하는 마음이 있는가? 우는 자들과 함께 울어 주는 자인가?

그는 온유한 자인가? 모든 일과 사람에 대해 하나님의 권위를 침

범하지 않고 최종적인 판결은 하나님께 맡기고 자기는 청지기, 중매쟁이로서의 자리를 잘 지키고 있는가?

그는 의(義)에 주리고 목말라 하는 자인가? 불의(편법)와 타협하지 않고 하나님의 의로우심(거룩하심)을 나타내기를 힘쓰는 자인가? 하나님을 위한다는 미명 아래 모세처럼 반석을 두 번 내려치고 있지는 않은가?(민 20:11-12에서 모세는 이 일로 인해 하나님으로부터 회중들에게 하나님의 거룩함을 나타내지 않았다고 책망을 듣는다)

그는 긍휼히 여기는 자인가? 예수님이 무리를 불쌍히 여기심과 같이 다른 사람에 대해 불쌍히 여기는 마음을 가지고 있는가? 긍휼과 자비를 베풀고 있는가?

그는 마음이 청결한 자인가? 사심이 없고 진실한가? 성령 받기 전의 제자들처럼 하나님 앞에서 두 마음을 품은 자, 사심을 품고 사역을 하는 것은 아닌가? 시기와 질투를 하고 분열과 분쟁의 원인을 제공하거나 부추기지는 않는가? 하나님보다 사람들을 더 의식하고, 사람들을 더 기쁘게 하고자 하는가? 자기를 추종하는 세력을 만들지는 않는가?

그는 화평하게 하는 자인가? 무조건적인 화평이 아니라 예수 그리스도 안에서 하나님과 화목하게 하고, 서로를 화평하게 하기를 힘쓰는 자인가? 이는 진리 안에서의 화평을 말한다.

그는 의(義)를 위하여 기꺼이 박해를 받는 자인가? 하나님의 말씀대로 순종함으로 의롭게(거룩하게) 살고, 그 말씀을 전하는 데 있어서 어떠한 비난이나 핍박, 경제적인 어려움도 기꺼이 감수하는가?

그는 예수 그리스도와 복음 때문에 고난과 핍박 받는 것을 기뻐하고 즐거워하는가?

팔복의 말씀(마 5:3-12)은 하나님께서 택하신 자, 곧 천국 백성들에

게만 나타나는 모습이다. 그것은 단계적으로가 아니라 동시적으로 나타나고 성화의 정도에 따라 사람마다 차이가 있다.

이에 더하여 부수적으로 살펴볼 것이 있는데 다음과 같다(5장 13절부터 7장의 말씀이다).

그는 소금으로서 짠맛을 내고 빛으로서 사람들에게 착한 행실을 보이고 있는가?(13-16절)

그는 예수님의 가르침을 가감(加減) 없이 충실하게 가르치며 실천하고 있는가?(19절)

그는 다른 지체들에게 화를 내며 그들을 비난하거나 정죄하며 저주하지 않는가?(정죄와 심판은 하나님의 고유 권한이다)

그는 자기의 잘못에 대해 용서를 구하고 용서를 받는 것을 통해 화목하기를 힘쓰는가?(22-24절)

그는 아내 이외의 다른 여자에게 음욕을 품고 간음을 하지는 않는가?(28절)

그리고 음행한 이유가 없는데도 아내나 남편을 버렸는가?(32절)

재혼은 누구와 했는가?(고린도전서 7장 참조, 이 말씀을 문자 그대로 받는 자는 복이 있도다)

그는 하나님의 이름을 들먹거리면서 약속이나 맹세를 자주 하는가?(34-37절) 이는 모든 것에 대한 하나님의 주권을 인정하지 않는다는 것이다.

그는 불의를 참지 못하고 악한 일이나 악한 자에 대하여 분을 내며 대적하는가?(39절) 하나님의 이름을 더럽히고 대적하는 자에 대해서도 그를 저주하거나 대적해서는 안 된다. 그것은 하나님의 권한에 속한 일이다.

그는 강도를 만난 사마리아 사람(눅 10:25-37)처럼 도움이 필요한 자를 도우며, 도움을 요청하는 자에게 기꺼이 자기의 것을 나누어 주는가?

그는 이웃을 사랑하고, 심지어 원수까지도 사랑하며, 자기를 핍박하는 자를 위해 기도하고 있는가?(44절) 그렇다면 교회의 잘못이나 목회자의 잘못을 비난하고 정죄하는 것에 대해서 예수님은 무엇이라고 하시겠는가? 그것은 하나님을 위한 것이 아니다. 자기나 자기가 섬기는 교회에서 그런 일들이 일어날 조짐은 없는지 돌아보고, 그런 일이 일어나지 않기를 살펴보는 계기로 삼으면 된다. 그리고 잠잠히 중보적인 기도를 하면 된다.

그는 형편이 어려운 믿음의 지체에게 은밀하게 구제를 하고 있는가?(6:3-4)

그는 기도를 은밀하게 하고 있는가? 자기가 기도하는 분량을 자랑거리로 삼고 있지는 않은가? 그는 하나님의 나라와 의를 구하는 기도를 하고 있는가?(9-13절, 주기도) 아니면 세상적인 가치를 좇아 이런저런 소원기도만을 하고 있는가?(이것이 중언부언하는 것이다. 하나님을 믿지 못하고 불안한 마음에 불안한 만큼 간절하게 달라고만 한다. 마음이 하나님과 하나님 나라에 있지 않아 이방인(불신자)들이 구하는 것처럼 구하고 있는 것이다)

그는 금식을 자랑하는가?(18절) 금식을 비롯해서 경건의 행위 등을 자랑하는가?

그는 물질에 대해 욕심을 내고 있는가? 먹고 사는 문제, 건강, 사회적인 지위, 경제적인 수준에 대해 지나치게 염려하고 그것들에 대해 집착을 하는가?(19-31절)

그는 하나님 아버지의 돌보심을 믿고 하나님의 나라와 의를 구하며 살기보다는 내일의 삶에 대한 염려나 걱정을 하고 있는가?(32-34절)

그는 자신을 살피기 전에 형제를 함부로 비판하는 자인가?(7:1-5)

그는 하나님을 경외하는 자이며, 남에게 대접을 받고자 하는 대로 남을 대접하는 자인가?(12절, 22:34-40 참조) 특히 하나님을 하나님으로 알고 그에 합당하게 대접해 드리고 있는가?

그는 좁은 문으로 들어가는 자인가?(14절)

이상과 같은 삶의 모습이 열매이다. 이 열매를 기준으로 우리가 그가 하는 말을 듣고 따라야 하는지, 그의 말을 듣지 말아야 하는지를 분별하는 것이다. 점검해 본 결과 그의 열매(삶)는 별로인데 그의 설교나 가르침이 성경에 충실하다면 그의 가르침은 듣되 그의 삶은 본받지 말아야 한다. 그리고 제자들이 바리새인들을 따르지 않고 예수님을 따랐듯이, 예수님의 뒤를 신실하게 따르며 살아가는 사역자의 가르침과 지도를 받으며 그와 동역하는 것이 바람직하다.

생명의 떡

"예수께서 이르시되 나는 생명의 떡이니 내게 오는 자는 결코 주리지 아니할 터이요 나를 믿는 자는 영원히 목마르지 아니하리라"(6:35).

"예수께서 이르시되 내가 진실로 진실로 너희에게 이르노니 인자의 살을 먹지 아니하고 인자의 피를 마시지 아니하면 너희 속에 생명이 없느니라 내 살을 먹고 내 피를 마시는 자는 영생을 가졌고 마지막 날에 내가 그를 다시 살리리니 내 살은 참된 양식이요 내 피는 참된 음료로다 내 살을 먹고 내 피를 마시는 자는 내 안에 거하고 나도 그의 안에 거하나니 살아 계신 아버지께서 나를 보내시매 내가 아버지로 말미암아 사는 것같이 나를 먹는 그 사람도 나로 말미암아 살리라"(53-57절).

　요한복음에는 일곱 개의 "나는 ~이다"(I am ~)가 있다. 일곱 개의 "나는 ~이다"는 구약에서 성부 하나님께서 사용하신 어법이다. 오직 하나님만이 사용하실 수 있는 표현이다. 아브람에게는 "나는 전능한 하나님이다"(창 17:1)라고 하셨고, 모세에게는 "나는 스스로 있는 자다"(출 3:14), "나는 여호와다"(출 6:2)라고 하신 것 등이다.
　요한복음에 있는 일곱 개의 "나는 ~이다"의 첫째는, "나는 생명의 떡이다"(6:35) 둘째는, "나는 세상의 빛이다"(8:12) 셋째는, "나는 양의 문이다"(10:7) 넷째는, "나는 선한 목자다"(10:11) 다섯째는, "나는 부활이요 생명이다"(11:25) 여섯째는, "나는 길이요 진리요 생명이다"(14:6) 일곱째는, "나는 참 포도나무다"(15:1)이다.
　예수님이 하나님 아버지께서 사용하신 어법을 그대로 자신에게 사용하신 것은 예수님 자신이 하나님의 아들이요, 하나님과 동등하신 분이라는 것을 증거하고 있는 것이다. 예수님은 오병이어 표적을 통해 자신이 "생명의 떡"이심을 증거하신다.

　오병이어 표적을 경험한 많은 무리들은 예수님을 자기들의 임금으로 삼으려고 했으나, 예수님이 그 자리를 피해 혼자 산으로 떠나시자 모두 자기 집으로 돌아갔다(15절). 그러나 다음날 예수님이 계신 곳을 수소문하여 배를 타고 갈릴리 바다 건너편으로 가서 예수님을 만나게 된다. 이들이 예수님을 찾아간 것은 무엇 때문이었는가?

　"예수께서 대답하여 이르시되 내가 진실로 진실로 너희에게 이르노니 너희가 나를 찾는 것은 표적을 본 까닭이 아니요 떡을 먹고 배부른

까닭이로다"(6:26).

사람들이 '표적'을 보고 왔다면 무엇을 하러 온 것인가? 표적은 사람들로 하여금 예수님을 하나님의 아들로, 구원자로, 주님으로 믿게 하기 위해 행하신 기적이다. 그러므로 사람들이 표적을 보고 예수님께로 온 것이라면, 그들은 예수님을 믿고 순종하기 위해 온 것이다.

그러나 떡을 먹고 배부름을 경험했기 때문에 왔다면 무엇을 하러 온 것인가? 다시 예수님을 자기들의 임금으로 삼기 위해 온 것이다. 자기들로 하여금 평생 배고프지 않게 해주고, 자기들의 삶을 보장해주며, 더 나아가 항상 부유한 삶을 살게 해주는 분으로 모시기 위해서 온 것이다. 더 이상 다른 민족의 지배를 받지 않으며, 다른 사람들에게 핍박이나 무시나 천대를 받지 않고, 오히려 그들 위에서 그들을 지배하는 삶을 살게 해주는 임금으로 모시기 위해 온 것이다.

그래서 예수님은 그들에게 "썩을 양식을 위하여 일하지 말고 영생하도록 있는 양식을 위하여 하라 이 양식은 인자가 너희에게 주리니 아버지 하나님께서 인치신 자니라"(27절)고 말씀하신다. 단지 배만 부르게 하는 육체의 양식만을 구하며 살지 말고 인자이신 예수님이 주는 양식, 곧 영생을 누리게 하며 없어지지 않을 양식을 구하라는 것이다. 세상적인 양식을 위해서 하나님을 섬기지 말라는 책망도 담겨 있다.

그들은 영생을 얻기 위해 성경을 부지런히 연구하고 암송하고 지키는 자들이었다. 그런데 지금 예수님이 영생하도록 있는 양식을 위하여 일하라고 하자, 기다렸다는 듯이 "우리가 어떻게 하여야 하나님의 일을 하오리까"(28절)라고 묻는다. 그들은 그동안 자기들이 행해 오던 일 말고 '또 다른 일이 있는가 보다'라고 생각한 것이다.

08 생명의 떡이신 예수님

하나님의 일은 무엇인가? 하나님의 일은 어떻게 하는 것인가?

"예수께서 대답하여 이르시되 하나님께서 보내신 이를 믿는 것이 하나님의 일이니라 하시니"(29절).

예수님이 하나님 아버지의 아들이시요, 하나님 아버지께서 보내신 구원자이심을 믿는 것이 하나님의 일이다. 믿는다는 것은 말씀대로 순종한다는 것을 말한다(믿음과 순종의 행위를 구분하여 말하는 것은 잘못된 구원론을 가르치는 것이다. 믿는 만큼 순종하고 순종하는 만큼 믿고 있는 것이다). 예수님을 믿는 것이 하나님 아버지께서 가장 기뻐하시는 일이다(예수님을 대하는 것이 곧 하나님을 대하는 것이다. 예수님의 말씀에 순종하는 만큼 하나님께 순종하고 있는 것이다).

사람들의 질문은 여기서 끝나지 않았다. 지금 자기들 앞에 계신 예수님을 하나님께서 보내신 아들이요 구원자로 믿으면 되는데 그러지 않고 또 질문을 한 것이다.
'우리로 하여금 당신이 하나님이 보내신 자라는 것을 믿을 수 있게 행하는 표적은 무엇입니까? 당신이 하시는 일은 무엇입니까? 우리 조상들은 하늘에서 내려오는 떡을 먹듯이 광야에서 만나를 먹었습니다'(30-31절).
이 질문은 그들의 속마음, 그들이 진정으로 원하는 것이 무엇인지를 더욱 확실하게 보여주고 있다. 조상들이 하늘에서 내려오는 떡을 먹듯이 광야에서 40년 동안이나 만나를 먹은 것처럼 자기들에게도 그와 같은, 아니 그보다 더 놀라운 기적을 행해 보이라는 것이다. 그들은 자기 조상들이 광야에서 40년 동안 만나를 먹었던 것처럼 자

기들도 하늘에서 내리는 떡을 먹을 수 있다는 기대감으로 예수님께 큰소리로 요구하고 있다. 최소한 40년, 또는 그 이상의 긴 기간 동안 배부르게 먹을 수 있다는 기대감으로 말이다.

그들의 의도는 예수님이 기적을 통해서든지 어떤 방법으로든 자기들을 계속 배부르게 해주면, 부유하게 해주고 잘되게 해주면 예수님을 믿겠다는 것이다(육체의 배부름을 위해 예수님을 찾아오는 사람에게 예수님은 선행을 베풀어 주는 좋은 분일 뿐 그 이상은 아니다. 그것이 충족되지 않으면 언제든지 떠나간다).

그들은 자신들이 영적으로 어떤 처지에 놓여 있는지에 대해서는 전혀 관심이 없고 온통 세상적인 것, 육신적인 먹고 사는 문제의 해결과 정치적인 해방과 태평성대의 시대가 빨리 오기만을 고대하고 있었다. 그들은 자기들이 하나님의 선택을 받은 자들로서 사랑이신 하나님이 자기들을 위해 구원자를 보낸다면, 당연히 자기들의 요구를 충족시켜 줄 자를 보내실 거라고 생각했다(그들은 수십 년이 아니라 수백 년 동안 이것을 기도해 왔다). 이런 기대가 자기들 앞에 계시는 예수님을 알아보지 못하게 만든 것이다.

더 근본적인 이유는, 하나님 아버지께서 그들을 예수님께로 보내주시지 않았기 때문이요(37절), 예수님께로 이끌어 주지 않았기 때문이다(44절). 또한 그들은 성경을 부지런히 읽고 연구는 하였으나 하나님 아버지께 듣고 배우지 않았기 때문이다(45절). 하나님의 은혜가 아니고서는 그 누구도 예수님께 나아와 예수님을 주님으로 믿고 순종하는 삶을 살 수 없다.

또다시 기적을 요구하는 사람들에게 예수님은 이렇게 말씀하신다.

'그들이 광야에서 만나를 먹은 것은, 모세가 그들에게 하늘로부터 떡을 준 것이 아니다. 그것은 오늘날 하나님께서 너희에게 주시는 참 떡, 곧 하늘에서 내려 세상에 생명을 주는 하나님의 떡의 그림자일 뿐이다"(32-33절).

　육신의 배부름과 육체의 생명을 연장해 주는 양식이 아니라 생명, 곧 영원한 생명을 주는 떡을 주신다는 것이다. 그러나 그들은 아직도 하나님의 떡을 육신의 배부름을 위한 떡으로만 이해하고 있다. 그래서 "주여 이 떡을 항상 우리에게 주소서"(34절)라고 외쳤다.
　항상 배부르게 먹을 수 있는 떡을 간절하게 원하는 무리에게 예수님은 엄청난 선언을 하신다.

"예수께서 이르시되 나는 생명의 떡이니 내게 오는 자는 결코 주리지 아니할 터이요 나를 믿는 자는 영원히 목마르지 아니하리라"(35절).

　예수님이 하나님께서 보내신 자라면, 예수님이 자기들의 임금이 되어 자기들을 항상 배부르게 해주라고 외쳤는데, 예수님은 지금 자신이 생명의 떡, 하나님께서 세상에 생명을 주기 위해 주시는 하나님의 떡이라고 하신 것이다. 그리고 배부르기를 원하면 생명의 떡인 예수님께로 오라는 것이고, 예수님을 믿으라는 것이다. 그러면 결코 주리지 않을 것이고, 영원히 목마르지 않을 것이라는 것이다(4장의 사마리아 여인과의 대화중에 말씀하신 '생수'와 '생명의 떡'을 하나로 연결시켜서 말씀하고 있다).
　그런데 이 말씀은 무리를 복음으로 초청하는 말씀이 아니다. 예수님은 그들에게 예수님을 믿고자 하는 마음이 없다는 것을 이미 아셨다(36절). 그들은 오로지 육신을 위해 하나님께서 떡을 주시기만

을 바라고 있었던 것이다. 그럼에도 예수님이 그들을 초청하는 듯이 말씀하신 것은 그들이 하나님께로부터 정죄 받은 자임을 알게 하시기 위함이다(3:18-19 참조). 훗날 심판을 받을 때 변명의 여지가 없도록 하기 위함이다.

하늘에서 평생 떡을 내려 주기를 요구하는 그들에게 예수님은 '내가 바로 그 떡이다. 내가 생명의 떡이다. 내게 오는 자는 결코 주리지 않을 것이고 나를 믿는 자는 영원히 목마르지 않을 것이다'라고 하셨다.

이것은 사람들의 기준에서 보면 말도 안 되는 소리다. 그래서 사람들은 예수님에 대해 수군거리기 시작했다(6:41). 한마디로 정신병자라는 것이다. 자기들과 똑같은 사람으로 태어났고 예수님의 부모가 누구인지를 다 알고 있는데 자기를 하늘로부터 온 하나님의 떡, 생명의 떡이라고 말하고 있기 때문이다(42절).

수군거리고 있는 그들, 하나님을 섬기는 데 있어서 둘째가라면 서러워할 그들에게 예수님은 다시 한 번 충격적인 말씀을 하신다.

"나를 보내신 아버지께서 이끌지 아니하시면 아무도 내게 올 수 없으니 오는 그를 내가 마지막 날에 다시 살리리라 선지자의 글에 그들이 다 하나님의 가르치심을 받으리라 기록되었으되 아버지께 듣고 배운 사람마다 내게로 오느니라"(44-45절).

예수님은 앞서 "아버지께서 내게 주시는 자는 다 내게로 올 것이요 내게 오는 자는 내가 결코 내쫓지 아니하리라"(37절)고 말씀하셨다. 하나님께서는 영생을 주기 위해 택하신 자들을 예수님께로 이끄신다는 것이고, 그들은 반드시 예수님께로 온다는 것이다. 그들에게 영생을 주기 위해 예수님을 보내셨기 때문이다. 예수님께로 오지 않고 영생을 얻을 자는 아무도 없다.

하나님 아버지께서 예수님께로 이끌어 주시는 자는 반드시 예수님께로 나오게 되어 있고, 그는 예수님께로 와서 생명의 떡이신 예수님을 먹고 영생을 얻게 된다. 또한 하나님 아버지께 듣고 배운 사람마다 영생을 얻기 위해 예수님께로 오게 되어 있다. 이것은 (구약)성경을 바르게 읽고 올바르게 깨달은 사람, 성령의 조명과 감동하심으로 (구약)성경에서 예수님이 그리스도라는 것을 알게 된 자는 예수님께로 와서 예수님을 믿게 되어 있다는 것이다(오늘날 우리는 신약성경을 읽고 연구하면서도 정작 예수님을 놓치고 있지는 않는가? 예수님을 붙잡고 있는데, 사도들이 만났고 전한 예수님이 아닌 다른 예수를 붙잡고 따라가고 있지는 않는가?).

이 말은 그들에게 큰 충격이었다. 그들이 누구인가? 모세의 제자요, 성경을 부지런히 읽고 배우고 연구하는 자들이요, 어떻게 하면 말씀대로 순종할 수 있는지를 고민하며 사는 자들이었다. 그들은 하나님 때문에 죽고 사는 자들이었다.

그런데 그들이 지금 예수님께로 와서 믿고 있는가? 그들은 예수님 주변에 모여들었지만 생명의 떡이신 예수님께 오지도 않고 믿지도 않고 있다. 그러면 그들은 어떤 자라는 것인가? 아버지께 듣고 배운 사람들이 아니고, 하나님 아버지께서 예수님에게 주신 자들이 아니요, 예수님께로 이끌어 주지 않는 자들이라는 것이다. 그들이 성경을 부지런히 공부하고 연구해서 많은 지식을 가지고 있고, 자칭 성경에 기록된 대로 철저하게 지키고 있는 자들이라 할지라도, 그들은 성경을 통해 하나님 아버지께 듣고 배운 자가 아니라는 것이다.

그들은 영원한 생명을 얻도록 택함을 받은 자가 아니라는 것이다.

내 살을 먹고 내 피를 마셔라

하나님 아버지의 뜻은 택하신 자들이 아들이신 예수님을 믿어 영생을 얻는 것이고, 마지막 심판의 날에 선한 일을 행한 자로서 생명의 부활로 나오는 것이다(5:29, 여기서 선한 일은 하나님의 아들이신 예수님을 믿고 순종하는 것이고, 악한 일은 예수님을 믿지 않는 것이다. 그래서 그는 심판의 부활(지옥 심판의 부활)로 나오는 것이다). 이것은 사람이 해야 하는 일이거나 이루어야 할 뜻이 아니다. 하나님 아버지께서 주권적인 은혜로 행하시고 이끌어 가신다.

그러나 지금 유대인들은 세상적이고 육신적인 부유함과 배부름을 바라는 것 때문에 예수님의 말씀을 이해하지 못하고 있다. 그래서 예수님을 정신병자 취급하며 수군거리고 있다. 이들에게 예수님은 좀 더 강하게 말씀하신다.

"내가 곧 생명의 떡이니라 너희 조상들은 광야에서 만나를 먹었어도 죽었거니와 이는 하늘에서 내려오는 떡이니 사람으로 하여금 먹고 죽지 아니하게 하는 것이니라 나는 하늘에서 내려온 살아 있는 떡이니 사람이 이 떡을 먹으면 영생하리라 내가 줄 떡은 곧 세상의 생명을 위한 내 살이니라 하시니라"(48-51절).

그들의 조상들은 광야에서 하늘에서 내리는 만나를 먹었지만 죽었다. 만나는 하나님께서 자기 백성을 돌보신다는 증거이지만, 그들의 육체의 배고픔을 해결해 주고 육체의 생명만을 유지시켜 주기 위해 주어진 것이다. 만나는 영생을 주는 것이 아니었다. 그러나 예수님은 하나님 아버지께서 세상에 생명을 주시기 위해 하늘에서 내려 주신 살아 있는 떡이고, 이 떡을 먹으면 영생한다. 육체가 영원히 죽지 않는다는 것이 아니라, 영적으로 죽지 않는다는 것이다. 심판의 부활로 나와 영원한 지옥에 가는 판결을 받는 자가 아니라, 하나님과 화목하게 된 하나님의 자녀로서 생명의 부활로 나와 천국에서 영원히 살게 된다는 것이다. 이를 위해서는 생명의 떡이신 예수님의 살을 먹어야 하고 피를 마셔야 한다(54절).

그렇다. 예수님의 살은 참된 양식이요, 예수님의 피는 참된 음료이다(55절). 예수님의 살을 먹고 예수님의 피를 마시는 자만이 예수님 안에 거하고 예수님도 그 사람 안에 거하신다(56절). 예수님을 먹는 사람만이 영원히 살 수 있다(57-58절).

예수님이 말씀을 풀어가는 의도를 파악했는가? 몇몇 표적을 보고, 배부름을 경험한 자들이 예수님께 모여들었다. 그들은 예수님을 하나님께서 보내신 분으로 믿고 따를 마음이 없었다. 그저 예수님을 통해 자기 조상들이 만나를 먹었던 것처럼, 양식을 공급받고 싶었을 뿐이다. 오병이어 표적을 행한 후에 이들의 의도를 간파하신 예수님은 그들을 피해 산으로 가셨다.

그런데 지금 그들이 동일한 의도를 가지고 예수님께 몰려온 것이다. 예수님은 그들에게 자신이 하늘로부터 온 생명의 떡이심을 증거하셨다. 그렇다고 어떻게 해서든지 그들을 설득하고 이해를 시켜서 자신을 믿게 하려는 것은 아니었다. 왜냐하면 그들은 하나님 아버지께서 예수님께로 보내주신 자들이 아니었기 때문이다. 그럼에도 그들에게 자신을 증거하신 것은 심판의 날에 그들이 정죄를 받아 지

옥 심판을 받을 때, 그 이유를 분명하게 알게 하기 위함이었다(변명하지 못하도록).

예수님은 자신을 생명의 떡으로 증거하시는 정도로만 끝낼 수도 있었다. 다른 증거들이 그러하듯이 말이다. 그런데 예수님은 거기에서 멈추지 않고 예수님 자신의 살과 피를 마셔야만 영생을 얻을 수 있다고 말씀하셨다. 매우 야만적이지 않을 수 없다(초대교회 당시 성찬식을 행한 것 때문에 사람들은 그리스도인들이 사람의 살과 피를 먹고 마신다는 소문을 퍼트렸고, 그것은 그리스도인들이 핍박을 받게 된 또 하나의 이유가 되었다).

예수님이 매우 야만적으로(당시 사람들의 기준에서) 표현하신 분명한 이유가 있다. 그 이유가 무엇이라고 생각하는가? 그것은 하나님께서 주시는 떡을 항상 주어 먹게 해달라고 예수님께 조르고 있는 유대인들을 떨쳐내고자 하신 것이다.

오병이어 표적을 행하신 날에는 예수님이 무리를 피하여 산으로 가셨다(15절). 그러나 이번에는 예수님을 좇아온 무리를 예수님이 쫓아내셨다. 하나님의 이끄심을 받지 않고, 하나님께 듣고 배우지 못한 자들이 듣기에 매우 어렵고 야만적으로 여길 만한 내용과 표현으로 자신을 증거하심으로, 그들 스스로 예수님을 떠나가게 만드신 것이다.

이것은 예수님께 영생 얻는 방법을 물으러 온 청년에게 말씀하신 것과는 다르다(마 19:13-22 참조). 그에게는 매우 친절하게 답변해 주셨다(그의 속마음을 모르신 것이 아니었다). 그러나 여기서는 불순한 의도와 목적을 가지고 예수님께 나온 유대인 무리를 쫓아버리셨다. 예수님은 어떻게 해서든지 그들을 이해시키고 깨닫게 해서 그들 중 한 사람에게라도 영생을 주려고 하기보다, 그들을 예수님 자신에게서 완전히 떨쳐내려고 의도적으로 그렇게 말씀을 풀어 가신 것이다.

이것은 마치 어떤 것에 대해 어설프게 알고 있으면서도 잘 알고 있는 것처럼 아는 체하면서 중요한 대화에 끼어드는 사람에게, 아주 어려운 수준의 내용이나 문제를 풀게 함으로써 스스로 알아서 잠잠하게 하거나 부끄러움을 느끼고 그 자리를 뜨게 하는 경우와 같다.

'나는 너희들이 원하는 그런 자로 보냄을 받은 것이 아니다. 너희들은 육체의 배부름을 원하지만 나는 너희에게 영원한 생명을 주려고 왔다. 너희들이 사랑하고 섬기는 하나님 아버지께서 너희에게 영생을 주시기 위해 나를 생명의 떡으로 보내신 것이다. 하나님은 너희를 사랑하신다. 제발 세상적인 욕심을 버리고 나를 하나님의 아들로 너희들의 구원자로 믿기를 바란다. 나는 너희들 모두가 영생을 얻기 원한다' 등의 말로 그들을 이해시키거나 설득시키고 있지 않다는 것이다.

그렇다고 그들의 숨은 의도를 드러내어 부끄럽게 하고 회개하도록 하신 것도 아니다. 예수님은 주변에 있던 모든 사람들, 심지어 제자들(열두 제자 외의 제자들)까지도 이해할 수 없고 어려워하는 수준으로, 아니 그들이 예수님을 정신병자 취급을 할 수밖에 없는 말들을 하신 것이다.

참된 양식인 예수님의 살을 먹고 참된 음료인 예수님의 피를 마시는 자만이 영생을 가졌고, 마지막 날에 생명의 부활로 나온다는 말씀을 듣고 결국 모든 사람이 예수님을 떠나갔다. 심지어 제자 그룹에 속하는 자(열두 제자는 아니다)들조차도 예수님의 말씀을 어려워하고 수군거리면서 예수님을 떠나가고 다시는 예수님과 함께 다니지

않게 되었다(61-66절).

모두가 다 떠나고 열두 제자들만이 예수님 곁에 남아 있었다(67절). 예수님은 그들에게 "너희도 가려느냐"(67절)라고 물으신다(이 질문을 하신 예수님을 너무 인간적으로 묘사하지 말라. '열두 제자들마저 떠나면 어떡하지?'라는 식의 염려나 불안은 전혀 없으셨다. 이것은 열두 제자를 예수님이 인간적으로 택하셨다고 말하는 것이 된다. 예수님은 한순간도 외로워하지 않으셨다. 하나님 아버지께서 항상 자기와 함께하고 계심을 아셨다).

그때 시몬 베드로가 "주여 영생의 말씀이 주께 있사오니 우리가 누구에게로 가오리이까 우리가 주는 하나님의 거룩하신 자이신 줄 믿고 알았사옵나이다"(68-69절)라고 확신에 찬 어조로 대답했다. 베드로의 고백은 요한복음 1장 1-4절의 말씀을 기억하게 한다. 예수님을 태초에 하나님과 함께 계신 말씀으로 고백한 것이고, 말씀이신 예수님 안에 생명이 있음을 고백한 것이다. 그래서 예수님 외에 그 누구에게로 가지 않겠다는 것이다. 하나님 아버지께서 그로 하여금 깨닫게 하시고 고백하게 하신 것이다.

베드로를 비롯한 제자들이 사도였기 때문에 예수님을 떠나지 않고 멋들어진 신앙고백을 한 것인가? 아니다. 그들은 아직 성령을 받지 않았고 너무도 연약한 상태에 있었다. 그들은 오순절 성령 강림 이후 초대교회 성도들보다도 더 연약한 상태, 곧 세상적인 욕심을 품고 예수님을 좇고 있었고, 예수님이 잡히자 모두 도망치고, 세 번이나 부인할 정도로 보잘것없는 상태에 있었다.

그러나 그들은 하나님께서 택하신 자들이었다(가룟 유다는 다른 목적을 위해 택함을 받았다. 애굽의 바로의 경우처럼). 하나님께서 택하신 자들이었기에 끝까지 예수님 곁에 남아 있었고, 영생의 말씀이 예수님께 있음을 고백하고 있는 것이다. 하나님께서는 예수 그리스도의 이름으로 그들에게 성령을 부어주어 사도로 세우실 것이다. 사람을 낚는 어부가 되게 하실 것이다(마 4:19). 우리는 이것을 사도행전을 통해 본다. 결국 예수님이 오병이어 표적을 통해 자신을 생명의 떡이라고 가르치신 것은, 하나님 아버지께서 택하셔서 자기에게로 보내주신 열한 제자들(가룟 유다를 제외한)을 위한 것이었다. 예수님을 아는 지식과 믿음의 뿌리를 더 깊이 내리게 하고 성장시키기 위함이었다.

하나님 아버지께서 예수님께로 인도해 주시지 않은 자, 깨닫는 은혜를 받지 못한 자는 예수님의 말씀을 전혀 이해할 수 없다. 하나님 아버지와 예수님을 세상적인 복, 육신적인 복을 주시는 분 정도로, 위인들 중 한 사람으로, 정치, 경제, 인간관계, 리더십의 최고 전문가로, 사회 혁명가 정도로만 알게 된다.

예수님을 이런 분 정도로 알고 있고, 그것을 기대하는 자들은 예수님이 유일한 구원자요, 주님이라는 것에 대해 전혀 이해하지 못하고 예수님을 주님으로 모시려고도 하지 않는다. 그래서 그들은 회개하고 예수님을 유일한 구원자로 믿고 자기 삶의 주인으로 모시라고 하는 설교나 가르침에 대해서는 전혀 듣지 않으려고 한다. 다만 하나님으로부터 복을 얻는 방법, 비결을 가르쳐주는 곳으로 몰려갈 뿐이다.

생명의 떡으로 오신 목적

"내 살을 먹고 내 피를 마시는 자는 내 안에 거하고 나도 그의 안에

거하나니 살아 계신 아버지께서 나를 보내시매 내가 아버지로 말미암아 사는 것같이 나를 먹는 그 사람도 나로 말미암아 살리라 이것은 하늘에서 내려온 떡이니 조상들이 먹고도 죽은 그것과 같지 아니하여 이 떡을 먹는 자는 영원히 살리라"(56-58절).

예수님이 생명의 떡으로 오신 목적은, 하나님 아버지께서 예수님께로 오게 하여 준 자들(예수님의 살을 먹고 피를 마시는 자들) 안에 거하고, 그도 예수님 안에 거하게 하여 더불어 살기 위해서다. 이것은 예수님이 공생애를 하나님 아버지와 하나가 되어 아버지의 뜻대로 사셨듯이, 예수님을 믿는 우리도 예수님과 연합하여 예수님으로 말미암아, 예수님의 뜻대로, 곧 하나님 아버지의 뜻대로 살게 하시기 위함이다. 이것은 예수님을 내 삶의 주인으로 모시고 살아가야만 가능하다.

그러나 오늘날 많은 사람들은 예수님을 믿기 원하고 따르기 원하지만, 자기 삶의 주인으로 모시는 것은 싫어한다. 예수님을 삶의 모든 영역의 주인으로 모시기는 꺼려한다. 하나님을 위해 예배를 드리고, 헌금을 드리고, 기도하고, 여러 봉사 등은 열심히 하기 원하지만, 하나님 아버지의 주권을 인정하고 아버지의 다스림을 받는 것은 원하지 않는다. 하나님이 원하시는 것은 다 할 테니 자기 사생활은 간섭하지 말아주었으면 한다(이것은 심각한 모순이다. 하나님이 원하시는 것은 나의 삶의 구석구석까지 통치하시는 것이다). 이것은 오늘 유대인들의 무리와 똑같은 모습이라 할 수 있다.

그들에게 '하나님 아버지께서 모든 것을 주관하시고 뜻대로 이끌어 가심을 믿고, 예수 그리스도를 삶의 주인으로 모시고, 그분의 뜻대로 그분의 말씀대로 순종하십시오'라고 말하는 것은 그들을 매우 화나게 하는 것이다. 그들은 예수님을 주인으로 모시지 않고서도 얼마든지 하나님을 기쁘시게 할 수 있고, 하나님의 영광을 위해 수많은 일들을 할 수 있다고 생각하기 때문이다(실제로 가능하다. 그러나 문제는 이런 행위를 하나님께서 받아 주시느냐는 것이다. 예수님이 머리로, 주인으로 계시지 않는 상태에서 행하는 것은 사람들의 눈에는 매우 훌륭한 하나님의 일로 보이나 죽은 상태에서 하는 것이기에 하나님 보시기에 온전한 것이 하나도 없는 것이 된다. 사데 교회-계 3:2 참조). 그들이 이렇게 생각하고 행동하는 것은 그것을 통해 하나님으로부터 무언가를 더 많이 얻어 내려고 하기 때문이다. 항상 먹을 수 있는 떡을 얻고자 한 것이다.

하나님 아버지께서 오게 하여 주지 아니하시면 그 누구도 예수님께로 올 수 없다(44, 65절 참조). 하나님 아버지께서 예수님께로 인도해 주신 자가 아니면 예수님께로 와서 예수님을 주님으로 믿지 못하며 그분 곁에 계속 머물지도 못한다. 그래서 처음에는 여러 가지 의도와 목적을 가지고 예수님께로 왔다가 자기가 원하던 예수님이 아니면, 자기가 원하던 것을 얻지 못하면, 즉 교회가 자기가 원하는 대로 해주지 않으면 바로 교회를 떠나는 것이다(다른 예수를 찾아가고, 다른 예수를 전하는 사역자나 그런 교회를 찾아간다).

오늘날에는 하나님께 듣고 배우지 않은 자, 하나님 아버지의 이끄심을 받지 않고 예수님을 주인으로 모시고 있지 않은 자들이 지역교회 안에 많다(보이지 않는 교회, 주님의 몸인 교회 안에는 그런 자가 없다. 그런 자는 예수님의 몸에 지체가 될 수 없기 때문이다). 그들이 교회에 계속 머물러 있는 것은 아직 그들이 교회로부터 생명의 떡으로 오신 예수님의 살을 먹고, 그분의 피를 마셔야만 영생을 얻을 수 있다는 말을

듣지 못했기 때문이다. 예수님을 삶의 주인으로 모셔야만 영생을 얻을 수 있다는 것을 듣지 못했기 때문이다. 예수님을 주님으로 믿는 자는 당연히 말씀대로 순종하는 삶을 살게 되어 있다고 하면서, 각자의 믿음이 자기를 구원하는 믿음인지 아니면 아무짝에도 쓸모없는 죽은 믿음인지를 확인하라는 말씀을 듣지 못했기 때문이다.

이러한 가르침을 전하지 않는 것은 그들을 속이는 것이다. 예수님은 떡을 구하는 자들, 육신의 배부름을 구하는 자들의 메시아가 아니기 때문이다. 예수님은 하나님의 택하심을 받아 하나님 앞에서 자신이 죄인임을 깨닫고 죄 사함을 받아 영생을 얻고자 하는 자들의 메시아로 오신 분이다. 그들 안에 주님으로 오셔서 그들도 예수님처럼 하나님의 이름을 영광스럽게 하는 삶을 살다가 영원한 하나님 나라에 가도록 하기 위해 오신 분이다(뒤에서 언급하겠지만, 믿는 우리는 삼위일체 하나님과 함께 이 세상에서 살다가 삼위일체 하나님과 함께 영원한 하나님 나라에 가는 것이다).

"오늘 이 시간 생명의 떡으로 오신 예수님을 하나님의 아들로 믿습니다. 또한 나의 구원자요, 나의 주인으로 모십니다. 내 안에 주인으로 오셔서 나를 다스리사 하나님 아버지의 뜻대로 인도해 주옵소서. 생명의 떡으로 오신 예수님에게만, 온몸의 살이 찢기셔서 십자가에 못 박혀 모든 피를 쏟으신 예수님에게만 생명이 있음을 믿습니다. 하나님 아버지, 사랑합니다. 예수 그리스도 나의 주님, 사랑합니다. 감사합니다. 예수님의 이름으로 기도드립니다. 아멘!"

09

세상의 빛이신 예수님

"나는 세상의 빛이니 나를 따르는 자는 어둠에 다니지 아니하고 생명의 빛을 얻으리라"(요 8:12).

사도 요한은 8장에서 당시 교회 성도들에게 "예수님이 세상의 빛이시고 예수님을 따르는 자는 생명의 빛을 얻어 더 이상 어둠에 거하거나 어둠의 일을 하지 않는다"는 것을 말하고자 했다. 이것을 효과적으로 전하기 위해 예수님 당시에 있었던 사건 중에 하나인, 간음하다 붙잡힌 여자의 사건을 먼저 언급하고 있다(어떤 사본에는 이 사건이 없다-성경 난하주 참조). 이것은 매우 지혜로운 방법이다.

구약에서도 하나님은 인물이나 그와 관련된 사건, 언약을 맺는 상황 등을 통해 자신을 계시하셨다. 구약의 이야기 자체가 하나님을 나타내고 있는 것이다. 그러므로 구약을 통해 하나님을 알기 원한다면, 구약에서 신학적인 명제들이 아니라 이야기 자체를 자세히 들여다보아야 하는 것이다.

현장에서 붙잡힌 여인

8장에서도 마찬가지다. 요한이 보기에 이 사건은 예수님이 세상의 빛으로 오신 분임을 증거하는 데 있어서 아주 유용한 도구(예화)였던 것이다. 사실 간음하다 붙잡힌 여자의 사건만으로도 예수님이 빛이시라는 것이 거의 다 증거되고 있다(사건의 핵심을 놓치지만 않는다면). 12절은 사건을 통해 증거된 예수님에 대해 정리한 것에 불과하다.

예수님이 성전에서 백성들을 가르치고 있을 때, 서기관들과 바리새인들이 음행 중에 잡힌 여자를 끌고 와서 그 여자를 많은 사람들 가운데 세워 놓고 예수님께 묻는다.

> "선생이여 이 여자가 간음하다가 현장에서 잡혔나이다 모세는 율법에 이러한 여자를 돌로 치라 명하였거니와 선생은 어떻게 말하겠나이까" (8:4-5).

이것은 어떻게 해서든지 예수님의 꼬투리를 잡아 당시 사람들로부터 예수님을 고립시키거나 고소할 거리를 찾아 종교재판에 넘기기 위해서였다. 서기관들과 바리새인들이 누구인가? 율법을 전문적으로 연구하고 해석하여 가르치고, 필사를 해서 보존하는 일을 하는 자들이다. 그런데도 그들은 간음하다 현장에서 붙잡힌 여자를 데리고 와서 예수님께 정면으로 율법문제를 들이민 것이다. 그것도 토론을 하기 위해서가 아니라, 율법을 범한 한 여자를 죽느냐 사느냐의 갈림길에 세워 놓고 예수님을 몰아붙인 것이다. 이것은 예수님이 어떻게 대답하느냐에 따라 율법을 충실하게 지키는 자인지 아니면 율법을 무시하는 자인지 결정되는 상황이었고, 어떻게 대답하든지 간에 그들의 의도대로 꼬투리를 잡힐 수밖에 없는 상황이었다.

그들의 의도를 간파하신 예수님은 몸을 굽혀 손가락으로 땅에 무언가를 쓰시고는(6절), 다그쳐 묻는 그들에게 "너희 중에 죄 없는 자가 먼저 돌로 치라"(7절)고 말씀하셨다. 예수님은 그들의 일반적인 양심, "털어서 먼지 안 날 사람이 없다", "죄 없는 자는 없다"는 말과 같이 누구나 일반적으로 인정하는 양심에 근거하여 말씀하신 것이 아니다. 여기서 '너희'는 율법을 연구하고 가르치고 보존하는 일을 하는 서기관들과 바리새인들이다. 그리고 율법은 지켜져야 하고, 율법을 어기는 자에게는 율법이 정한 대로 벌이 집행되어야 한다고 목소리를 높이고 백성들을 위협하는 자들이다. 한마디로 율법을 잘 안다고 하는 자들이다. 이들에게 "너희 중에 죄 없는 자가 먼저 돌로 치라"고 말씀하신 것이다.

하나님을 아는 자요, 하나님께서 주신 율법을 아는 자라면 자신이 죄인이라는 것을 알고 있다. 자기에게도 율법에 저촉되는 수많은 죄가 있다는 것을 안다. 율법의 중요한 역할 중에 하나가 바로 이것이기 때문이다. 예수님은 그들이 진정 율법을 아는 자라면 자신들에게도 그 여자처럼 간음한 죄는 아닐지라도 죄가 있다는 것을 알 것이기에 그것을 기억하게 만드신 것이다. 그래서 예수님이 "너희 중에 죄 없는 자가 먼저 돌로 치라"고 하자, 돌을 들고 음행한 여자를 죽

이겠다고 으르렁거리던 사람들이 하나둘 그 자리를 떠나갔다.

율법의 궁극적인 목적은 율법을 아는 자들이 서로의 죄를 지적하고 비난하며 정죄하여 죽이게 하는 것이 아니라, 죄를 인정하고 하나님께로 돌이키게 하여 살리는 것이다. 그들이 하나님 앞에서 죄인임을 확인하고, 하나님의 은혜의 보좌 앞으로 함께 나아가 죄를 속하는 제사를 드리게 하는 것이다. 신약으로 말하면 죄인들을 예수님께로 인도하는 초등교사가 되어, 그들로 하여금 예수님을 믿고 의롭다 함을 얻게 하고 하나님 아버지를 예배하게 한다(갈 3:24 참조). 율법이 없으면 그럴 필요가 없다. 그런 일이 일어나지 않는다. 하나님이 아니시면(하나님을 하나님으로 인정하지 않으면) 죄는 성립하지 않는다. 사람들끼리의 잘잘못일 뿐이요, 그것도 사회의 구조적인 문제 때문이요, 잘못을 하게 만드는 다른 사람의 탓일 뿐 나의 책임은 아니게 된다.

결국 모든 사람들이 양심의 가책을 느껴 그 자리를 떠나가고 예수님과 그 여자만 남게 되었다(8:9). 그때 예수님이 그 여자에게 "여자여 너를 고발하던 그들이 어디 있느냐 너를 정죄한 자가 없느냐"고 물으셨고, 여자는 "주여 없나이다"라고 대답한다(10-11절). 그러자 예수님은 여자에게 "나도 너를 정죄하지 아니하노니 가서 다시는 죄를 범하지 말라"(11절)고 말씀하신다.

서기관들과 바리새인들은 하나님께서 모세를 통해 주신 율법을 가지고 여자를 정죄하고 비난하며 죽이려고 했다. 그러나 예수님은 그 여자를 정죄하지 않고 용서해 주셨다. 예수님은 그 여자를 정죄하고 죽이려 했던 자들도 정죄하지 않았다. 다만 그들이 아는 율법에 의해 그들도 죄인임을 알게 하셨다. 정죄한다는 것은 최종적인 판결을 내린다는 것이다. 유죄 판결을 내렸다는 것이고, 그에 따른 형벌이 최종적으로 선고된다는 것이다. 예수님은 정죄하러 오신 것이 아니라, 하나님 앞에서 사람들의 유죄, 무죄를 가리는 기준으로 오신 것이다. 최종적인 판결(심판)은 다시 오셔서 죄의 유무에 따라 하실 것이다.

다시는 죄를 범하지 말라

예수님이 세상의 빛으로 오신 것은 자기를 믿고 따르는 자들, 곧 하나님 아버지께서 자기에게로 오게 하신 자들이 더 이상 어둠에 다니지 않고 생명의 빛을 얻어 빛 가운데 살게 하시기 위함이다(12절, "예수께서 또 말씀하여 이르시되 나는 세상의 빛이니 나를 따르는 자는 어둠에 다니지 아니하고 생명의 빛을 얻으리라"). 그러므로 "나도 너를 정죄하지 아니하노니 가서 다시는 죄를 범하지 말라"고 하시는 예수님의 모습을 통해, 어둠에 다니던 여자를 빛 가운데로 이끄시고 빛의 삶을 살라고 말씀하시는 예수님의 모습을 볼 수 있다.

복음은 죄를 용서해 주기만 하는 것이 아니다. 복음은 죄를 용서해 주고 나서 다시는 죄를 범하지 말라고 한다. 그리고 복음은 이전처럼 어둠 가운데서 죄의 종노릇하지 않도록 하고, 습관적으로 죄를 짓지 않도록 해주며, 진리의 말씀대로 순종하게 한다. 이것이 복음의 능력이다. 복음의 중심은 예수 그리스도이며, 예수 그리스도는 생명이요 빛이시다. 그래서 복음을 듣고 복음의 능력을 경험한 자는 더 이상 죽은 자처럼 살 수가 없고 어둠 가운데 살 수가 없다.

어둠 가운데 산다는 것은 세상에 속한 자요, 땅에 속한 자라는

것이다. 그러기에 세상적인 것들을 좋아하고 육체의 본능(죄의 본성) 대로 온갖 죄를 지으며 산다는 것이다. 그러면서도 부끄러움을 모르고 돌이키려고도 하지 않는다. 그들은 어둠의 일, 밤의 일을 하면서 산다. 어둠의 일, 밤의 일은 무엇인가?

"음행과 온갖 더러운 것과 탐욕은 너희 중에서 그 이름조차도 부르지 말라 이는 성도에게 마땅한 바니라 누추함과 어리석은 말이나 희롱의 말이 마땅치 아니하니 오히려 감사하는 말을 하라 너희도 정녕 이것을 알거니와 음행하는 자나 더러운 자나 탐하는 자 곧 우상 숭배자는 다 그리스도와 하나님의 나라에서 기업을 얻지 못하리니"(엡 5:3-5).

"밤이 깊고 낮이 가까웠으니 그러므로 우리가 어둠의 일을 벗고 빛의 갑옷을 입자 낮에와 같이 단정히 행하고 방탕하거나 술 취하지 말며 음란하거나 호색하지 말며 다투거나 시기하지 말고 오직 주 예수 그리스도로 옷 입고 정욕을 위하여 육신의 일을 도모하지 말라"(롬 13:12-14).

세상의 빛으로 오신 예수님을 믿고 따르는 자들은 이와 같은 어둠의 일을 행하지 않고 생명의 빛을 좇아 살게 된다. 간음하다 현장에서 붙잡힌 여자는 예수님의 용서를 받았기에 다시는 그런 삶을 살지 않아야 한다. 그렇다. 그녀는 다시 가서 음행을 하면 안 되는 것이다. 그것이 그녀가 예수님의 용서를 받은 자요, 예수님을 믿는 자라는 증거다(죄를 짓는 직업-자신이 죄를 짓거나 다른 사람으로 하여금 죄를 짓게 하는 일-을 가진 자가 예수님을 믿고 따르게 되면 직업을 바꾸어야 한다).

이제 세상의 빛이신 예수 그리스도 안에서 하나님 아버지와 사귐이 있는 삶, 화목하여 동행하는 삶을 살게 된다(요일 1:5-10). 이것이 바로 하나님의 말씀을 바로 아는 것이고, 세상의 빛이신 예수님을 주님으로 믿고 따르는 것이며, 하나님 아버지를 아는 것이다(19절).

그러나 바리새인들처럼 하나님의 말씀을 알고 가르친다고 하면서 성도들을 외모로, 세상적인 기준으로 판단하고 정죄하며 차별하는 것은 빛이신 예수님을 모르는 자요, 하나님 아버지를 모르는 자이다(15절). 그는 말씀의 진정한 의미를 알지 못하거나 지적으로는 박사 수준이나 말씀대로 순종하게 하는 말씀의 능력을 경험해 보지 못한 껍데기 목회자, 설교자, 교사일 뿐이다. 또한 여전히 어둠의 일을 행하며 사는 자, 은밀하게 또는 드러나게 죄를 지으며 사는 자이다. 돈과 쾌락에 대해서 깨끗하지 않은 자는 세상의 빛이신 예수님을 믿는 자가 아니다. 그들은 세상에 속한 자요, 땅에 속한 자들이다(23절).

지도자라는 자(목회자, 설교자, 교사 등)의 삶에서 그런 모습을 보게 되거든 그에게서 도망쳐라. 지역교회 안에서 그런 삶의 모습이 용납되고, 그런 자들이 외모(세상적인 기준)로 판단을 받아 아무런 거리낌 없이 성직(聖職)을 받거든 그곳으로부터 도망쳐라.

예수님이 간음하다 붙잡힌 여자에게 행하신 일은 예수님이 '세상의 빛'이요, '생명의 빛'이심을 확실하게 보여주었다. 또한 그 일은 율법을 주신 하나님 아버지, 그리고 말씀이신 예수님을 보내신 하나님 아버지께서 기뻐하시는 일이었다. 이것은 하나님 아버지께서 예수님과 함께, 예수님 안에서 예수님을 통해 하신 일이었다(29절).

여기서 또다시, 세상의 빛이신 예수님을 통해 하늘에 속한 자, 하나님께 속한 자와 땅에 속한 자, 세상에 속한 자가 구분되고 있다. 율법, 곧 하나님의 말씀과 하나님을 안다고 하나 실상은 하나님 아버지를 모르는 자와 참으로 하나님 아버지를 알고 하나님의 말씀을

바로 아는 자가 구분되고 있다.

예수님만이 세상의 빛이시다. 그 빛의 밝기를 더하기 위해 우리가 예수님에게 무언가를 더해 드릴 수는 없다. 예수님은 생명이요 빛이신데, 완전한 생명이요 완전한 빛이시기 때문이다.

그러면 우리 삶이 예수님의 빛으로 가득하게 되고, 다른 사람과 세상을 향해 그 빛을 온전하고 선명하게 비치게 하기 위해서는 어떻게 해야 하는가? 빛이신 예수님이 우리 삶의 한가운데, 곧 주인의 자리에 항상 계시게 하는 것이다. 이것이 바로 예수님을 따른다는 의미이다. 사람들은 등불을 켜서 바가지로 덮어 놓지 않고 등경 위에 얹는다(마 5:15). 왜냐하면 그래야만 집안 모든 사람들에게 다 비춰지기 때문이다.

예수님을 믿는 우리는 참 빛이신 예수님을 모셨기 때문에 우리도 빛이다. 우리 빛은 방 한 칸의 빛이 아니라 세상의 빛이다. 산 위에 있는 동네가 훤히 드러나게 비추는 빛이다(5:14). 하나님 나라의 백성으로 택함을 받은 자들의 삶이 그러하다는 것이다. 세상에 빛을 비치게 하려고 노력하라는 것이 아니라, 예수님을 모시면 참 빛이신 예수님의 빛이 그를 통해 비쳐 나가게 되어 있다는 것이다.

이런 사람은 더 이상 어둠의 일, 밤의 일을 좋아하지 않는다. 혹 자기의 약함이나 실수로 그런 일들을 하게 되면 즉시로 하나님께 회개하고 그 죄에서 돌이킨다. 그 사람 안에 계시는 예수님, 삼위일체 하나님께서 그를 거룩하고 깨끗한 그릇으로 빚어가기 때문에 그는 점점 더 온전한 삶을 사는 자가 되어간다.

그래서 그의 인격과 삶의 모습을 통해서 예수님의 모습이 점점 더 온전하게 나타나게 된다. 그는 이제 어떤 일이든지 자기의 욕심과 의를 내세우기 위해서 하지 않는다. 또한 자기가 하는 일을 하나님을 위해 하는 일이라고 포장하지도 않는다. 그는 하나님 아버지께서 원하시는 일, 소원을 주시고 상황과 환경을 조성하셔서 하게 하시는 일을 행한다.

이것을 전제로 그가 예수 그리스도 안에서 하나님 아버지의 영광을 위해 한다고 하는 일(또는 사역)이 다른 믿음의 지체(교인이 아니라 거듭난 하나님의 자녀)를 시험에 들게 하여 죄를 짓게 하거나, 교회를 떠나게 하고 예수님을 떠나게 하는 경우는 없다. 다른 지체가 그 일 때문에 실족한다면, 그 일은 하나님께서 원하시는 일이 아니거나 아니면 실족하는 그가 하나님의 자녀가 아닌 것이다.

예수님이 행하신 일과 가르침에 분을 품고 예수님을 대적하는 자들과 예수님을 믿지 않고 예수님께 실족(실망)하여 예수님을 떠나간 자들은 하나님 아버지의 택하심을 받지 못했기 때문이다. 예수님의 양은 예수님이 하시는 일과 가르치시는 말씀에 결코 실족하지 않는다. 오히려 그 말씀에 자기를 쳐서 복종시킨다.

자유롭게 하시는 예수님

"너희가 내 말에 거하면 참으로 내 제자가 되고 진리를 알지니 진리가 너희를 자유롭게 하리라"(8:31-32).

간음하다 현장에서 붙잡힌 여자에 대한 판결은 과연 세상의 빛, 생명의 빛이신 예수님다운 판결이었다. 그 판결을 들은 자들은 양심에 가책을 느껴 하나둘 그 자리를 떠났다. 꼬투리를 잡아 예수님을

궁지에 몰아넣으려고 들이민 율법이, 간음을 행한 여자만이 아니라 율법을 근거로 그녀를 죽이려고 했던 서기관들과 바리새인들, 그리고 많은 유대인들로 하여금 스스로 죄인임을 인식하게 만든 것이다. 빛이신 예수님이 그들로 하여금 그들 삶속에 있는 어둠의 일들을 보게 하신 것이다. 이 사건을 통해 그들은 자신들이 죄인임을 알았다. 자기들이 생명을 얻지 못한 자요, 어둠의 일을 하고 있는 자라는 것을 안 것이다.

예수님이 자신을 세상의 빛이라고 증거하는 말씀을 통해 모인 자들 중에 많은 자들이 예수님을 믿게 되었다(30절). 예수님은 그들에게 다음과 같이 말씀하신다.

"그러므로 예수께서 자기를 믿은 유대인들에게 이르시되 너희가 내 말에 거하면 참으로 내 제자가 되고 진리를 알지니 진리가 너희를 자유롭게 하리라"(31-32절).

이것은 예수님을 믿겠다고 주변에 머물러 있는 자들에게 예수님을 믿는다는 것이 무엇인지를 분명하게 말씀하심으로 그들의 숨은 의도를 드러내고자 하신 말씀이다. 예수님을 믿는다는 것은 예수님의 말씀에 거하는 것이요, 순종함으로 제자가 되는 것이다. 이에 못 미치는 것은 믿는 것이 아니다(오늘날에는 더 많은 자들을 제자로 포함시키기 위해 믿음을 여러 단계로 세분화시켜 버렸다. 그러다 보니 예수님을 믿지 않는 자, 거듭나지 않은 자도 믿는 자로, 제자로 분류되고 있다).

이 말씀은 "누구든지 나를 따라오려거든 자기를 부인하고 자기 십자가를 지고 나를 따를 것이니라"(마 16:24)는 말씀과 같은 의미다. 하나님의 은혜로 예수님을 주님으로 믿게 된 자는 반드시 자기를 부인하고 예수님을 따르게 되어 있다(성화의 과정을 전제함). 그래서 예수님을 믿는다고 하면서도 예수님 앞에서 한 번도 자기를 부인해 본 적이 없는 자는 아직 예수님을 믿는 자가 아닌 것이다(《내 안에 예수님께서 사시는 중보적인 삶》, pp. 87-94 참조).

역시나 이 말을 들은 유대인들은 곧바로 예수님의 말씀에 이의를 제기한다. 그들은 제자가 되라는 말에는 관심이 없었고, 다만 자기들은 아브라함의 자손으로서 종이 된 적이 없어서 자유롭게 될 필요가 없다고 반박한다. 종이 된 적이 없다는 것은 정치, 경제적으로 식민지나 노예가 된 적이 없다는 것이 아니라, 종교적으로 자기들은 아브라함의 자손으로서 어떤 나라의 식민지로 있든지 간에 하나님의 선택을 받은 하나님의 백성이라는 것이다. 종교적으로 종이 된 적이 없다는 것이다(그들은 하나님의 종이 아니라, 장로의 유전의 종이 되어 있었다).

"진리가 너희를 자유롭게 하리라"고 하신 말씀은 무슨 뜻인가? 이는 그들이 아직 자유롭지 못한 상태에 있다는 것을 전제하고 하신 말씀이다. 하나님과의 관계에서 무엇이 우리로 자유롭지 못하게 하고 하나님과 화목한 관계를 맺지 못하도록 방해하는가? '죄'다. 그러므로 우리를 자유롭게 한다는 것은 죄에서 자유롭게 한다는 것이다(34절). 죄를 범하는 자마다 죄의 종인데, 하나님의 아들이신 예수님이 죄의 종이 된 자들을 자유롭게 하면 그들은 자유롭게 된다(34-36절). 혈통적으로 아브라함의 자손이라고 해서 죄에서 자유로울 수는 없다. 하나님과의 관계에서 자기의 죄로 말미암아 자유롭지 못한 존재가 되는 것이다. 죄의 종, 마귀의 종이어서 자유롭지 못한 것이고, 죄 때문에 거룩하신 하나님 앞에서 자유롭지 못한 것이다.

그러므로 진리가 자유롭게 한다는 것은, 예수님이 죄 문제를 해결해 주어 하나님과 화목하게 해준다는 것이다. 화목하게 된 자들은 하나님의 인도하심으로 말씀대로 순종하는 삶을 살게 된다. 의롭다 함을 입은 자는 실제로 의롭고 거룩하게 사는 것이다. 그것이 "진리로 거룩하게 하옵소서 아버지의 말씀은 진리니이다"(17:17)라는 예수님의 기도의 응답이다. 그것이 "말씀으로 깨끗하게 하사 거룩하게 하시고 자기 앞에 영광스러운 교회로 세우사 티나 주름 잡힌 것이나 이런 것들이 없이 거룩하고 흠이 없게 하려 하심이라"(엡 5:26-27)는 말씀의 의미이다.

죄의 종이 된 자들은 자기가 행하는 일이 죄인 줄도 모르고 늘 죄를 지으며 산다. 죄에 대한 인식도 없고, 죄를 짓고 난 후엔 죄책감을 갖지도 않고, 부끄러워하지도 않는다. 자기가 지은 죄의 대가나 결과를 생각하지도 않고, 그에 대한 심판을 생각하지도 않는다. 그래서 그는 너무도 자연스럽게, 또는 당당하게 죄를 지으며 살아간다.

지금 누가 이렇게 살고 있다는 것인가? 예수님을 믿는다고 하면서 예수님 주변에 머물고 있는 자들, 자기들을 아브라함의 자손이라고, 그래서 누구의 종이 된 적이 없다고 하면서 자기의 죄에 대해서는 무감각한 자들이다.

예수님도 그들이 혈통적으로 아브라함의 자손이라는 것을 인정하신다. 그러나 예수님의 말씀, 곧 예수님이 그들 안에 있을 곳이 없다는 것도 아셨다(37절). 그들은 예수님의 말씀 안에, 말씀이신 예수님 안에 거하기를 원하지 않았고, 도리어 예수님을 잡아 죽이려고 했다(37절). 왜냐하면 그들이 자기들의 아버지는 아브라함이라고 주장하는 것과 달리 아브라함이 그들의 아버지가 아니기 때문이었다.

만약 아브라함이 그들의 아버지였다면, 그들은 예수님을 환영하고 예수님의 말씀 안에 거하기를 기뻐했을 것이다(39-40절). 그들의 말이 아니라, 그들의 행동이 그들의 정체를 드러냈다.

예수님은 하나님 아버지께 들은 진리를 말씀하고 계시고, 유대인들은 그런 예수님을 받아들이지 않고 죽이려고 하고 있다. 그러면 둘 중에 한 사람은 하나님이 그들의 아버지가 아니라는 것이다(40-41절). 그러자 그들은 발끈하여 "우리가 음란한 데서 나지 아니하였고 아버지는 한 분뿐이시니 곧 하나님이시로다"(41절)라고 소리를 질렀다. 그러자 예수님은 그들에게 단호하게 말씀하신다.

"예수께서 이르시되 하나님이 너희 아버지였으면 너희가 나를 사랑하였으리니 이는 내가 하나님께로부터 나와서 왔음이라 나는 스스로 온 것이 아니요 아버지께서 나를 보내신 것이니라…너희는 너희 아비 마귀에게서 났으니 너희 아비의 욕심대로 너희도 행하고자 하느니라 그는 처음부터 살인한 자요 진리가 그 속에 없으므로 진리에 서지 못하고 거짓을 말할 때마다 제 것으로 말하나니 이는 그가 거짓말쟁이요 거짓의 아비가 되었음이라…하나님께 속한 자는 하나님의 말씀을 듣나니 너희가 듣지 아니함은 하나님께 속하지 아니하였음이로다"(42-47절).

유대인들의 주장처럼 그들이 진정 아브라함의 자손이고, 더 나아가 하나님께서 그들의 아버지셨다면 그들은 반드시 지금 자기들 앞에서 진리를 말씀하고 계시는 예수님을 메시아로 인정하고, 예수님을 사랑하고, 예수님의 말씀 안에 거하게 되었을 것이다. 왜냐하면 하나님께서는 예정하신 자기 자녀들을 반드시 예수님께로 인도하시

고 예수님을 구주요, 주님으로 믿고 따르게 하시기 때문이다.

그러나 예수님을 사랑하지 않고 도리어 대적한 것은 그들이 하나님께로부터 난 자들이 아니요, 마귀에서 난 자들이라는 것을 스스로 증명하고 있는 것이다. 그들은 하나님께 속한 자들이 아니었다. 그들은 지금 죄의 종이 된 상태에 있고, 그것은 그들이 거짓의 아비요, 살인한 자인 마귀에게서 난 자라는 것이다. 한마디로 "그 아버지에 그 아들"인 것이다.

하나님을 아버지라고 부르지만, 예수님을 하나님의 아들로, 주님으로 믿지 않는 자, 예수님이 자기의 주인 되기를 거부하는 자는 하나님께로부터 난 자가 아니다. 그는 하나님의 자녀가 아니다(1:12 참조). 동시에 예수님의 가르침, 곧 진리를 받아들이지 않고 그 진리에 순종하지 않는 것은, 그가 하나님께 속한 자가 아니라는 것을 분명하게 증거한다. 그는 하나님을 아버지라고 부르지만 하나님께서는 한 번도 그의 아버지가 되신 적이 없다. 이런 사람은 혈통으로나 육정으로나 사람의 뜻으로 유대인이 되었거나 유대교에 들어왔는지는 모르지만, 하나님께로부터 난 자들은 아니다(1:13 참조).

오늘날로 말하면 이들은 믿는 부모의 자녀로 태어나 자동적으로 교회에 다니게 되었거나, 자기의 욕심(바라는 것이 있어서)이나 누군가가 강력하게 권함으로 교회에 등록하여 다니지만 아직 하나님의 자녀가 되지는 못한 자라는 것이다. 그는 교회 안에 머물고 있지만 여전히 죄와 허물로 죽은 자요, 공중 권세를 잡은 자, 곧 불순종의 아들들 가운데서 역사하는 영을 좇는 자요, 진노의 자녀인 것이다(엡 2:1-3). 하나님께로부터 난 자, 성령님의 인도하심을 따라 예수님을 믿게 되는 자가 예수님을 주님(주인)으로 믿고 따르지 않는 경우는 없다.

예수님의 말씀을 들은 유대인들은 예수님을 "사마리아 사람"이라고 하면서 예수님을 개나 돼지라고 비난했고, 예수님을 귀신들린 사람으로 취급하였다(48절). 심지어 그들은 돌을 들어 예수님을 치려고까지 했다(59절). 예수님을 음행하다가 현장에서 붙잡힌 여자와 동일하게 취급한 것이다. 이것은 스스로 자기들은 하나님께 속한 자가 아니요, 하나님에게서가 아니라 마귀에게서 난 자요, 그의 종임을 증명하고 있는 것이다.

"빛이 어둠에 비치되 어둠이 깨닫지 못하더라"(1:5).

사람들의 실체가 드러나다

6장의 오병이어 표적에서는, 자기들의 배부름을 위해 예수님께 다시 몰려온 그들의 속셈을 드러내고, 인간의 지혜로는 도저히 이해할 수 없는 매우 심오한 말씀 – 자기의 살과 피를 마셔야만 영생을 얻는다는 말씀 – 을 하심으로 결국 열두 제자 외에 모든 사람들을 떠나보내셨다. 예수님은 육신의 배부름을 위한 떡이 아니라, 하나님 아버지께서 보내신 생명의 떡, 곧 먹는 자에게 영생을 주는 떡이신 것이다.

마찬가지로 8장에서도 예수님 주변에 모여 믿는 척하는 자들의 실체를 드러내어 그들과 예수님 자신을 분리시키고 있다. 예수님을 믿는다고 하는 유대인들의 믿음의 실체를 적나라하게 드러내신 것이다. 그들의 믿음은 하나님께로부터 온 믿음이 아니라, 그저 자기들의 호기심과 불순한 동기와 목적을 가진 믿음일 뿐이었다는 것이 드러났다. 그들은 실제로 죄의 종이요 마귀의 자식이면서 자기들이 혈통적으로 유대인이요, 아브라함의 자손이라는 자부심을 가지고 예

수님을 믿는 척한 것임이 드러난 것이다.

어둠 가운데 거하면서 어둠의 일을 행하는 자들의 실체를 드러내신 예수님은 참으로 세상의 빛이신 것이다. '빛은 어둠을 몰아낸다'는 것보다 '빛은 어둠의 일들을 드러낸다'는 말이 실제적으로는 더 맞다. 참 빛이신 예수님이 세상에 오심으로 그 가운데 있는 자들 중에 마귀에게 속한 자와 하나님께 속한 자가 누구인지 분명하게 드러났다. 또한 빛이신 예수님은 사람들의 삶의 구석구석에 있는 어둠의 일들을 드러내어 그들로 대면하게 하신다. 예수님을 만난 사람, 예수님을 주님으로 알고 믿는 사람에게는 반드시 이런 과정이 있다. 그리고 이것은 성화의 과정 속에서 지속적으로 일어난다(요한일서 1장 참조).

어떻게 드러났는가? 예수님을 주님으로 믿지 않은 것과 예수님의 말씀을 그대로 받아들이지 않고 순종하지 않은 것, 그리고 이것을 요구하시는 예수님을 향해 분노하는 모습을 통해서 그들이 어둠에 속하여 어둠의 일을 하는 자라는 것이 드러나고 증명되었다.

오늘날로 말하면 예수님을 믿는다고 하고 하나님을 사랑한다고 하면서 교회에 속해 있는 사람들에게 이렇게 말하는 것이다.

"여러분이 예수님을 믿기 원하다면 예수님만을 주님으로 모시고 예수님이 가르치신 말씀대로 순종하는 예수님의 제자가 되어야 합니다. 그래야만 여러분은 하나님과 화목하게 되어 자유하게 됩니다. 바로 이런 자가 하나님의 자녀이고, 그가 바로 하나님께로부터 난 자들입니다. 그들은 더 이상 어둠의 일을 행하지 않고 빛 가운데서 행하는 자입니다. 빛 가운데 행하는 자는 더 이상 어둠의 일에 참여하지 않습니다.

그러나 만약 예수님을 믿기는 원하지만 말씀대로 순종하기를 거부하거나 어둠의 일들을 버리지 않는다면 여러분은 아직도 어둠에 속한 자입니다. 하나님 아버지께 속한 자가 아니라 마귀에게 속한 자입니다. 그러므로 진정으로 예수님을 믿기 원한다면 어둠의 일을 회개하고 예수님을 주님으로 모시고 그분의 말씀대로 순종하십시오."

이 말에 대해 보이는 반응이 그들이 누구에게 속한 자인지, 하나님께 속한 자인지, 마귀에게 속한 자인지, 하늘에 속한 자인지, 세상에 속한 자인지를 분명하게 증명한다.

예수님은 하나님을 사랑한다고 하고 예수님을 주님으로 믿는 척하며 자기들끼리 모여 여러 종교적인 활동과 종교적인 사업을 하는 자들로부터 숨어 버리시고 그들로부터 떠나가신다. 지역교회에 모이는 자들이 예수님을 개인의 주님으로, 또한 교회의 머리로 모시고 있지 않고 있다면, 그들의 삶이나 교회의 모임과 사역이 예수님의 말씀대로 순종하는 것이 아니라면 그들의 모임에 예수님이 안 계신 것이다. 이미 떠나가신 것이다. 그들만 모르고 있을 뿐이다. 일곱 금 촛대 사이를 거니시는 예수님이 교회의 촛대를 옮기신 것이다(계 2:5). 촛대가 옮겨져도 교회는 더욱 성장할 수 있다(부흥이 아니라 규모가 커지고 재정이 늘어나는 성장).

세상의 빛으로 오셔서 믿는 자들로 하여금 생명의 빛을 얻게 하시고 빛 가운데서 살게 하시는 예수님만이 우리를 참으로 자유롭게 하신다. 예수님만이 죄의 종이었던 우리를 죄에서, 죄만 짓게 하는 마귀의 속박으로부터 자유롭게 하시고 하나님과 화목하게 하신다.

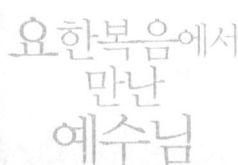

예수님이 우리의 주님이 되셔서 우리를 진리로 인도해 가심으로 우리로 하여금 말씀대로 즐거이 순종하게 하심으로 하나님 아버지 앞에서 자유하게 하신다.

"우리를 자유하게 하시려고 예수님을 보내주신 하나님 아버지를 찬양합니다. 우리를 자유하게 하신 예수님을 찬양합니다."

10

눈을 뜨게 하시는 예수님

"내가 세상에 있는 동안에는 세상의 빛이로라"(요 9:5).

사도 요한은 8장과 9장을 통해 예수님이 세상의 빛으로 오신 분임을 증거하고 있다. 8장에서 간음하다 현장에서 붙잡힌 여자의 사건으로 예수님이 세상의 빛이심을 증거하기 시작해서 9장에서 태어날 때부터 시각 장애인인 사람의 사건으로 마무리를 짓는다.

예수님이 세상의 빛으로 오신 것은 하나님께서 택하신 자들이 예수님으로 말미암아 빛의 자녀가 되어 착하고 의롭고 진실하게 살게 하기 위함이며(엡 5:8-9), 이로 말미암아 하나님 아버지와 예수 그리스도와 더불어 믿는 자들이 서로 사귐이 있게 하려 함이다(요일 1:2, 7).

그러나 8장에서 유대인들은 자기들 앞에 참 빛이신 예수님이 서 계셨지만 깨닫지 못하고 예수님을 대적하여 죽이려고 했다. 이로써 그들은 혈통적으로 아브라함의 자손이고 하나님이 자기들의 아버지 라는 그들의 믿음과 확고한 정체성과는 달리 마귀의 자식들이요, 세 상에 속한 자들임이 드러났다. 예수님에 의해 자기들의 실체가 드러 났을 때, 그들은 또다시 돌을 들어 예수님을 죽이려고 했었다.

사도 요한은 이들에 대해, 그리고 예수님이 빛이시라는 것에 대해 초대 성도들에게 더 깊이 이야기해 주고 싶었다. 그래서 날 때부터 시각장애인이었던 사람이 눈을 뜨게 되고, 그로 인해 전개되는 이야기 – 눈을 뜨게 된 사람과 바리새인들의 논쟁(13-34절), 그리고 그들에 대한 예수님의 선언(35-41절) 등 – 를 통해 예수님이 세상의 빛이요, 생명을 주는 빛이심을 극적으로 증거하고 있다. 시각장애인이 눈을 뜨게 된 사건은 간음하다 현장에서 붙잡힌 여인의 사건처럼, 예수님이 세상의 빛으로 오신 분임을 증거하기 위한 예화(실제 사건인 예화)이다. 예수님은 보지 못하는 자들은 보게 하고 보는 자들은 영적인 맹인이 되게 하려고 세상의 빛으로 오신 것이다(9:39).

9장의 말씀은 1장에서 예수님에 대해 명제적으로 선언한 말씀 중에 대조적인 말씀을 다시 생각나게 한다. 바리새인을 중심으로 한 유대인들과 눈을 뜨게 된 사람이 대조적이다. 바리새인의 경우는 "빛이 어둠에 비치되 어둠이 깨닫지 못하더라"(5절)는 말씀과 "참 빛 곧 세상에 와서 각 사람에게 비추는 빛이 있었나니 그가 세상에 계셨으며 세상은 그로 말미암아 지은바 되었으되 세상이 그를 알지 못하였고 자기 땅에 오매 자기 백성이 영접하지 아니하였다"(9-11절)

는 말씀에 해당된 자다.

반대로, 눈을 뜨게 된 사람은 "영접하는 자 곧 그 이름을 믿는 자들에게는 하나님의 자녀가 되는 권세를 주셨으니 이는 혈통으로나 육정으로나 사람의 뜻으로 나지 아니하고 오직 하나님께로부터 난 자들"(12-13절)에 해당된다.

하나님께로부터 난 자들은 비록 어둠 가운데 살고 있지만, 그에게 예수님이 찾아오시면(그에게 예수 그리스도의 복음이 전해지면) 그는 자기에게 빛이 비추고 있다는 것과 자신이 하나님을 거역하고 어둠 가운데 살고 있다는 것을 깨닫게 된다. 그리고 그는 참 빛이신 예수님이 생명을 주기 위해 오신 분이심을 깨닫는다. 그래서 그는 예수님을 믿고 영접하여 하나님의 자녀가 되는 권세를 얻게 된다. 그리고 성전이신 예수 그리스도 안에서 하나님 아버지께 영과 진리로 예배하게 되고 예수님의 말씀 안에 거하여 말씀에 순종하는 자가 되고 예수님의 제자의 삶을 살게 된다.

사도 요한은 1장 1-18절에서 예수님에 대해 선언한 말씀을 1장 19절 이후부터 실제 인물들과 사건들을 통해 시각적이고 역동적으로 풀어가고 있다. 그 가운데서 예수님께 긍정적으로 합당하게 반응한 자들은 소수에 불과하다(열두 제자들, 사마리아 여인과 그 동네 사람, 니고데모, 38년 된 병자, 간음하다 붙잡힌 여자, 날 때부터 눈이 먼 자 등이다. 그들 중에 니고데모를 제외한 나머지 사람들은 당시 종교, 정치, 경제 분야의 기득권자들에게 의해 차별과 소외를 당하고 심지어 저주와 정죄를 받던 자들이다). 이것은 요한복음을 듣고 읽은 초대 성도들에게 충격으로 다가왔을 것이고, 더불어 큰 확신과 감사를 불러일으켰을 것이다.

태어나면서부터 눈이 먼 자가 예수님에 의해 눈을 뜨게 된 사건은, 모든 시각 장애인들에게 예수님을 통해 눈을 뜨게 되고 시력을 회복할 수 있다는 소망을 주기 위한 것이 아니다. 특히 A.D. 80년경 초대교회 성도들에게 이와 같은 기대를 갖게 하기 위해 기록한 것은 더더욱 아니다(예수님의 이름으로 병 고침을 받는 일들도 일어났겠지만, 그들은 믿음 때문에 죽느냐 사느냐의 기로에 서 있었다).

태생적으로 눈이 먼 사람이 예수님을 만나 눈을 뜨게 된 사건을 기록한 목적은 무엇인가? 세상의 빛이신 예수님이 어둠 가운데 있는 자들 중에 하나님께서 택하신 자들에게 빛을 주어 보게 함으로, 그들로 하여금 예수님을 믿고 영접하여 하나님과 화목하게 되고 자유롭게 하시는 분이라는 것을 증거하는 것이다.

반대로 눈은 뜨고 있지만 하나님께로부터 나지 않은 자들은, 빛이 비추지만 깨닫지 못해 자기들 앞에 계시는 예수님을 하나님의 아들로 구원자로 믿지 못하기 때문에, 그들이 바로 눈 뜬 소경이라는 것을 말해 준다.

전자는 하나님께로부터 난 자, 곧 하나님의 이끄심을 받은 자요, 하나님께 듣고 배운 자이며 하늘에 속한 자요, 하나님께 속한 자이다. 후자는 성경을 배워 알고 있고 예수님을 믿는다고 하나 예수님을 주님으로 믿지 않고 말씀대로 순종하지 않는 자다. 그래서 그는 하나님께로부터 난 자가 아니요, 자기의 의지와 뜻으로 결단하여 예수님을 믿겠다고 하는 자요, 교회 공동체의 일원일 뿐이요, 그래서 아직 땅에 속한 자요, 하나님이 그의 아버지가 아닌 자이다. 하나님께서 한 번도 그의 아버지가 되어 주신 적이 없는 자이다.

태어날 때부터 시각 장애인이었던 사람은 다른 많은 병자들이 고침을 받는 경우와 다르다. 많은 병든 자들이 예수님께 와서 고침을 받았으나 그들 모두가 구원을 받고 예수님을 따르는 자가 된 것은 아니다. 그러나 실로암 못에 가서 씻고 눈을 뜨게 된 이 사람은, 예수님이 세상의 빛이심을 증거하고, 이를 깨닫는 자는 세상의 빛이신 예수님을 알아보게 되고 믿고 영접하게 된다는 것을 증거하기 위해 특별하게 선택받은 자이다.

그러므로 예수님이 길을 가시다가 그를 만난 것도 결코 우연이 아니고, 그가 태어날 때부터 시각 장애인이었던 것도 우연이 아니었다. 예수님의 말씀처럼 그 사람의 죄 때문도 아니고 그의 부모의 죄 때문도 아니었다(3절). 부모가 하나님께 지은 죄 때문에 그에 따른 징계로 자녀나 손자들에게 불행한 일이 일어나기도 하지만, 이 사람의 경우는 그렇지 않았다. "그에게서 하나님이 하시는 일을 나타내고자"(3절 하반절) 하신 것이다.

그렇다고 하나님이 하시는 일이 그 사람을 고쳐서 육신의 눈을 뜨게 하신다는 것만은 아니다. 하나님께서 예수님을 세상의 빛으로 보내신 것은 병든 자들을 고치시기 위해서만이 아니다. 하나님께서 예수님을 보내셔서 하시는 일은 무엇인가?

"주의 성령이 내게 임하셨으니 이는 가난한 자에게 복음을 전하게 하시려고 내게 기름을 부으시고 나를 보내사 포로 된 자에게 자유를, 눈 먼 자에게 다시 보게 함을 전파하며 눌린 자를 자유롭게 하고 주의 은혜의 해를 전파하게 하려 하심이라"(눅 4:18-19).

하나님께서 예수님을 보내셔서 하고자 하신 일은 복음을 전하는 것이다. 택하신 자들로 하여금 눈을 떠서 예수님을 알아보게 하여

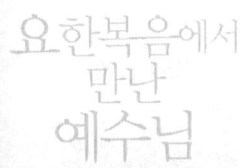

예수님을 믿고 영접하여 하나님의 자녀가 되게 하는 일이다. 그러므로 눈 먼 자들의 눈을 뜨게 하신다는 것은 3장에서 예수님이 니고데모에게 "사람이 거듭나지 아니하면 하나님의 나라를 볼 수 없느니라"(3절 하반절), "사람이 물과 성령으로 나지 아니하면 하나님의 나라에 들어갈 수 없느니라"(5절 하반절)고 하신 것처럼 거듭나게 하신다는 것이다.

사람이 스스로 눈을 뜨거나 거듭날 수는 없다. 오직 하나님의 주권적인 은혜로만 눈을 뜨고 거듭날 수 있다. 하나님께서 자녀로 택하신 자들이 때가 되면 거듭나게 되고 거듭난 자만이 예수님을 하나님의 아들이요, 구원자와 자기의 주님으로 믿고 영접하게 되는 것이다 (영접기도나 신앙고백을 따라서 하는 것이나 학습이나 세례 문답을 할 때 '아멘'으로 대답하는 것이 거듭남의 증거는 아니다. 세례 자체가 그 증거인 것도 아니다).

예수님이 하시는 일은 죄의 종, 마귀의 종으로, 죄와 허물로 죽어 있는 자들에게 빛을 비추어 생명을 주는 것이요, 더 이상 어둠 속에서 죄의 종으로서 어둠의 일을 하는 자가 아니라, 진리이신 예수님으로 말미암아 자유롭게 되어 빛 가운데서 하나님 아버지와 예수님과 함께 교제를 나누며 사는 자가 되게 하는 일이다. 이제는 그 누구도, 마귀도 그를 주관하지 못하고 오직 예수님이 그의 주님이 되셔서 말씀대로 사는 자가 되게 하는 것이다.

세상의 빛이신 예수님에 의해 눈을 뜨게 된 자, 생명의 떡이신 예수님의 살과 피를 먹고 마신 자들에게 이것은 지극히 당연하게 경험되는 삶이다. 예수님을 믿는다고 하나 이런 삶의 열매가 없는 자는 엄밀히 말해 아직 눈을 뜨지 못하고 있는 자다.

세상의 빛으로 오신 예수님을 만난 자는 예수님을 하나님의 아들로, 구원자로 알고 그 앞에 엎드려 예수님을 구주로, 주님이요, 임금으로 모시게 되어 있다. 그는 그 누구의 제자가 아니라, 예수님의 제자가 되어 예수님의 말씀, 곧 진리를 행하는 자가 된다. 그는 육신적인 질병이 고침 받을 수도 있고 그냥 육체의 약함이나 질병을 평생 가지고 갈 수도 있다. 하나님 아버지께서 그를 통해 이루실 일에 따라 고쳐서 쓰시기도 하고, 사도 바울처럼 평생 약함을 가지고 살게 하실 수도 있다. 이것은 하나님 아버지의 주권적인 뜻에 따라 결정되는 것이다(하나님은 무조건 당첨되는 복권이 아니다).

여러분은 여러분의 의지나 결단, 다른 사람의 강요로 예수님을 믿게 되었는가? 육신적이고 세상적인 문제를 해결하기 위해 예수님을 믿고 교회에 나가기로 결정했는가? 아니면 여러분 자신이 죄인이라는 것을 인정하고, 여러분을 죄와 지옥 심판에서 구원할 자는 십자가에 못 박혀 죽으셨다가 다시 살아나신 예수님밖에 없음을 알고 믿은 것인가? 거듭나서 교회에 다니지는 않았지만 다니는 중에 거듭나서 회심하는 은혜를 경험하게 되었는가? 여러분은 예수님께 엎드려 항복했는가?

여러분이 예수님 앞에 엎드려 항복하고 주님(임금)으로 모셨다면 세상의 빛이신 예수님이 여러분의 눈을 뜨게 하신 것이다. 여러분은 자유를 얻은 자요, 예수님의 제자이다. 그리고 하나님 아버지께서 예수 그리스도 안에서 성령으로 말미암아 여러분을 제자답게 빚어 가실 것이다. 이 일에 있어서 하나님 아버지는 결코 실패하지 않으신다.

"이르되 주여 내가 믿나이다 하고 절하는지라 예수께서 이르시되 내가 심판하러 이 세상에 왔으니 보지 못하는 자들은 보게 하고 보는 자들은 맹인이 되게 하려 함이라 하시니"(9:38-39).

"그는 주님, 내가 믿습니다 하고 말하고서 예수께 엎드려서 경배하였다. 예수께서 또 말씀하셨다. 나는 이 세상을 심판하러 왔다. 못 보는 사람은 보게 하고, 보는 사람은 못 보게 하려는 것이다"(9:38-39, 표준새번역).

11

선한
목자이신
예수님

"나는 선한 목자라 나는 내 양을 알고 양도 나를 아는 것이 아버지께서 나를 아시고 내가 아버지를 아는 것 같으니 나는 양을 위하여 목숨을 버리노라 또 이 우리에 들지 아니한 다른 양들이 내게 있어 내가 인도하여야 할 터이니 그들도 내 음성을 듣고 한 무리가 되어 한 목자에게 있으리라"(요 10:14-16).

9장에서 예수님은 세상의 빛으로 오신 예수님, 눈을 뜨게 하여 예수님을 주님으로 알아보고 믿게 하여 영생을 얻게 하시는 예수님을 보고도 믿지 않는 유대인들이 진짜 눈이 먼 자라는 것을 말씀하셨다. 차라리 육신의 눈이 멀어 예수님을 보지 못했다면, 말씀을 알

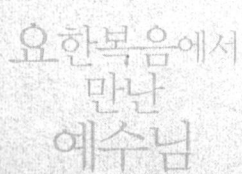

지 못했다면 죄가 없었을 것이나 눈앞에 있는 예수님, 진리를 말씀하고 계시는 예수님을 보면서도 믿지 않음으로 그들은 확실한 죄인이 되었다(9:41). 이것은 그들이 하나님의 택하심을 받지 못했기 때문이요, 하나님 아버지께서 그들을 예수님께로 인도해 주시지 않았기 때문이다.

날 때부터 눈이 먼 사람에게는 빛이 되어 그의 눈을 뜨게 해주셨지만, 유대인들에게는 빛이 되어 주신 것이 아니라, 빛을 비추어 그들이 얼마나 어둠 가운데 깊이 파묻혀 사는 자인지를 드러내신 것이다. 아브라함의 자손이요, 모세의 제자이며 하나님의 자녀요, 하나님을 사랑한다고 하지만, 정작 자신을 가장 사랑하는 자요, 세상의 돈과 권력과 대접 받는 것을 좋아하는 자요, 어둠의 일을 행하는 자라는 것을 드러내신 것이다. 그래서 그들이 예수님을 향해 분노하고 죽이려고 한 것이다.

여기서 다시 한 번 중요하게 언급하고 넘어가야 할 것은 이것이다. 사도 요한은 "예수님은 이런 분이시다"는 것을 당시 초대 성도들(극심한 핍박과 고난을 당하고 있는 성도들)에게 확실하게 심어주고자 했다. 이를 위해 예수님과 유대인들의 대립과 갈등의 상황을 최대한 살려 예수님에 대한 증거를 극대화시키고 있다.

또한 그 과정에서 누가 하나님의 택하심을 받아 하나님께 속한 자이며, 하늘에 속한 자인지, 그리고 누가 마귀에게 속한 자이며, 땅(세상)에 속한 자인지를 확연하게 구분하고 있다. 이것은 요한복음을 읽는 독자들로 하여금, 예수님이 부르시고 구원을 선포해 주시는 자와 예수님과 매번 대립하고 대적하는 자들 사이에서, 자신들이 지금 어떤 자로 어느 편에 서 있는지를 점검하게 하고 확신을 갖게 해준다. 이를 통해 그들의 믿음이 더욱 견고해지고 확실한 소망을 갖게 되는 것이다.

중간지대는 없다. 변명의 여지도 없다. 3장에서 니고데모와의 대화를 통해 거듭났는지의 여부를 진단할 수 있고, 4장에서 사마리아 여인과의 대화를 통해 예수 그리스도 안에서 하나님 아버지께 영과 진리로 예배하는 자인지 아닌지를 알 수 있다. 5장에서 유대인들에 대한 말씀을 통해서는 진정 하나님을 사랑하는 자인지 아닌지를 알 수 있고, 6장의 오병이어 표적을 통해서는 하나님 아버지께서 주신 생명의 떡을 먹고 영생을 얻은 자인지 아닌지를 알 수 있다. 8장과 9장을 통해서는 세상의 빛이신 예수님에 의해 눈을 뜨고 예수님을 주님으로 모시고 따르고 있는지, 아니면 아직도 눈을 뜨지 못해 어둠에 속하여 어둠의 일을 하고 있는지를 알 수 있다. 이 모든 것이 자기가 하나님께로부터 나서 하나님의 이끄심을 따라 예수님께로 인도함을 받은 자인지 아닌지를 알게 하는 근거들이다.

이 모든 구분의 기준은 예수 그리스도이며 예수 그리스도를 중심으로 사람들을 구분하시는 분은 하나님 아버지이시다. 하나님 아버지께로부터 난 자들만이 예수 그리스도 안에서 하나님 아버지께 속하게 된다. 이것은 개개인에게만이 아니라, 교회를 주님의 몸인 교회로서 거룩하고 순결한 공동체, 머리이신 예수님의 말씀대로 순종하며 사는 공동체로 세우기 위해 교회에 속한 자들에 대해서 분별하는 지침으로도 주어진 것이다.

요한복음 10장의 선한 목자와 양에 대한 말씀은 이 모든 것에 대해 쐐기를 박는 말씀이다(하나님께 속한 자인지, 아니면 세상의 권세를 넘겨

받은 마귀에게 속한 자인지에 대해). 그 말씀은 양의 우리에 대한 비유로 시작된다(1-5절).

양의 문

비유의 핵심은 "목자는 자기 양을 알고 양은 자기 목자의 음성을 알고 따라간다"(2-4절)는 것이다. 예수님은 목자일 뿐만 아니라 "양의 문"(7절)이시다. 그러므로 예수님보다 먼저 양들의 목자라고 주장하며 목자 행세를 하는 자들은 다 절도요 강도다(8절). 여기서 "양들"은 불특정 다수의 사람들을 가리키는 것이 아니라, 하나님께로부터 난 자, 하나님께서 구원하여 자녀의 권세를 얻게 하려는 자들이다.

양들은 참 목자의 음성을 알기에 목자 행세를 하는 자들의 음성을 따르지 않았다(8절). 이것은 구약의 역사에서 하나님께서 택하신 자들의 경우를 두고 하신 말씀이다. 그때 양들은 절도요 강도들에 의해 내어쫓김을 당하기도 했고 죽임을 당하기도 했다(아합 왕 시대에 이세벨에 의해 죽임당한 선지자들이 대표적인 경우이다. 그들은 하나님의 말씀을 청중들의 기호를 감안하여 지혜롭고 부드럽게 전하지 않아 죽임을 당한 것이 아니다).

또한 자칭 메시아라고 주장하며 유혈사태를 일으켜 수많은 사람들을 죽게 만들었던 자들이 절도요 강도이다(행 5:36-37, 드다와 갈릴리의 유다의 경우). 하나님 아버지를 알고 아버지께서 보내실 메시아가 어떤 분인지, 그분이 무엇을 하러 오시는지를 바르게 아는 자들, 곧 하나님의 택하심을 입은 양들은 그들의 선동적인 말(음성)을 듣지 않고 그들의 일에 참여하지 않는다는 것이다. 그들이 하나님의 이름으로 말하고 그것이 하나님을 위하는 일처럼 보일지라도 피를 흘리는 일이라면 그것은 하나님께로부터 온 것이 아니다.

예수님의 이름으로 행해지는 성전(聖戰)은 없다. 그것 자체가 모순이다. 예수님의 이름을 가장 욕되게 하는 행위이다(중세시대 가톨릭 진영과 개신교 진영의 전쟁, 예루살렘을 되찾겠다고 행해진 십자군 전쟁, 개종을 목적으로 피를 흘리게 하는 행위 등). 하나님께서 보내시는 메시아는 민족 해방이나 부국강병을 위해 오시는 것이 아니다.

선한 목자

"나는 선한 목자라 선한 목자는 양들을 위하여 목숨을 버리거니와" (10:11).

양이 생명을 얻을 수 있는 방법은 오직 한 가지, 양의 문이신 예수님을 통해 들어가는 것이다(9절). 예수님을 지나 하나님 아버지께로 들어가야만, 예수님으로 말미암아 하나님과 화목하게 되어야만 양이 생명을 얻을 수 있고 더 풍성히 얻을 수 있다(10절). 생명을 더 풍성히 얻는다는 것은 더 많은 생명이 아니라, 생명을 얻은 자로서 생명을 누리며 사는 것이다.

아이가 태어나는 것이 생명을 얻은 것에 그치지 않고, 성장하여 생명을 가진 자로서의 삶을 살아가는 것처럼, 예수님 안에서 하나님과 동행하는 삶, 곧 생명을 풍성하게 누리는 삶을 살게 하기 위해 예수님이 양의 문으로, 목자로 오셨다는 것이다. 이것은 목자이신 예수님이 양들을 위해 자기 목숨을 버려야만 성취되는 것이다. 예수님의 죽으심이 양들의 선한 목자라는 확실한 증거이다(11절).

선한 목자이신 예수님은 자기 양이 누구인지를 분명하게 아셨고, 자기 양들을 위해 목숨을 버리려고 오신 것이다(14-15절). 예수님은

하나님 아버지께서 예수님을 아시듯이 자기 양들을 아셨고, 예수님의 양도 예수님이 오셔서 부르시면 본능적으로 알아본다. 그래서 아직 우리 안에 들어오지 않은 다른 양(당시 택함을 받았으나 아직 전도를 받지 않은 자와 택함을 받은 자로서 예수님이 다시 오실 때까지 세상에 태어날 자)들도 그들의 목자이신 예수님의 음성을 들으면 바로 알아듣고 예수님께로 나오게 된다(16절).

하나님 아버지와 예수님이 서로에 대해 아시는 것과 같이 선한 목자로서 자기 양을 아신다는 것은 무슨 의미인가? 하나님 아버지와 예수님은 하나이다(30절). 서로를 완전한 사랑으로 사랑하고 기뻐하는 관계이다. 특히 아들이신 예수님이 하나님 아버지를 안다는 것은 아버지의 뜻에 철저하게 순종하며 산다는 것을 의미한다.

이처럼 예수님이 자기 양을 아신다는 것은 양을 완전한 사랑으로 사랑하고 기뻐한다는 것이다. 그래서 그 양을 위해 목숨을 버리는 것이다. 양의 처지가 불쌍해서, 안 도와주면 안 될 것 같은 상황임을 알기 때문에 어쩔 수 없이 도와주는 차원이 아니다. 자기 양이 하나님의 진노를 받아 마땅한 자요, 죄와 허물로 죽은 상태에 있음에도 불구하고(엡 2:1-3), 그 양이 하나님 아버지께서 자기에게 주신 양이기에 완전한 사랑으로 사랑하고 기뻐하여 그를 위해 즐거이 십자가를 지신 것이다.

이런 사랑을 받은 양도 예수님을 알되 자기를 위해 죽어 주신 예수님과 연합한 자로서 예수님을 안다는 것이다(롬 6:5). 그 사랑이 목자와 양을 하나로 연합하게 한 것이다. 이것은 요한복음 15장의 포도나무 비유에서와 같이 '예수님이 내 안에, 내가 예수님 안에'(5절) 거하는 상태를 말한다. 하나님 아버지의 이끄심을 받아 예수님을 아는 자는 예수님의 말씀대로 순종하게 된다. 목자의 사랑이 양으로 하여금 자발적으로 순종하게 하는 것이다. 그러므로 자칭 양이라 하는 자가 예수님의 말씀대로 순종하기를 거부한다면 그는 아직 목자의 사랑을 알지 못한 자다. 양이 아니다.

예수님은 이 일에 대한 모든 권세를 하나님 아버지께로부터 받아 주도적으로 이루어 가신다(10:17-18). 이 일을 방해할 세력은 전혀 없다. 양들을 얻기 위해서는 반드시 죽어야만 했기에 죽으신 것이고, 양들의 영원한 목자가 되려면 다시 살아나야만 했기에 살아나신 것이다(하나님께서 다시 살리신 것이다). 사단 마귀가 예수님을 죽여 버리고 승리에 도취되어 있을 때, 하나님 아버지께서 다시 살리셔서 상황을 역전시킨 것이 아니다. 마귀는 어떻게 해서든지 예수님이 십자가를 지는 일에 실패하기를 원했다. 죽지 않기를 원했다는 것이 아니라, 하나님 아버지께 온전한 순종, 완벽한 순종을 하는 데 있어서 부족한 죽음을 죽기 원했다.

당시 수많은 포로들이나 죄수들이 십자가에 매달려 죽은 것처럼 죄인의 한 사람으로 죽기를 원했다. 그래서 광야에서 끈질기게 예수님을 유혹했고, 틈만 나면 예수님으로 하여금 하나님의 뜻에 반하여 능력을 사용하고, 사람들이 원하는 임금이 되라고 유혹했던 것이다(《내 안에 예수님께서 사시는 중보적인 삶》 중에서 'IX. 영적 전쟁, 1. 예수님의 영적 전쟁' 참조).

그러나 우리가 잘 아는 것처럼, 예수님은 하나님 보시기에 흠이 없는 자로서 자발적으로 즐거이 십자가를 지심으로 완전한 순종을 하셨다. 그래서 우리가 예수님으로 말미암아 하나님 앞에서 의롭다 함을 얻을 수 있는 것이다.

여기서 또다시 유대인 중 많은 사람들, 특히 바리새인을 중심으로 한 지도층에 있는 자들의 자존심이 매우 상했다. 그래서 그들은 예수님이 귀신 들려 미쳤다고 하면서 예수님의 말씀을 더 이상 들을 필요가 없다고 했다(20절). 반면에 한쪽에서는 귀신 들린 자는 그런 말을 할 수 없다고 하면서 예수님을 옹호하기도 했다(21절).

그러나 오병이어 표적(6장)이나 날 때부터 눈이 먼 자의 눈을 뜨게 한 사건(9장)에서와 같이 예수님을 드러내놓고 대적한 유대인이든, 우호적인 태도를 취한 유대인들이든 결국에는 그들 모두가 한마음이 되어 예수님을 죽이려고 했던 것처럼, 여기서도 결국 한마음이 된다.

수전절(B.C. 164년에 유다 마카비가 예루살렘 성전을 청결하게 하고 다시 봉헌한 것을 기념하는 절기. 유대인들만의 명절)에 예수님이 성전에서 거니실 때, 유대인들이 예수님을 둘러싸고 그리스도라면 밝히 말씀해 달라고 요청한다(22-24절).

예수님이 이미 자신을 그리스도라고 밝히지 않으셨던가? 한 번도 아니고 수차례에 걸쳐서, 그것도 여러 표적들을 통하여 밝히 말씀하셨다. 그런데도 지금 유대인들은 확실하게 말해 달라고 요구한다. 그것도 유대인의 명절인 수전절에 말이다(사도 요한은 매우 의도적으로 수전절에 있었던 사건을 기록하고 있다).

그 이유가 무엇이겠는가? 그들은 과거 예루살렘 성전을 더럽힌 자들을 몰아내고 성전을 깨끗하게 하여 하나님께 봉헌했던 유다 마카비를 민족의 구원자요 영웅으로 인정하고 있었고, 그날을 민족적인 명절로 정해 기념하고 있었다. 당시 유대인들은 마카비를 자기들의 그리스도(메시아)로 여기고 따랐다. 이런 경험을 가지고 있었던 유대인들이 예수님께 그리스도라면 밝히 말씀해 달라는 것은, 말로만

이 아니라 최소한 마카비와 같이 유대 민족을 구원할 만한 어떤 일을 해보라는 것이다.

그러자 예수님은 그동안 하나님 아버지의 이름으로 행한 일들이 하나님께서 보낸 그리스도라는 것을 증거한다고 말씀하신다(25절). 그럼에도 불구하고 그들이 예수님을 그리스도로 알지 못하고 믿지 않고 있다는 것은, 그들이 선한 목자이신 예수님의 양이 아니기 때문이다(26절). 양이 아닌 자들이 목자에게 '우리가 당신을 목자로 인정해 줄 만한 어떤 위대한 일을 행해 보라'고 요구하고 있는 것이다.

여기서 우리는 분명하게 기억해야 한다. 수전절이 유대 민족에게는 중요한 명절일지 모르나, 하나님께는 아무런 의미가 없다. 하나님의 관심은 성전 건물을 지키느냐에 있지 않고 백성들이 말씀대로 순종함으로 거룩하게 사는 데 있다. 수전절은 하나님을 위한다는 미명 아래 자기들의 열심을 가지고 성전 회복 운동을 펼치면서 하나님과 상관없는 피를 흘린 것이다. 그러므로 성전을 회복하기 위해 싸우다 죽은 자나 성전을 지키려다가 죽은 자들은 순교자가 아니다(단지 유대 민족 차원의 순교자일 뿐이다).

예수님도 수전절에 대해서 별 의미를 부여하지 않으신다. 하나님 아버지께 영과 진리로 예배하게 할 성전으로 오신 예수님이 건물적인 성전에 관심을 가지실 리가 없다(마 24:1-2 참조, 예루살렘 성전 파괴에 대한 예언 성취는 A.D. 66년에 로마에 대항하여 무력항쟁을 일으킨 대가로 A.D. 70년에 파괴되었다. 예언이 초월적으로 성취된 것이 아니라, 유대인들이 원인을 제공한 결과로 성취된 것이다).

사도 요한은 수전절에 예수님이 성전에서 유대인들과 대화하시는 사건을 통하여 예수님이 수전절과 같은 또 다른 명절(기념일)을 만드

는 독립운동가로 오신 그리스도가 아니라, 선한 목자로 오신 그리스도이심을 더욱 효과적으로 증거하고 있다.

예수님께 유다 마카비와 같은 독립운동 지도자와 같은 역할을 해 달라고 요구하는 유대인들은 예수님의 양이 아니었다(다윗 왕과 같은 메시아를 기대하는 유대인들도 예수님의 양이 아니다. 유대인이 예수님의 양이라면 그는 죽기 전에 예수님을 그리스도로, 주님으로 믿게 되어 있다).

"내가 너희에게 말하였으되 믿지 아니하는도다 내가 내 아버지의 이름으로 행하는 일들이 나를 증거하는 것이거늘 너희가 내 양이 아니므로 믿지 아니하는도다"(25-26절).

이제까지 예수님이 행하신 표적들과 말씀하신 진리들이 예수님이 하나님께서 보내신 자요, 그리스도임을 증거하는 것이었는데도 그들은 믿지 않았다. 그렇다. 이제까지 예수님이 행하신 일, 증거하신 말씀 등 모든 것은 하나님 아버지께서 예수님과 함께 계시면서 하신 것이다. 단지 예수님이 하나님 아버지의 이름으로 행한 것들이 아니다.

예수님이 아버지의 이름으로 행하셨다는 것은 30절의 말씀과 같이 예수님이 하나님 아버지와 하나인 상태에서 행하셨다는 것이다. 예수님이 아버지 안에, 아버지께서 예수님 안에 함께하고 계셨다(요한복음 17장 참조, 이에 대해서는 따로 나눌 것이다). 그러므로 예수님이 하신 일들은 하나님 아버지께서 예수님 안에서 예수님을 통해 하신 일들이었고, 하나님 아버지를 나타내는 일이기도 했다. 그런데도 자칭 하나님 마니아라고 하는 유대인들은 예수님을 알아보지 못했다(예수님이 그들의 눈높이에 맞추어 그들을 이해시키거나 설득시키지 못해서가 아니다).

양은 목자의 음성을 듣는다

"내 양은 내 음성을 들으며 나는 그들을 알며 그들은 나를 따르느니라"(27절).

예수님의 양은 목자인 예수님의 음성이 들리면 그 음성이 자기 목자의 음성임을 알아듣고 곧바로 따르게 되어 있다. 다시 말해서 그들은 예수님이 자기를 위해 대신 죽어 주시고 다시 살아나신 참 목자, 선한 목자임을 알고 목자의 음성을 따라 살게 된다는 것이다.

예수님의 양이 예수님의 음성을 고의적으로 거부하는 경우는 거의 없다. 양은 목자를 거역하거나 떠나는 것이 얼마나 위험하고 끔찍한 결과를 가져오는지를 잘 알고 있기 때문이고, 양이 목자의 음성을 따라가는 것은 거의 본능적이기 때문이다. 본능적이라 함은, 양이 목자의 음성을 듣고 따라가는 것은 배가 고프면 밥을 먹고 목이 마르면 물을 마시는 것과 같고, 방광에 소변이 차면 밖으로 배출하는 생리적인 현상과 같이 자연스러운 일이라는 것이다.

양이 선한 목자의 음성을 거역하지 않는 가장 큰 이유는 그분이 선한 목자이시기 때문이다. 선한 목자이신 예수님이 자기를 사랑하사 어떠한 죽음을 죽어 주셨는지를 너무도 잘 알기 때문이요, 예수님과 연합한 자가 되어 살아가는 삶이 어떠한 삶인지를 알고 경험하기 때문이다. 그러나 예수님의 음성을 들었으나 따르지 않은 자는 그가 예수님의 양이 아니기 때문이다. 다른 이유는 없다.

예수님의 음성은 무엇인가? 사도 요한은 10장에 이르기까지 예수님이 하신 진리의 말씀을 염두에 두고 예수님의 양은 예수님의 음성

을 듣고 따른다고 말하고 있다(8:40 참조). 그럼에도 일부 사역자나 그들을 따르는 자들은 이 구절을 근거로 '하나님의 음성'을 들을 수 있고, 그 음성을 따라야 한다고 주장하고 가르친다(자기들은 '왕의 음성'을 듣는다고 하면서).

예수님이 말씀하신 '음성'이 그들의 주장처럼 기도 중에 듣게 되는 음성인가? 기도 중에 음성을 듣는 경우에 대해 부인하지는 않지만, 그 음성은 여기서 말씀하신 양이 듣는다는 음성이 아니다.

하나님 아버지께로부터 나서 예수님의 양이 된 자들이 듣게 되고 따르게 되는 예수님의 음성은 작게는 사복음서(마태, 마가, 누가, 요한복음)에 기록된 예수님의 말씀이고, 크게는 신약성경과 구약성경의 모든 가르침이다(종교법이나 이스라엘 민족에게만 해당되는 법들을 제외한 말씀들을 신약, 곧 새 언약 안에서 올바르게 재해석한 가르침들이다).

자칭 깊은 영성을 추구한다고 하는 자들 중에는, 기록된 말씀에는 순종하지 않으면서 기도 중에 음성을 듣기 원하고, 예언을 원하고, 환상만을 보고자 하는 자들이 있다. 그들은 그것을 성경과 동등한, 실제적으로는 더 큰 권위를 부여하고, 그것을 따르고, 그것으로 사람들을 통제하고 다스린다.

이런 사람들은 예수님을 인격적으로 믿고 따르는 자들이 아닐 가능성이 높다. 이런 자들을 조심해야 하고, 예수님과 사도들이 가르쳐준 분별의 기준으로 꼼꼼히 확인해 보아야 한다(그들의 삶의 모습은 어떠한지, 사도들이라면 그들을 교회 지도자로, 목사, 장로, 선교사 등으로 안수를 해서 세웠을 사람인지를 보고 분별해야 한다. 이에 더하여 그가 예수 그리스도의 십자가를 올바르게 전하고 있는지, 그렇게 했던 사도들처럼 살아가고 있는지를 점검해 보아야 한다(《공동체를 빛으시는 하나님의 손》, pp. 243-262 참조).

예수님의 양은 예수님의 음성을 듣고 예수님을 따르는 삶을 산다. 그들은 영생을 얻어 예수님과 영원히 함께 살게 된다. 그들은 이제 영원히 멸망하지 않을 것이며, 예수님의 손에서 그들을 빼앗을 자는 없다. 왜냐하면 그들을 예수님께로 이끌어 주신 분이 만물보다 크신 하나님 아버지이기 때문이요(28-29절), 양들의 목자이신 예수님도 하나님 아버지와 동등한 권세와 능력을 가지셨기 때문이다.

양들이 영원히 멸망하지 않는, 아니 멸망할 수 없는 또 하나의 이유는 예수님이 선한 목자가 되어 양을 위해 죽어 주심으로 그들을 얻었기 때문이다. 선한 목자의 죽음은 양을 얻기 위한 죽음만이 아니라, 그를 영원히 지키기 위한 죽음이기도 하다. 왜냐하면 예수님의 죽음은 택함을 받은 자들이 죽어야 할 죽음을 대신 죽어 주신 것이기 때문이다. 그래서 그들은 더 이상 죽을 수도 없고 죽어서도 안 된다. 이제 그들을 죽일 수 있는 세력은 없다. 예수님이 부활하심으로 죄와 사망의 권세를 영원히 이기셨고, 예수님의 양들도 예수님과 더불어 영원한 승리자가 됨으로 죽음을 초월한 자들이 되었기 때문이다.

이것은 예수님의 양들이 고난이나 어려움, 핍박을 전혀 받지 않는다는 것이 아니다. "도둑이 오는 것은 도둑질하고 죽이고 멸망시키려는 것뿐"(10절)이라는 말씀은 도둑은 양들을 훔쳐서 지옥 자식으로 만들기 위해 온다는 것이다.

예수님이 바리새인들과 서기관들에게 화를 선언하시면서 "너희는 교인 한 사람을 얻기 위하여 바다와 육지를 두루 다니다가 생기면 너희보다 배나 더 지옥 자식이 되게 하는도다"(마 23:15)라고 말씀하신 것과 같은 의미다. 도둑은 믿는 자들의 삶을 힘들고 어렵게 만

들고 고난을 받게 하지만, 그렇다고 예수님이 그 모든 것들을 물리치고 평안하게 해주시는 것이 아니다(이는 잘못된 기복주의 신앙이다).

그러므로 양들이 멸망하지 않고, 양들을 빼앗기지도 않으신다는 것은 양들이 다시는 영원한 죽음, 지옥의 심판을 받지 않게 된다는 것이다. 그렇다고 그가 예수님을 믿은 후에 자기 마음대로 죄를 지으며 살아도 지옥에 가지 않는다는 말이 아니다. 하나님의 인도하심을 따라 예수님을 주님으로 믿는 자는 자기 마음대로 사는 자가 아니다. 예수님이 그의 목자가 되어 그를 이끌어 가신다(그리스도의 영이요, 하나님의 영이신 성령으로 말미암아).

비록 그가 죄를 짓는 경우가 있더라도 그는 선한 목자이신 예수님을 따르며 사는 자다. 예수님은 자기 양이 다시는 죄의 종, 곧 죄를 스스럼없이 지으며 사는 자가 되지 않게 하신다. 징계를 통해 다시 돌이키게 하시고 합력하여 선을 이루신다(롬 8:28; 히 12:6). 마귀는 예수님(하나님)의 허락이 없이는 절대로 양을 유혹하거나 헤치지 못하고 죄를 짓게 하지 못한다.

예수님을 대적하여 이길 세력은 없다. 예수님을 이기려면 온 우주 만물을 창조하시고 다스리시는 하나님, 하나님의 보좌 우편에 계시는 예수님을 이기는 자여야 하나 그런 세력은 절대로 없다. 예수님을 이기려면 오래전 예수님이 육신을 입고 오셨을 때 예수님으로 하여금 대속의 죽음을 죽지 못하도록 막았어야 했다.

그러나 예수님은 자발적으로 대속의 죽음을 죽으심으로(완전한 순종으로) 완전한 속죄를 단번에 이루심으로 영원한 승리자, 영원한 왕이 되셨다.

예수님이 하나님 아버지와 동등한 권세(영광)와 능력을 가졌다는 것(28-29절의 의미가 그렇다)을 말씀하시면서 "나와 아버지는 하나이니라"(30절)고 하신 말씀으로 인해 유대인들은 돌을 들어 예수님을 치려고 했다(31절). 인간인 주제에 자신을 감히 하나님이라고 하여 신성모독을 했다는 것이다(33절). 그러자 예수님은 그들에게 이렇게 말씀하신다.

"만일 내가 내 아버지의 일을 행하지 아니하거든 나를 믿지 말려니와 내가 행하거든 나를 믿지 아니할지라도 그 일은 믿으라 그러면 너희가 아버지께서 내 안에 계시고 내가 아버지 안에 있음을 깨달아 알리라"(37-38절).

그렇다. 지금까지 예수님이 행하신 모든 일들은 하나님 아버지께서 예수님 안에서 예수님을 통해 행하신 것이었고, 동시에 예수님이 행하신 것이다. 이것이 예수님이 아버지의 이름으로 행하셨다고 한 것이다(25절). 유대인들은 예수님의 말씀을 전혀 이해하지 못하고 여전히 분을 내며 예수님을 잡고자 하였으나, 예수님은 그들의 손에서 벗어나 성전에서 나가셨다(39절).

세상의 빛으로 오신 예수님으로 인해 빛에 속한 자와 어둠에 속한 자들이 드러났다. 예수님 때문에 어둠에 속하여 어둠의 일을 하며 사는 자들은 자신들의 실체가 드러나자 분을 내며 예수님을 죽이려고 했다.

마찬가지로 선한 목자이신 예수님 때문에 예수님의 양인 자와 아닌 자들이 명확하게 분리되고 있다. 예수님의 양이 아닌 유대인들은 자기들의 요구와 전혀 다르게 말씀하시는 예수님의 음성에 귀를 막

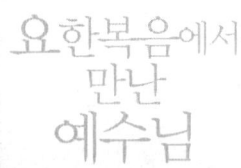

고, 오히려 신성모독을 한다고 외치며 돌을 들어 쳐죽이려고 했다. 이와 같은 그들의 행동(반응)은 그들이 어둠에 속한 자요, 예수님의 양이 아니라는 것을 확실하게 보여주는 증거이다.

오늘날 교회 안에 있는 사람이나 교회 밖에 있는 사람들 중에서도 유대인들과 같은 요구를 하는 자들이 있다. 하나님을 보여주라고 하거나 자기들이 하나님과 예수님을 믿을 만한 증거를 보여주라고 한다. 오병이어 표적을 경험한 사람들처럼 먹고 사는 문제, 경제적인 문제를 해결해 주면, 건강문제를 해결해 주면, 직장 문제나 자녀들의 문제를 해결해 주면 예수님을 믿겠다고 한다. 또는 이런 것을 해결하기 위해 교회에 나와 열심을 내기도 한다.

또 어떤 사람들은 예수님의 말씀으로 인해 자신들이 어둠 가운데서 은밀하게 행하는 어둠의 일들이 드러남으로 인해 설교자나 교회를 대적하고 비방하기도 한다(반면에 목회자나 교회가 잘못하여 비방을 받는 것은 부끄러운 일이다). 이것은 그들이 예수님의 양이 아니라는 증거일 뿐이다. 예수님의 양은 하나님의 말씀(기록된 말씀)을 옳게 분별하여 가르치는 음성을 즐겁게 듣고 순종한다. 심지어 그 말씀이 자신이 은밀하게 짓는 죄를 지적하여 드러내는 음성일지라도 달게 받고 회개하게 된다. 이것이 선한 목자이신 예수님의 양이라는 증거이다.

마태복음 25장에서 예수님은, 인자가 다시 올 때에 영광의 보좌에 앉아 모든 민족을 모으고, 목자가 양과 염소를 구분하는 것같이 각 사람을 구분하신다고 하셨다(31절 이하). 양에 속한 자들을 향하여는 "내 아버지께 복 받을 자들이여 나아와 창세로부터 너희를 위하여 예비된 나라를 상속받으라"(34절)고 말씀하신다. 왜냐하면 그들은 예수님이 주릴 때에 먹을 것을 주었고, 목마를 때에 마시게 하였고, 나그네 되었을 때에 숙소를 제공했고, 헐벗었을 때에 옷을 주어 입게 했고, 병들었을 때에 병문안을 와 주었고, 옥에 갇혔을 때(예수님을 믿는 것 때문에 잡혀서 옥에 갇힌 경우다)에 면회를 와 주었기 때문이라는 것이다(35-36절).

그들이 의아해 하며 묻자 "너희가 여기 내 형제 중에 지극히 작은 자 하나에게 한 것이 곧 내게 한 것이니라"(40절)고 대답하셨다. 믿음의 지체 중에서 외모(세상적)로 볼 때 내세울 것이 별로 없어 보이는 자에게 한 것이 곧 예수님께 한 것이라는 것이다. 이것이 양과 염소를 구분하는 기준이다.

이것은 모든 사람들에게 '너희가 양처럼 살기를 힘써라 그러면 심판의 때에 양에게 내려진 복을 받게 될 것이다'고 교훈하신 것이 아니다. 물론 초대교회 성도들에게 예수님이 다시 오실 때를 준비하라고 권면하면서, 양의 삶을 더욱 철저하게 살아서 그날에 천국 잔치에 참여하는 자가 되자고 한 것이다(마태복음을 읽는 초대 성도들이 처한 상황은 자기 생명, 자기 가족도 챙기기 힘든 핍박의 시대였다).

무슨 말인가? 양은 양처럼 살아가야 하는 것이다. 다만 더욱 깨어서 심판의 때를 준비하면서 살자는 것이다. 양이 아닌 자가 양의 삶을 모방하여 산다고 해서(대부분의 사람은 자기를 너무도 사랑하기 때문에 이것이 불가능하지만, 간혹 예수님의 양이 아니면서도 양처럼 사는 자들이 있다) 그가 칭찬을 받는 일은 없다. 그는 염소일 뿐이다.

사도 바울이 불신자들에게 서로 하나 됨과 화목하기를 힘쓰고 서로 사랑하기를 힘쓰라고 한 것이 아니다. 불신자들에게 항상 기뻐

하고 쉬지 말고 기도하고 범사에 감사하라고 한 것이 아니다. 성령을 체험하고 예수님을 주님으로 믿은 자들에게 그들이 어떠한 은혜를 받은 자인지를 상기시켜 주면서 더욱 분발하라고 권면한 것이다. 성령을 받은 자처럼 살라는 것이다.

그리고 이런 일을 훼방하고 어지럽히며 교회를 더러운 행위로 오염시키는 자들은 한두 번 권면한 후에 듣지 않으면 불신자와 같이 대하라고 한 것이다(고전 5:11; 살후 3:14 참조). 사도 바울은 예수님처럼 성도들 개개인의 경건함과 교회의 거룩함을 가장 중요하게 여긴 것이다(엡 5:25-27 참조).

예수님을 선한 목자로 알고 그분의 음성을 따르지 않는 자는 그가 교회 안에 있든지 교회 밖에 있든지, 얼마나 열심히 종교 활동을 하고 있든지, 그는 아직 예수님의 양이 아니다. 그는 아직 선한 목자의 사랑을 알지 못한 자이다.

당신은 인간의 몸으로 오신 예수님, 십자가에 못 박혀 죽으신 예수님이 하나님께서 당신을 구원하시기 위해 보내신 구원자임을 믿고 있는가?

당신은 예수님만을 여러분의 주님으로, 삶의 주인으로 모시고 있는가?

당신은 예수님을 선한 목자로 알고, 그분의 음성(말씀)을 따라 순종하고 있는가? 그렇다면 당신은 예수님의 양이다.

12

영생의
삶,
빛의
삶

"나는 부활이요 생명이니 나를 믿는 자는 죽어도 살겠고 무릇 살아서 나를 믿는 자는 영원히 죽지 아니하리니 이것을 네가 믿느냐" (요 11:25-26).

"인자가 영광을 얻을 때가 왔도다 내가 진실로 진실로 너희에게 이르노니 한 알의 밀이 땅에 떨어져 죽지 아니하면 한 알 그대로 있고 죽으면 많은 열매를 맺느니라"(요 12:23-24).

"내가 땅에서 들리면 모든 사람을 내게로 이끌겠노라"(요 12:32).

10장에서 예수님은 자신을 "선한 목자"라고 하시면서 예수님이 하나님 아버지를 아는 것같이 자기 양을 알기 때문에 자기 양을 위하여 목숨을 버린다고 말씀하셨다(14-15절). 양을 위하여, 양을 구하기 위해 자기 목숨을 버리는 목자만이 선한 목자라는 것이다(10:11). 그리고 예수님의 양은 예수님을 선한 목자로 알고 그분의 음성을 듣고 따르게 되어 있다고 하셨다(27절). 예수님은 자기를 믿고 따르는 양들에게 영생을 주어 그들로 영원히 멸망하지 않게 할 것이며, 그 누구도 자기의 손에서 빼앗지 못하게 하신다고 하셨다(28절).

부활이요, 생명이신 예수님

바로 이어서 사도 요한은 11장에서 죽은 나사로를 살리신 사건을 기록한다. 이것은 선한 목자이신 예수님이 자기 양들에게 영생을 주시는 분이요, 영원히 멸망하지 않게 하시는 분임을 실제적으로 증거하고 있다. 예수님은 죽은 자를 살리시는 "부활이요, 생명"(25절)이기 때문에 자기 양들에게 얼마든지 영생을 주실 수 있다는 것이다. 그들은 마지막 날에 생명의 부활로 나오게 된다(5:29). 예수님이 부활이요 생명이라는 것은 예수님이 세상의 빛, 곧 생명을 주는 빛이라는 것이다(11:9).

당시 극심한 고난과 핍박과 순교를 당하고 있던 성도들은, 자신의 처지와 지체들의 상황을 보면서 나사로의 누이 마르다와 마리아와 같은 마음이었을 것이다. 예수님을 주님으로 믿고 순종한 죄밖에 없는데, 너무도 극심한 핍박을 받게 되고, 사랑하는 형제자매들이 끌려가 감옥에 갇히고 죽임을 당하고 있는 상황이었기 때문이다.

"예수님이 함께 계시면 아무개가 죽지 않았을 것입니다."

"예수님이 우리와 함께 계시면 우리에게 이런 일은 일어나지 않았을 것입니다"라는 부르짖음이 있었을 것이다.

이들에게 사도 요한은 나사로를 다시 살리신 사건을 통해 선한 목자의 음성을 들려 주고 있다.

"나는 부활이요 생명이니 나를 믿는 자는 죽어도 살겠고 무릇 살아서 나를 믿는 자는 영원히 죽지 아니하리니 이것을 네가 믿느냐"(25-26절).

이에 대해 마르다는 "주여 그러하외다 주는 그리스도시요 세상에 오시는 하나님의 아들이신 줄 내가 믿나이다"(27절)라는 매우 원론적인 신앙고백만을 한다. 예수님이 지금 나사로를 살리려 오셨다는 것을 믿는 믿음에는 이르지 못한 기초적인 믿음의 고백이다. 그래서 마르다는 예수님이 무덤 앞에서 "돌을 옮겨 놓으라"(39절 상반절)고 했을 때, "주여 죽은 지가 나흘이 되었으매 벌써 냄새가 나나이다"(39절 하반절)라고 대답한 것이다. 그러자 예수님은 마르다를 약간 꾸짖으시듯이 "내 말이 네가 믿으면 하나님의 영광을 보리라 하지 아니하였느냐"(40절)라고 말씀하신다.

돌이 옮겨졌고 예수님은 무덤 앞에서 눈을 들어 하늘을 우러러 보시면서 "아버지여 내 말을 들으신 것을 감사하나이다 항상 내 말을 들으시는 줄을 내가 알았나이다 그러나 이 말씀하옵는 것은 둘러선 무리를 위함이니 곧 아버지께서 나를 보내신 것을 그들로 믿게 하려 함이니이다"(41-42절)라고 기도하셨다. 그 후 예수님이 나사로를 부르시니 나사로가 수족을 베로 동인 채로 무덤에서 걸어나왔다(43-44절).

나사로는 실제로 다시 살아났다. 그러나 당시 수많은 성도들은 가장 훌륭한 믿음을 가지고 있었음에도 여전히 고난을 당하고 쫓겨남을 당하고 감옥에 갇히거나 죽임을 당했다. 그들 중에 다시 살아난 이는 없었다.

그런데 그들에게 나사로의 이야기를 하는 이유가 무엇인가? 상대적인 박탈감을 갖게 하려는 것인가? 그들의 믿음에 문제가 있다는 것을 지적하기 위함인가? 그렇지 않다. 예수님이 나사로를 살리신 사건은 물이 포도주가 되게 하신 것과 같이 '표적'이다.

마르다나 마리아와 같이 신앙의 회의를 갖거나 예수님에게 실족(또는 실망)할 수 있는 상황에 놓여 있는 성도들의 믿음을 굳건하게 붙잡아 주는 표적이다. 그러므로 예수님이 마르다에게 "네가 믿으면 하나님의 영광을 보리라"고 하신 말씀과 하나님을 향해 기도하신 내용은 성도들로 하여금 더욱 견고하게 예수님을 믿고 따르라는 권면의 말씀이다. '믿으면 문제가 해결되고 상황이 호전되는 것을 볼 것이다'는 것이 아니라, 마지막 날 생명의 부활을 경험하게 된다는 것이다.

이것은 사도 바울이 데살로니가 교회 성도들에게 권면한 말씀과 같다.

"형제들아 자는 자(죽은 자)들에 관하여는 너희가 알지 못함을 우리가 원하지 아니하노니 이는 소망 없는 다른 이와 같이 슬퍼하지 않게 하려 함이라 우리가 예수께서 죽으셨다가 다시 살아나심을 믿을진대 이와 같이 예수 안에서 자는 자들도 하나님이 그와 함께 데리고 오시리라 우리가 주의 말씀으로 너희에게 이것을 말하노니 주께서 강림하실 때까지 우리 살아남아 있는 자도 자는 자보다 결코 앞서지 못하리라

12 영생의 삶, 빛의 삶

주께서 호령과 천사장의 소리와 하나님의 나팔 소리로 친히 하늘로부터 강림하시리니 그리스도 안에서 죽은 자들이 먼저 일어나고 그 후에 우리 살아남은 자들도 그들과 함께 구름 속으로 끌어 올려 공중에서 주를 영접하게 하시리니 그리하여 우리가 항상 주와 함께 있으리라 그러므로 이러한 말로 서로 위로하라"(살전 4:13-18).

사도 요한은 나사로를 다시 살리신 표적을 통해 예수님이 선한 목자로서 양들을 위해 죽으셨지만, 다시 살아나실 뿐만 아니라 예수님 안에서 죽은 자들을 능히 다시 살리시는 분임을 증거하고 있다. 예수님의 양은 영생을 얻은 자들이요, 영원한 생명을 가진 자로서 이 땅에서 사는 것이다.

아버지의 이름을 영광스럽게

12장에서는 유월절 즈음에 마리아가 예수님의 발에 향유를 부은 사건을 통해 예수님의 죽음을 예고한다. 예수님이 영광을 얻으실 때가 왔다(23절). 오빠를 장사지낸 마르다에게 "네가 믿으면 하나님의 영광을 보리라"(11:40)고 하시고 나사로를 다시 살리신 예수님은 자신의 죽음이 임박했을 때, '영광을 얻으실 때가 왔다'고 하셨다.

예수님이 영광을 얻는 것은 하나님 아버지의 이름을 영광스럽게 함으로써 얻는 것이다(28절). 아버지의 이름을 영광스럽게 한다는 것은 예수님을 보내신 아버지의 뜻에 즐거이 순종하는 것이다.

아버지의 뜻은 한 알의 밀알이 땅에 떨어져 죽어야만 많은 열매를 맺을 수 있는 것처럼(24절), 예수님이 죽으심으로 자기 양들(우리에 들지 않은 다른 양들까지)을 불러 모으시는 것이다(32절). 예수님은 바로

이때를 위해 오신 것이다(27절). 그래서 죽음의 문턱에서 "아버지여, 아버지의 이름을 영광스럽게 하옵소서"(28절 상반절)라고 기도하신다.

이런 가운데 예수님은 자기를 섬기고자 하는 자들에게 "사람이 나를 섬기려면 나를 따르라 나 있는 곳에 나를 섬기는 자도 거기 있으리니 사람이 나를 섬기면 내 아버지께서 그를 귀히 여기시리라"(26절)고 말씀하신다. 이는 예수님이 아버지의 뜻을 따라 하나님을 위해 한 알의 밀알이 되어 죽는 것처럼, 예수님을 믿고 따르는 자들도 하나님 아버지의 영광을 위해 예수님의 뒤를 따르라는 것이다. 바로 이런 사람을 아버지께서 예수님처럼 귀하게 여겨 주신다는 것이다.

이것은 하나님 아버지께서 예수님에게 "내가 이미 영광스럽게 하였고 또다시 영광스럽게 하리라"(28절 하반절)고 응답하신 것처럼, 예수님을 따르는 자들을 영광스럽게 하신다는 것이다.

그러면 "내가 이미 영광스럽게 하였고 또다시 영광스럽게 하리라"는 말씀은 무슨 뜻인가? 예수님을 통해 이미 아버지의 이름이 영광스럽게 되었고, 또다시 영광스럽게 하시겠다는 것은 무엇인가?

예수님이 아버지의 뜻을 따라 죽으시겠다고 하신 것이 아버지의 이름을 영광스럽게 한 것이다. 십자가의 죽음을 받아들이신 것 자체가 이미 죽으신 것이다. 그리고 넓게는 성육신 때부터 십자가에 죽으시기까지의 삶이 아버지의 뜻에 온전히 순종하신 삶이었기 때문에, 예수님의 삶과 죽으심을 통해 이미 아버지의 이름이 영광스럽게 되었다는 것이다. 예수님의 삶은 아버지가 예수님 안에, 예수님이 아버지 안에 거하는 하나 됨을 이룬 삶이었다. 그래서 예수님이 하신 모든 말씀과 모든 일들은 아버지께서 하고자 하신 일이었다. 이것이 진정한 순종이다(이것에 대해서는 따로 나눌 것이다).

하나님 아버지께서 또다시 예수님을 통해 자기의 이름을 영광스럽게 하시겠다는 것은, 십자가에 못 박혀 죽기까지 복종하신 예수님을 다시 살리시고, 지극히 높여 모든 이름 위에 뛰어난 이름을 주시겠다는 것이다(빌 2:8-9). 하나님 아버지의 보좌 우편에 앉히시고, 모든 피조물을 예수님의 권세 아래 두시고(10절), 심판의 권세까지도 예수님에게 맡기시겠다는 것이다(요 5:22). 아들이 높임을 받는 것은 곧 아버지의 영광이다.

예수님을 믿고 따르기 원하는 자들은, 예수님처럼 이 세상에서 자기 생명을 사랑하지 않고 미워하고(세상의 삶에 집착하지 않고) 예수님을 섬기며 예수님의 뒤를 따라야 한다(12:25). 이로 인해 하나님 아버지의 이름이 영광스럽게 되고, 아버지께서도 그를 영광스럽게 해주시는 것이다.

이것은 예수님이 "우리가 모든 것을 버리고 주를 따랐나이다"(막 10:28)라고 말하는 베드로와 제자들에게 "내가 진실로 너희에게 이르노니 나와 복음을 위하여 집이나 형제나 자매나 어머니나 아버지나 자식이나 전토를 버린 자는 현세에 있어서 집과 형제와 자매와 어머니와 자식과 전토를 백 배나 받되 박해를 겸하여 받고 내세에 영생을 받지 못할 자가 없느니라"(29-30절)고 말씀하신 것과 같다[이 말씀은 당시 믿음 때문에 핍박을 받아 가족 중에 누구는 감옥에 갇히고, 누구는 순교를 당하고, 또는 집과 땅을 빼앗기고, 온 가족이 강제로 이주해야 하는 상황에 있는 성도들에게 하신 것임을 전제하고 해석과 적용을 해야 한다. 예수님과 복음 때문에 부모와 형제를 빼앗긴 자(버린 자)는 예수 그리스도 안에서 수많은 부모 형제를 얻게 되고 반드시 하나님 나라를 유업으로 얻게 된다].

마태복음 19장에서는 "세상이 새롭게 되어 인자가 자기 영광의 보좌에 앉을 때에 나를 따르는 너희도 열두 보좌에 앉아 이스라엘 열두 지파를 심판하리라"(28절)고 하셨다.

예수님의 뒤를 따라 산 자들이 하나님 나라에서 높임을 받음으로 이십사 장로들과 수많은 천사들 앞에서 하나님 아버지의 이름이 다시 한 번 영광스럽게 되는 것이다.

전환점

1장에서부터 12장까지의 이야기는 태초에 (성부) 하나님과 함께 계셨던 말씀, 곧 (성자) 하나님이요, 지음을 받은 사람들에게 생명을 주는 빛이신 예수님이 어둠으로 가득한 세상에 오심으로 벌어진 일들을 기록한 것이다(1:1-5). 빛으로 오신 예수님을 환영하고 영접하여 빛에 속한 자라는 것이 확인된 사람들과, 예수님을 거부하고 대적함으로 어둠에 속한 자라는 것을 스스로 증명한 사람들이 빛이신 예수님에 의해 확실하게 분리되는 이야기이다.

이와 같은 분리는 사람들의 선택에 의해서 이루어진 것이 아니라 철저하게 하나님 아버지의 뜻에 의해 결정되었다. 오직 하나님께로부터 난 자들만이(1:13), 하나님 아버지의 택하심을 받은 자들만이 예수님을 영접하여 하나님의 자녀가 되는 권세를 얻게 되고(12절), 말씀이 육신이 되어 우리 가운데 오신 독생하신 하나님, 곧 예수님의 영광을 보게 된다(14절). 그들은 예수 그리스도로 말미암아 은혜 위에 은혜를 받으며 진리를 따라 순종하는 자로 살게 된다(16-17절).

서두에서도 언급했듯이, 위와 같은 1장 18절까지의 선언을 그 이후 12장까지의 이야기를 통해 실제적으로 증거하고 있는 것이다. 택함 받은 자들(세례 요한과 안드레, 빌립, 나다나엘 등)의 고백, 의심하는 자(니고데모)의 질문에 대한 답변, 소외당하고 차별받는 여인(사마리아 여인)과의 대화, 그리고 가나에서의 표적과 왕의 신하를 고치시고 38년 된 병자를 고치신 사건으로 인한 유대인들과의 대립, 오병이어 표적, 음행 중 잡혀온 여자의 사건과 날 때부터 시각장애인이었던 자의 눈을 뜨게 한 사건, 마지막으로 죽은 나사로를 살리신 사건 등을 통해 빛으로 오신 예수님으로 인해 빛에 속한 자, 곧 하나님께 속한 자와 어둠에 속한 자, 곧 마귀와 세상에 속한 자가 분리되는 것을 시각적이고 역동적으로 보여주고 있다.

사도 요한은 예수님이 12장에서 종려나무 가지를 흔들며 호산나를 외치며 예수님을 환영한 유대인 무리에게 자기의 죽음을 예고하신 후, 그들을 떠나가서 숨으셨다고 말한다(36절). 예수님이 그렇게 많은 표적을 그들에게 행해 보이셨으나 믿지 않았기 때문이다(37절). 이것은 하나님 아버지께서 그들에게 돌이켜 고침을 받는 은혜를 베풀어 주지 않았기 때문이다(40절 참조). 반면에 관리 중에서 예수님을 믿는 자들이 있었으나 그들은 유대교에서 출교를 당할까 두려워하여 믿음을 드러나게 고백하지 못했다(42절). 이에 대해 요한은 그들이 사람의 영광을 하나님의 영광보다 더 사랑하는 사람이라고 단정 짓는다(43절).

12장까지의 과정(특히 표적과 사건, 그리고 예수님과 유대인들과의 대립과 긴장, 적대관계가 진행되는 과정) 속에서 빛으로 오신 예수님이 어떤 분인지와 어떠한 권세를 가지셨고, 하나님 아버지께서 택하셔서 예수님

께로 보내주신 자, 곧 자기 양들을 어떻게 대하시는지를 확실하게 증거하고 있다.

이것은 택함을 받은 자(A.D. 80년경 극심한 핍박을 받고 있는 초대교회 성도)들의 믿음을 굳건하게 하는 데 매우 효과적인 방법이 아닐 수 없다. 또한 당시 성도들을 핍박하는 데 앞장섰던 세력이 바로 유대인들이었는데, 그들이 예수님에게 사사건건 시비를 걸고 대적하며 돌로 쳐 죽이려고 한 모습과, 그에 따른 심판의 말씀을 통해 큰 위로와 확신을 갖게 된 것이다(이 부분에 대해서는 마가복음이 탁월하다).

또 한 가지 눈여겨볼 것은, 12장까지는 예수님이 유대인 무리 가운데서 그들과의 관계에서 사역을 하신 것이라면, 13장부터 17장까지는 하나님께로부터 난 자, 하나님께서 예수님께 보내주신 양들로 대표되는 열두 제자들에게 집중하신다는 것이다.

예수님은 유대인 무리 가운데서 행하신 사역을 다음과 같은 말씀으로 마무리 지으시고 제자들을 위한 사역으로 넘어가신다.

"나를 믿는 자는 나를 믿는 것이 아니요 나를 보내신 이를 믿는 것이며 나를 보는 자는 나를 보내신 이를 보는 것이니라 나는 빛으로 세상에 왔나니 무릇 나를 믿는 자로 어둠에 거하지 않게 하려 함이로라 사람이 내 말을 듣고 지키지 아니할지라도 내가 그를 심판하지 아니하노라 내가 온 것은 세상을 심판하려 함이 아니요 세상을 구원하려 함이로라 나를 저버리고 내 말을 받지 아니하는 자를 심판할 이가 있으니 곧 내가 한 그 말이 마지막 날에 그를 심판하리라 내가 자의로 말한 것이 아니요 나를 보내신 아버지께서 내가 말할 것과 이를 것을 친히 명령하여 주셨으니 나는 그의 명령이 영생인 줄 아노라 그러므로 내가 이르는 것은 내 아버지께서 내게 말씀하신 그대로니라"(12:44-50).

이 말씀은 하나님을 믿고 사랑한다고 하나 예수님을 그리스도로 믿지 않는 유대인들에게 있어서 정죄와 심판의 말씀이다. 하나님을 믿고 사랑한다고 하는 자가 예수님을 믿는 자가 아니라, 예수님을 주님으로 믿고 사랑하는 자가 하나님을 믿고 사랑하는 자이다.

　또한 예수님을 믿는다고 하면서도 예수님의 말씀에 순종하지 않고 어둠 가운데서 어둠(밤)의 일을 하고 있는 자칭 성도, 자칭 하나님의 자녀들에게도 정죄와 심판의 말씀이다. 예수님은 예수님의 말씀을 읽거나 듣고도 순종하지 않으면 마지막 날에 심판의 부활, 곧 지옥 심판을 받게 될 것이라고 선언하신다. 예수님이 그들을 정죄하고 심판하셨다는 것이 아니라, 그들이 예수님을 믿지 않고 예수님의 말씀을 따르지 않음으로 스스로 정죄와 심판을 당하는 것이다.

　예수님은 하나님 아버지께서 택하시고 자기에게 보내주시는 양들을 위해 진리를 말씀하시고 양들을 위해 죽으셨다. 양들은 예수님을 믿고 따를 것이며 말씀대로 순종하게 된다.

　제자들을 위한 사역인 제자들의 발을 씻어 주신 13장의 사건부터 예수님이 기도하신 17장까지는 예수님이 자기 양들에게 빛의 자녀들로서 빛의 삶을 살라고 간곡하게 부탁하신 말씀이요, 빛의 삶, 곧 열매를 맺는 삶을 사는 원리와 그런 삶을 살도록 도와주는(살게 하시는) 다른 보혜사를 보내주시겠다는 약속의 말씀이다. 그리고 17장은 양들을 지켜주시고 양들이 세상에서 빛의 열매를 맺도록 해주시기를 하나님 아버지께 간절하게 중보기도하신 내용이다.

　18장부터 20장에 걸쳐서 예수님이 잡히시고 죽으셨다가 다시 살아나신 것을 밀착 취재하듯이 기록하고 있는 것은, 13장부터 17장의 약속과 기도가 응답되도록 하기 위해서 예수님이 양들을 위해 죽으

셨다가 부활하셨다는 것을 말해 주고 있다. 그래야만 다른 보혜사가 오셔서 빛의 자녀가 된 자들로 하여금 빛의 삶, 빛의 열매를 맺는 삶을 살게 하시기 때문이다.

13

발을 씻어주신 예수님

"내가 주와 또는 선생이 되어 너희 발을 씻었으니 너희도 서로 발을 씻어 주는 것이 옳으니라 내가 너희에게 행한 것같이 너희도 행하게 하려 하여 본을 보였노라"(요 13:14-15).

"새 계명을 너희에게 주노니 서로 사랑하라 내가 너희를 사랑한 것같이 너희도 서로 사랑하라 너희가 서로 사랑하면 이로써 모든 사람이 너희가 내 제자인 줄 알리라"(요 13:34-35).

유월절 전날 저녁, 곧 예수님이 잡히시고 십자가에 못 박혀 죽으시기 전날 저녁에 예수님은 제자들과 함께 마지막 식사를 하셨다.

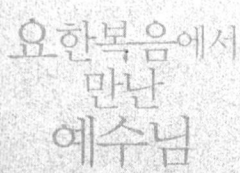

예수님은 때가 되어 자신이 하나님 아버지께로 돌아가게 될 것을 아셨고, 아버지께서 모든 것, 곧 택하신 자들과 그들의 구속을 자기 손에 맡기신 것을 아셨다(3절). 그래서 그들, 곧 자기 사람, 자기 양들을 사랑하시되 끝까지 사랑하셨다(1절).

제자들의 발을 씻기심

저녁을 먹는 중에 예수님은 갑자기 일어나 겉옷을 벗고 수건을 허리에 두르시고는 제자들의 발을 씻기고 수건으로 닦아주기 시작하신다(4-5절). 왜, 예수님은 제자들의 발을 씻어 주신 걸까? 오늘날 여기저기(교회, 학교, 회사, 단체 등)에서 행해지고 있는 것처럼 서로에게 확실한 감동을 줄 수 있는 예식을 만드신 것인가? 아니다. 예수님이 그들을 얼마나 사랑하는지를 보여주고 경험하게 하기 위해 스스로를 낮추어 가장 비천한 자리에서 그들을 섬겨 주신 것이다. 사랑과 섬김의 본을 보이신 것이다.

그러므로 세족식은 그 자체에 의미가 있는 것이 아니라, 세족식을 행하신 예수님의 마음이 중요하다. 마치 세례 자체가 중요한 것이 아니라, 누가 어떤 신앙의 고백을 가지고 세례를 받느냐가 중요하듯이 말이다(거듭나지 않고 회심하지 않은 자도 얼마든지 세례를 받을 수 있다. 이처럼 오늘날은 예수님이 본을 보이신 사랑과 섬김과는 거리가 먼 세족식이 너무도 많이 행해지고 있다).

예수님이 낮은 자리로 내려가 제자들의 발을 씻기신 것은 어떤 의미가 있는가? 그들로 하여금 이후로 예수님을 주님으로 믿고 교회로 모이는 성도들의 발을 씻겨 주라는 것인가? 아니다. 이것은 예수님이 이 땅에 오신 목적을 분명하게 보여주는 것이었다. 제자들에게 예수님이 하나님의 어린양으로 오신 목적과 한 알의 밀이 땅에 떨어져 죽는다는 것이 무엇인지, 자기 양을 어떻게 사랑하는지를 온몸으로 느끼며 알게 하는 행동이었다.

그것은 예수님과 베드로의 대화 가운데 잘 나타나고 있다. 시몬 베드로의 순서가 되었다. 베드로는 당황스럽고 송구스러운 마음으로 예수님을 만류하면서 어떻게 주님이 내 발을 씻을 수가 있느냐고 하면서 자기 발을 절대로 씻을 수 없다고 말한다(6, 8절). 왜냐하면 당시 사람들은 주로 끈으로 된 샌들을 신고 다녀서 가장 더러운 곳이 바로 발이었기 때문에 다른 사람의 발을 씻어 준다는 것 자체가 천한 행동이었기 때문이다. 그래서 발을 씻어주는 일은 하인(종)이나 하는 것이었다. 그런데 지금 자기가 주님으로, 선생님으로 모시고 따르고 있는 예수님이 갑자기 자기 발을 씻기시겠다고 하니 베드로는 매우 당황스럽고 죄송하였을 것이다.

예수님의 갑작스런 행동을 이해하지 못하겠다는 베드로에게 예수님은 "내가 하는 것을 네가 지금은 알지 못하나 이후에는 알리라"(7절)고 부드럽게 말씀하셨다. 그렇다. 베드로를 비롯해서 나머지 제자들은 오순절에 보혜사 성령이 오시면 분명하게 이해하게 될 것이다. 그리고 그들도 예수님처럼 행하게 될 것이다. 세족식을 한다는 것이 아니라, 예수님의 사랑으로 사랑하는 자가 될 것이다.

어쨌든 지금 베드로 입장에서는 예수님이 자기의 발을 씻기도록 내버려둘 수는 없었다. 그래서 예수님에게 "내 발을 절대로 씻지 못하리이다"(8절 상반절)라고 하면서 강력하게 거부한다. 그러자 예수님은 베드로에게 "내가 너를 씻어 주지 아니하면 네가 나와 상관이 없

느니라"(8절 하반절)고 말씀하신다. 이 말을 들은 베드로는 깜짝 놀랐다. 지금 예수님이 자기의 발을 씻어 주지 않으면 자기는 예수님과 상관없는 자가 되는 것이다. 이것은 절대로 있어서는 안 될 일이었다.

그래서 그는 다급하게 "주여 내 발뿐 아니라 손과 머리도 씻어 주옵소서"(9절)라고 요청한다. 베드로다운 반응이다. 베드로는 어느 누구보다도 예수님과 친밀한 관계가 되기를 원했다. 그는 모든 것을 버리고 예수님을 따랐고, 예수님을 위해 목숨을 버릴 각오도 되어 있었다(37절). 그래서 베드로는 발만 아니라 손과 머리도 씻어 주면 더욱 친밀한 관계가 될 줄로 생각하고 예수님에게 자기의 손과 머리도 씻어 주라고 요구한 것이다.

베드로의 요구에 예수님이 대답하신다. 이 대답 속에 예수님이 제자들의 발을 씻기신 첫 번째 목적이 들어 있다.

"예수께서 이르시되 이미 목욕한 자는 발밖에 씻을 필요가 없느니라 온 몸이 깨끗하니라 너희가 깨끗하나 다는 아니니라 하시니"(13:10).

베드로는 이미 목욕한 자로서 발밖에 씻을 필요가 없다는 말씀이다. 그러면 "이미 목욕한 자"라는 말씀은 무슨 뜻인가? 그는 이미 온몸이 깨끗해진 자다. 하나님께서 제자들을 예수님께로 이끌어 주셔서 예수님을 주님으로 믿고 따르게 하심으로 목욕한 자가 되게 하셨다. 예수님이 그들을 제자로 택하여 부르신 순간 그들은 목욕을 한 것이다. 어둠에서 빛으로, 죽음에서 생명으로, 땅에 속한 자에서 하나님께 속한 자로 부르셨다. 선한 목자이신 예수님의 양이 되게 하셨다. 이것은 하나님과 그들 사이를 갈라놓았던 죄(원죄)가 용서를 받아 하나님과 화목하게 되었다는 것이다.

예수님은 지금 하나님과 화목하게 된 제자들, 하나님께서 자기에게 보내주신 자들의 발을 씻기심으로 사랑한다는 것과 섬긴다는 것이 무엇인지를 몸소 보여주신 것이다. 이것은 "인자가 온 것은 섬김을 받으려 함이 아니라 도리어 섬기려 하고 자기 목숨을 많은 사람의 대속물로 주려 함이니라"(마 20:28)는 말씀을 생각나게 한다. 또한 "사람이 친구를 위하여 자기 목숨을 버리면 이보다 더 큰 사랑이 없나니"(15:13)라고 하시면서 "이제부터는 너희를 종이라 하지 아니하리니 종은 주인이 하는 것을 알지 못함이라 너희를 친구라 하였노니 내가 내 아버지께 들은 것을 다 너희에게 알게 하였음이라"(15절)는 말씀을 기억하게 한다.

여기서 한 가지 짚고 넘어가야 하는 것은, 예수님이 가룟 유다의 발도 씻겨 주었을 것인데 그의 경우는 어떠하냐는 것이다. 한마디로 하면 그는 목욕한 자가 아니었기 때문에 그의 발을 씻기는 것은 그에게 아무 의미도 없었다. 예수님이 그를 사랑하셔서 마지막까지 기회를 주셨다고 말하는 것은 요한복음의 말씀을 벗어난 것이다. 예수님은 가룟 유다가 목욕하지 못한 자, 택함을 받지 못한 자임을 아셨다(12:10, 18). 택함을 받지 못한 자, 예수님의 양이 아닌 사람의 발을 씻겨주는 것은 예수님의 세족식과는 거리가 멀다. 왜냐하면 그 사람이 하나님 아버지와 예수님 안에서 갖는 사랑의 교제의 범주를 벗어나 있기 때문이다(요일 1:3). 불신자의 발을 씻어 준 것에 지나지 않는다.

서로 사랑하라

예수님이 제자들의 발을 씻기신 것은 결국 제자들에게 이 말씀을 하시기 위함이었다.

"새 계명을 너희에게 주노니 서로 사랑하라 내가 너희를 사랑한 것같이 너희도 서로 사랑하라 너희가 서로 사랑하면 이로써 모든 사람이 너희가 내 제자인 줄 알리라"(13:34-35).

예수님의 사랑으로 서로 사랑한다는 것이 어떻게 사랑하는 것인지를 체험적으로 보여주신 것이다. 그래서 제자들도 예수님처럼 서로를 사랑하며 살고, 예수님이 그들에게 맡겨주실 양들을 사랑하며 살도록 하시기 위함이다(양들끼리 서로 사랑하는 것보다 양을 맡은 청지기가 양을 어떻게 사랑해야 하는지에 대해 우선적으로 말씀하신 것이다. 오늘날로 말하면 교회 지도자들이 성도들을 어떻게 사랑해야 하는지에 대한 모범이다. 물론 성도들 간에 서로 사랑하라는 말씀이기도 하다).

예수님은 제자들로 하여금 사랑의 사람이 되게 하기 위해 그들의 발을 씻어 주셨고, 십자가에 못 박혀 죽으신 것이다. 예수님의 섬김, 곧 발을 씻어 주시기까지 섬겨주시고 목숨을 내어주시기까지 사랑해 주신 사랑을 깨닫고 경험한 자만이 비로소 예수님처럼 서로를 사랑할 수 있기 때문이다.

그러면 예수님이 우리를 사랑하신 것같이 서로 사랑한다는 것은 무슨 의미인가? 예수님은 우리의 죄를 담당하시기 위해 오셨고, 그 죄의 대가로 십자가에 달려 피 흘려 죽으시기까지 우리를 사랑하셨다. 우리의 죄를 무조건 용서해 주셨다. 심지어 예수님을 십자가에 못 박으라고 외치고, 십자가에서 내려와 보라고 조롱하는 사람들의 죄 용서를 위해서도 기도하셨다.

그러므로 첫째로, 우리가 예수님의 사랑으로 서로 사랑한다는 것은 서로의 죄나 허물을 무조건 용서해 주는 것이다(물론 용서를 해주는 것과 대가를 치르는 것은 사안에 따라 별개이다. 또한 교회에 의해 치리를 받아야 하는 죄에 대해서도 용서를 해주는 것과 치리를 받는 것은 별개이다. 마 18:15-18 참조).

이것은 만 달란트를 빚진 자의 비유를 통해 잘 나타나 있다(마 18:23-35). 이 비유는 베드로의 질문에 대한 답변으로 주어진 것이다. 베드로가 예수님께 "주여 형제가 내게 죄를 범하면 몇 번이나 용서하여 주리이까 일곱 번까지 하오리까"(21절)라고 묻자, "일곱 번뿐 아니라 일곱 번을 일흔 번까지라도 할지니라"(22절)고 대답하신다. 그리고 천국의 비유로서 종들과 결산하려는 임금의 이야기를 통해 진심으로(무조건) 형제를 용서해야 된다고 말씀하셨다. 만 달란트를 탕감 받은 자가 백 데나리온을 탕감해 주는 것은 너무도 마땅하다(《내 안에 예수님께서 사시는 중보적인 삶》 중에서 'Ⅶ. 용서' 참조).

둘째로, 우리가 예수님처럼 서로 사랑한다는 것은 "선생과 주"이신 예수님이 하인의 위치에서 제자들의 발을 씻겨주는 섬김을 보여 주셨듯이 서로를 더 낮게 여겨 낮은 자리에서 섬겨 주는 것이다(빌 2:3).

예수님은 높은 자리를 요구하는 제자들에게 다음과 같이 말씀하셨다.

"이방인의 집권자들이 그들을 임의로 주관하고 그 고관들이 그들에게 권세를 부리는 줄을 너희가 알거니와 너희 중에는 그렇지 않아야 하나니 너희 중에 누구든지 크고자 하는 자는 너희를 섬기는 자가 되고 너희 중에 누구든지 으뜸이 되고자 하는 자는 너희의 종이 되어야 하리라 인자가 온 것은 섬김을 받으려 함이 아니라 도리어 섬기려 하고 자기 목숨을 많은 사람의 대속물로 주려 함이니라"(마 20:25-28).

예수님의 제자들은 오순절 이후 사도의 사명을 감당할 때, 교회와 성도들을 임의로 주관하거나 권세를 부리지 않았다. 자기만의 목회철학과 교회의 목표를 가지고 교회를 이끌어가지도 않았고, 성도들에게 순종을 요구하며 그들에게 주장하는 자세를 가지지 않았다. 그들은 복음을 신실하게 전하였고, 다른 복음을 전하거나 교회를 훼방하고 어지럽히는 세력들(이단은 물론, 교회 안에서 덕스럽지 못하게 행동한 지체들)을 분별하고 단호하게 물리치기는 했으나, 성도들에게는 아비의 마음으로 말씀을 가르쳤고 중매쟁이로서의 역할에 충실했다. 사도 베드로를 비롯해서 사도 바울이 그러하였고, 맨 나중까지 살았던 사도 요한 또한 그러하였다.

이것은 사도 요한이 성도들에게 쓴 편지를 통해서도 확실하게 알 수 있다(당시는 대표적인 이단인 영지주의가 활개를 치고 있었고, 극심한 핍박이 일어나 체계적인 교육이나 훈련은 생각도 못하던 시대에 그들에게 편지를 쓰고 있다).

"너희는 주께 받은바 기름 부음이 너희 안에 거하나니 아무도 너희를 가르칠 필요가 없고 오직 그의 기름 부음이 모든 것을 너희에게 가르치며 또 참되고 거짓이 없으니 너희를 가르치신 그대로 주 안에 거하라 자녀들아 이제 그의 안에 거하라 이는 주께서 나타내신바 되면 그가 강림하실 때에 우리로 담대함을 얻어 그 앞에서 부끄럽지 않게 하려 함이라"(요일 2:27-28).

이것은 사도 요한의 희망사항이고, 믿음이 너무 좋아서 겁도 없이 이렇게 말하고 있는 것인가? 아니다. 사도 요한의 말은 분명한 사실이다. 하나님 아버지께서 택하셔서 예수님께로 보내주신 예수님의 양들을 예수님은 어떤 경우에도 포기하거나 빼앗기지 않으신다.

또한 예수님의 이름으로 보냄을 받은 다른 보혜사인 성령님이 택하신 자들 가운데 계셔서 그들로 진리를 따라 순종하게 하시고 영원한 하나님 나라에까지 인도해 가신다(이것은 삼위일체 하나님께서 하시는 일이다. 성령님의 내주하심은 삼위일체 하나님의 임마누엘이다). 사도 요한의 말은 하나님 아버지와 예수 그리스도의 신실하심에 대한 믿음의 고백이요, 너무도 확실한 사실이다. 선한 목자이신 예수님은 자기의 양을 끝까지 책임지신다(위대한 사역자가 책임져 주는 것이 아니다).

예수님이 우리를 사랑하신 것같이 서로 사랑한다는 것은 서로를 더 낫게 여겨 섬겨주는 것이다. 먼저는 자기의 일과 역할에 충실하고, 나아가 다른 지체의 일을 돌아보는 것이다(빌 2:4). 다른 지체의 일을 돌아본다는 것은 무엇인가? 그의 형편을 살피는 것이다. 당시 성도들의 경우로 말하자면, 영적으로는 그가 믿음이 약한 자여서 도와주어야 하는 것은 없는지, 믿음 때문에 당하는 고난과 핍박과 죽음의 상황에서 두려워하고 있고 믿음이 흔들리고 있지는 않은지, 또한 믿음이 있노라 하면서도 은밀하게 지은 죄는 없는지 등을 살펴 지체로서 기도와 권면을 해주라는 것이다.

육신적으로는 믿음으로 인한 핍박 때문에 재산을 빼앗기고 감옥

에 갇히고, 가족을 잃어 슬픔과 가난에 처해 있지는 않은지, 육체적으로 약하여서 병들어 있지는 않은지, 그리고 원래 가난한 집안이어서 물질적으로 어려움을 당하고 있지는 않은지를 살펴서 형편을 따라 섬기라는 것이다.

섬기는 일에 있어서 남녀노소, 신분의 높고 낮음, 어떤 직분을 맡았느냐는 중요하지 않다. 제자들의 발을 다 씻기신 예수님은 제자들에게 "내가 진실로 진실로 너희에게 이르노니 종이 주인보다 크지 못하고 보냄을 받은 자가 보낸 자보다 크지 못하나니 너희가 이것을 알고 행하면 복이 있으리라"(요 13:16-17)고 하셨다.

다른 사람의 발을 씻긴다고 그가 천한 사람이 되는 것은 아니다. 가장 낮은 자리에서 다른 사람을 섬긴다고 그가 낮은 사람이 되는 것이 아니다. 섬김을 받는 사람이 섬기는 자에 대해 이렇게 생각한다면 그는 매우 교만한 자다.

예수님은 자기 목숨을 내어주시기까지 우리를 섬기셨다. 우리도 다른 사람을 섬기는 일에 있어서 우리의 목숨을 내어주기까지 섬겨야 한다면(이렇게 하라고 예수님께서 죽으신 것이다) 그를 섬기는 일에 있어서 하지 못할 일이 무엇이 있겠는가? 부모라는 권위를 내세우고 목사라는 권위와 체면을 내세우면서, 자기의 직분이나 사회적인 위치를 거들먹거리면서 어떤 일은 하고 어떤 일은 체면을 구긴다고 하지 않는다면 그는 예수님의 사랑으로 섬기는 자가 아니다(자기를 위해 다른 사람을 섬기는 사람일 뿐이다. 자기 사랑에서 비롯된 사랑과 수고와 희생은 예수님의 사랑으로 행한 것이 아니다-고린도전서 13장 참조).

사랑의 우선순위

서로를 사랑하고 섬기는 데 있어서 우선순위가 있는가? 있다. 사도 바울은 갈라디아서 6장에서 "가르침을 받는 자는 말씀을 가르치는 자와 모든 좋은 것을 함께하라"(6절)고 하면서 "사람이 무엇으로 심든지 그대로 거두리라"(7절)고 말한다. 자기 육체를 위하여 심는 자, 곧 자기만을 위해 사는 자는 육체로부터 썩어질 것을 거두고, 성령을 위하여 심는 자, 곧 하나님의 말씀을 가르치는 자와 좋은 것을 함께하는 자는 성령으로부터 영생을 거두게 될 것이라고 말한다(8절). 이렇게 우리가 선을 행하면서 낙심하거나 포기하지 않는다면 반드시 거두게 된다는 것이다(9절).

여기에서 말씀이 끝나지 않는다. 말씀을 가르치는 자와 좋은 것을 함께하는 것이 성령을 위하여 심는 것이고 영생을 얻는다고만 말씀한 것이 아니다. 6절부터 9절까지의 말씀의 결론은 다음 구절이다.

"그러므로 우리는 기회 있는 대로 모든 이에게 착한 일을 하되 더욱 믿음의 가정들에게 할지니라"(갈 6:10).

여기서 "믿음의 가정들"은 사역자의 가정만이 아니라, 믿음의 고백이 분명하고 회심의 증거가 있는 성도들의 가정들이다. 예수님을 주님으로 믿는 자 중에 지극히 작은 자, 지극히 별 볼일 없는 사람에게 한 것이 곧 예수님께 한 것이다(마 25:40).

이해를 바라면서 마태복음 25장의 양과 염소의 판결 장면을 근거로 조금 강하게 표현하자면 이렇다. 육신적으로 먹고살 만하고, 전세 이상의 집도 있고, 자동차도 있고, 여벌의 옷이 있어 반듯하게 입

고 다니는 사역자나 성도들에게 좋은 것을 나누어 주는 것이 아니라, 가난하고 어려운 형편에 있는 사역자나 성도들에게 나누어 주는 것이 곧 예수님께 한 것이다. 반대로 이렇게 하지 않은 것이 곧 예수님께 하지 않은 것이다(45절).

예수님은 자기를 혼인 잔치에 초대한 사람에게 이렇게 말씀하셨다.

"네가 점심이나 저녁이나 베풀거든 벗이나 형제나 친척이나 부한 이웃을 청하지 말라 두렵건대 그 사람들이 너를 도로 청하여 네게 갚음이 될까 하노라 잔치를 베풀거든 차라리 가난한 자들과 몸 불편한 자들과 저는 자들과 맹인들을 청하라 그리하면 그들이 갚을 것이 없으므로 네게 복이 되리니 이는 의인들의 부활 시에 네가 갚음을 받겠음이라"(눅 14:12-14).

문자 그대로 형제나 가족, 친척들, 부한 자들과 잔치나 식사를 전혀 하지 말라는 것이 아니다. 예수님은 자기를 따르는 자들이 어디에 우선순위를 두고 살아야 하는 지를 강조해서 말씀하신 것이다. 자기 자랑, 자존심, 체면, 이미지 관리, 결국에는 자기 사랑에서 비롯된 초대와 섬김을 꼬집는 말씀이다.

예수님을 주님으로 믿고 있는가? 선한 목자이신 예수님의 음성(진리의 말씀)을 듣고 그대로 따르기를 원하는가? 예수님이 하나님 아버지를 영광스럽게 하여 자신도 영광스럽게 된 것처럼 여러분도 예수님의 영광에 참여하기를 원하는가?

그렇다면 우리도 예수님처럼 서로 사랑하고 섬기는 자가 되어야 한다. 독생하신 하나님, 주와 임금이신 예수님이 가장 천한 자리, 하인의 자리에서 가장 더러운 발을 씻어주시고 우리의 절대적인 필요인 죄와 사망에서의 구원을 얻게 하시려고 즐거이 십자가를 져주신 예수님처럼 다른 지체들을 섬기는 자가 되어야 한다.

사랑하고 섬기는 데 있어서 귀하거나 천한 자리는 없다.

14

길이요,
진리요,
생명이신
예수님

"너희는 마음에 근심하지 말라 하나님을 믿으니 또 나를 믿으라 내 아버지 집에 거할 곳이 많도다 그렇지 않으면 너희에게 일렀으리라 내가 너희를 위하여 거처를 예비하러 가노니 가서 너희를 위하여 거처를 예비하면 내가 다시 와서 너희를 내게로 영접하여 나 있는 곳에 너희도 있게 하리라"(요 14:1-3).

"예수께서 이르시되 내가 곧 길이요 진리요 생명이니 나로 말미암지 않고는 아버지께로 올 자가 없느니라"(요 14:6).

제자들을 준비시키심

예수님은 이미 12장에서 이 세상을 떠나 하나님 아버지께로 가실 준비를 다 끝내셨다. 그리고 13장에서 제자들과 마지막 만찬을 하시면서 그들의 발을 씻어 주시는 것을 통해 앞으로 그들이 어떻게 살아야 하는지에 대해 본을 보여주셨다.

그러나 제자들은 아직 예수님을 떠나보낼 준비가 되어 있지 않았다. 예수님이 죽으신다는 것에 대해 상상도 하지 않았다. 하지만 예수님은 그날 밤에 붙잡힐 것이고, 날이 밝으면 십자가에 달려 죽으실 것이다. 그래서 예수님은 남아 있게 될 제자들을 준비시켜야 했다.

예수님이 제자들을 훈련하고 준비시키신 것은 그들을 부르신 때부터 이미 시작되었다. 그들은 알지 못했지만, 예수님과 함께 공생애를 보내면서 함께 거하고 예수님이 행하신 사역들과 말씀들을 보고 듣고 경험한 것을 통해 준비되고 있었다. 그럼에도 막상 예수님이 떠나실 날이 다가오자 그들은 두려워하고 근심에 빠졌다. 그것은 예수님이 떠나신 후에 그들의 삶이 어떻게 될지를 알지 못한 데서 오는 두려움과 근심이었다.

이런 제자들에게 예수님은 요한복음 14, 15, 16장의 말씀을 통해 그들에게 소망과 확신을 심어 주신다. 제자들이 열심을 내서 지켜야 하는 말씀, 그것을 통해 그들이 원하는 것을 얻어내야 한다는 말씀이 아니라, 하나님 아버지와 예수 그리스도와 성령 하나님께서 주권적인 은혜로 그들을 이끌어 가실 것에 대한 말씀으로 그들을 위로하고 격려하며 소망과 확신을 주고 계신다.

14장부터의 말씀은 하나님 아버지의 택하심을 받아 예수 그리스

도를 주님으로 믿고 따르는 자들에게 하신 것이다. 예수님이 떠나고 나면 그들이 어떻게 살아야 하는지를 말씀하신 것이 아니라, 그들에게 어떤 일이 일어나게 될 것인지, 그들이 어떤 삶을 살게 될 것인지를 말씀하신 것이다. 이 차이를 알겠는가?

마음에 근심하고 있는 제자들에게 예수님은 "하나님을 믿으니 또 나를 믿으라"고 말씀하신다(1절). 하나님을 믿으라는 것은 무슨 말인가? 하나님이 그들의 아버지라는 것을 믿으라는 것이요, 아버지는 그들을 결코 빼앗기거나 내버려두지 않고 반드시 아버지의 나라, 아버지의 집에 살게 하신다는 것을 믿으라는 것이다. 또한 아버지의 보내심을 받은 예수님도 아버지께로 가서 그들을 위해 거처를 예비해 놓고 다시 와서 그들을 그곳으로 인도해 가실 것임을 믿으라는 것이다.

길, 진리, 생명

예수님의 길은 아버지께로부터 와서 아버지께로 가시는 것이다. 그러나 도마가 나서서 예수님이 어디로 가시는지 그 길을 알지 못한다고 말한다(4절). 그렇다. 그는 알지 못하고 있는 것이 분명했다. 예수님이 하나님 아버지께로 다시 간다는 것은 알겠는데, 어떻게 가는지, 그 길이 어떤 길인지는 알지 못한 것이다. 갈릴리에서 예루살렘으로 가는 길처럼 두 발로 걸어가면 되는 길이 아니기 때문이다.

도마가 예수님이 가시는 길을 알지 못해 난감하다는 표정을 지으며 묻는 질문에 예수님은 "내가 곧 길이요 진리요 생명이니 나로 말미암지 않고는 아버지께로 올 자가 없느니라 너희가 나를 알았더라면 내 아버지도 알았으리로다 이제부터는 너희가 그를 알았고 또 보았느니라"(6-7절)고 대답하셨다.

그렇다. 예수님이 하나님 아버지께로 가는 유일한 길이다. 예수님을 믿고 영접하지 않으면, 선한 목자이신 예수님의 양이 되어 예수님의 음성을 따라가지 않으면 아버지의 나라에 갈 수 없다. 예수님이 생명이다.

예수님만이 어둠에 있는 자들에게 빛을 비추어 그들에게 생명을 줄 수 있다. 생명의 떡이신 예수님의 피와 살을 먹고 마시는 자만이 영생을 얻는다.

예수님이 진리이다. 진리를 알지 못하면 결코 자유롭게 되지 못한다. 죄에서 자유롭게 되지 못하면 하나님 아버지와 화목하게 됨으로 얻는 자유를 누리지 못한다. 진리이신 예수님을 알고 믿는다는 것은, 예수님을 통해 죄 사함을 받아 자유롭게 되는 단계를 지나 진리, 곧 예수님의 말씀에 순종하는 것이다.

길이요, 진리요, 생명이신 예수님을 믿어 영접한 자들은 예수님과 함께 아버지께로 가는 길을 걷게 된다. 예수님이 그들 안에 생명으로 계시기 때문이요, 그들로 하여금 진리를 따라 즐거이 순종하게 하시기 때문이요, 그들과 함께 그 길을 걸으시기 때문이다.

하나님 아버지와 예수님은 하나다

도마에 이어 이제는 빌립이 나서서 예수님께 아버지를 보여 달라고 한다(8절). 그러자 예수님은 "나를 본 자는 아버지를 보았거늘"(9절)이라고 하시면서 매우 중요한 말씀을 하신다.

"내가 아버지 안에 거하고 아버지는 내 안에 계신 것을 네가 믿지 아니하느냐"(10절 상반절).

예수님은 남아 있을 제자들을 준비시키기 위해 작정하고 말문을 여신 것으로 보인다. 떠나시기 전에 당부의 말씀, 순종해야 될 말씀이 아니라, 약속의 말씀을 주심으로 그들로 확신을 가지고 살게 하시기 위한 말씀이었다.

그런데 도마와 빌립이 끼어들어 질문을 함으로 5절부터 11절까지의 말씀을 추가적으로 하게 된 것이다. 그런데 사도 요한은 이들의 질문과 예수님의 답변을 돌발 상황에서의 질의응답으로 여기고 기록한 것이 아니라, 의도적으로 의미를 부여하며 기록하고 있다.

그 목적은 무엇일까? 도마의 질문에 대한 예수님의 답변은 1장에서부터 12장까지의 핵심을 한마디로 요약하고 있다. 하나님 아버지께서 자기의 택한 백성들을 불러모으시기 위해 예수님을 보내셨다는 것이요, 예수님을 통해서만 아버지께로 갈 수 있다는 것이다. 자칭 하나님을 믿고 사랑하는 자나 율법에 충실한 자가 아버지께로 가는 것이 아니라, 예수님을 구주와 주님으로 믿고 영접한 자, 그래서 말씀대로 순종하며 사는 자가 아버지께로 갈 수 있다는 것이다. 예수님을 믿지 않고 사랑하지 않는 자, 예수님의 말씀에 순종하지 않는 자는 하나님을 사랑하는 자가 아니다.

빌립의 질문에 대한 예수님의 답변은 "태초에 말씀이 계시니라 이 말씀이 하나님과 함께 계셨으니 이 말씀은 곧 하나님이시니라 그가 태초에 하나님과 함께 계셨고 만물이 그로 말미암아 지은바 되었으니 지은 것이 하나도 그가 없이는 된 것이 없느니라"(1:1-3)는 선언과, 예수님이 12장까지 행하신 모든 사역들이 예수님 자신만의 뜻과 의지대로 한 것이 아니라, 아버지와 하나가 되어 아버지의 뜻대로 행하신 것이었음을 다시 한 번 확실하게 말씀해 주신 것이다.

여기에서 우리는 예수님의 공생애의 삶의 원리, 하나님 아버지를 온전히 기쁘시게 하는 삶을 사신 원리(비결)를 발견한다.

"나와 아버지는 하나이니라"(10:30).

이것은 삼위일체 하나님이라는 교리를 가르치시기 위해 하신 말씀이 아니다. 태초에 하나님 아버지와 함께 하나님으로 계셨던 독생하신 하나님께서 육신을 입고 이 땅에 오셔서 아버지께서 맡기신 일을 감당함에 있어서 아버지와 하나가 되어 그 일을 행하고 계신다는 것이다.

그렇다고 예수님과 하나님 아버지의 하나 됨이 사람들이 거창하게 주장하듯이 '우리는 하나다'라는 식의 하나를 이루고 있다는 것은 아니다. 사람들이 주장하는 '하나'는 매우 작은 공통의 관심사, 직면한 문제에 대한 공감대(지극히 자기중심적인 판단에 의한 공감대)만을 가지고 자기들은 하나라고 주장한다.

예수님과 하나님 아버지의 하나 됨은 삼위일체의 하나 됨이다. 사람의 경우로 말하면 영과 혼(정신)이 하나이고 육신만 서로 다르다는 것이다. 성부와 성자는 동등한 하나님이고, 예수님이 육신을 입고 세상에 오셨다는 것과 구체적인 역할만 다를 뿐이다. 예수님이 하나님 아버지와 분리되어 세상에 오신 것이 아니라 한 분인 상태에서 오신 것이다. 사실 예수님과 하나님 아버지는 나누어질 수 없는 상

태로 하나를 이루고 계신다. 성령 하나님도 마찬가지다. 공간과 시간 적으로 분리될 수 없는 삼위일체시다.

그러므로 예수님이 자신과 아버지가 하나라고 하신 것은, 아버지와 하나가 되어 지금까지 사역을 행해 오셨음을 말씀하신 것이요, 하나님께서 택하셔서 자기 소유로 삼으신 자들 또한 예수님 자신의 소유임을 강조하시는 말씀이다.

아버지가 예수님 안에, 예수님이 아버지 안에

"나와 아버지는 하나다"라는 예수님의 주장에 대해 신성모독이라고 하면서 돌로 치려는 유대인들에게 예수님은 이렇게 말씀하신다.

"만일 내가 내 아버지의 일을 행하지 아니하거든 나를 믿지 말려니와 내가 행하거든 나를 믿지 아니할지라도 그 일은 믿으라 그러면 너희가 아버지께서 내 안에 계시고 내가 아버지 안에 있음을 깨달아 알리라 하시니"(10:37-38).

이것은 결코 추상적이거나 관념적인 말씀이 아니다. "아버지께서 예수님 안에, 예수님이 아버지 안에" 있다는 것은 실제다. 그리고 지금 예수님은 아버지를 보여 달라는 빌립에게 다시 동일한 말씀으로 답하고 계신다.

"내가 아버지 안에 거하고 아버지는 내 안에 계신 것을 네가 믿지 아니하느냐 내가 너희에게 이르는 말은 스스로 하는 것이 아니라 아버지께서 내 안에 계셔서 그의 일을 하시는 것이라"(14:10).

14 길이요, 진리요, 생명이신 예수님

예수님은 아버지께서 원하시는 일이 무엇인지에 대해 아버지께 묻고 응답을 받거나, 또는 궁리 끝에 아버지께서 기뻐하실 만한 것을 찾아서 그것을 가르치거나 행하신 것이 아니다. 이것은 서로 공간적으로 분리되어 있을 때나 하는 것이다.

그러면 예수님은 왜 기도하셨을까? 하나님이셨지만 기도의 본을 보여주시기 위함일까? 우리가 본으로 삼은 것이지 예수님이 매일 기도하는 것, 날이 새도록 기도하시고 이른 아침에 기도하는 것에 대해 본으로 보이고자 하신 것이 아니다. 이것은 외형적인 것만 본 것이다. 중요한 것은 '예수님이 왜 그렇게까지 기도를 하셨으며, 어떤 기도를 하셨느냐'이다.

예수님은 자신이 기도하신 내용을 요약하여 제자들에게 가르쳐주셨다. 그것이 바로 '주기도'다. 주기도의 중심과 우선순위에서 벗어난 기도는 올바른 기도가 아니다. 주기도는 하나님을 하나님으로, 아버지로 알고 하는 기도요, 하나님의 통치와 주권을 철저하게 인정하고 하는 기도다. 주기도는 하나님의 나라, 즉 하나님의 절대 주권을 인정하고 다르심을 구하는 기도요, 하나님의 이름이 영광스럽게 되기를 구하는 기도이다. 그리고 응답의 결정권도 하나님의 주권에 맡기는 기도이다(《내 안에 예수님께서 사시는 중보적인 삶》에서, 'Ⅱ. 기도' 참조).

이것을 인정하지 않고 하는 기도는 예수님의 기도와 거리가 멀다. 매일 기도하거나 날이 새도록 기도하고 이른 새벽에 일어나 '기도하는 자'들은 기독교 안에만 있는 것이 아니다.

예수님의 기도는 육신을 입고 있음으로 인한 유혹과 갈등을 이겨내고 아버지의 뜻에 자신을 복종시키기 위해 기도하신 것이다(오병이어 표적을 행하신 후에 산으로 가신 것과 겟세마네 동산에서 기도하신 것이 대표

적이다).

예수님의 공생애는 하나님 아버지와 하나가 되어 사신 삶이다. 이제까지 언급한 본문 외에도 여러 곳에서 예수님은 이것을 분명하게 증거하신다.

"내가 진실로 진실로 너희에게 이르노니 아들이 아버지께서 하시는 일을 보지 않고는 아무것도 스스로 할 수 없나니 아버지께서 행하시는 그것을 아들도 그와 같이 행하느니라"(5:19).

"이에 예수께서 이르시되 너희가 인자를 든 후에 내가 그인 줄을 알고 또 내가 스스로 아무것도 하지 아니하고 오직 아버지께서 가르치신 대로 이런 것을 말하는 줄도 알리라 나를 보내신 이가 나와 함께하시도다 나는 항상 그가 기뻐하시는 일을 행하므로 나를 혼자 두지 아니하셨느니라"(8:28-29).

"내가 내 자의로 말한 것이 아니요 나를 보내신 아버지께서 내가 말할 것과 이를 것을 친히 명령하여 주셨으니 나는 그의 명령이 영생인 줄 아노라 그러므로 내가 이르는 것은 내 아버지께서 내게 말씀하신 그대로니라 하시니라"(12:49-50).

"그날에는 내가 아버지 안에, 너희가 내 안에, 내가 너희 안에 있는 것을 너희가 알리라"(14:20).

"아버지여, 아버지께서 내 안에, 내가 아버지 안에 있는 것같이 그들도 다 하나가 되어 우리 안에 있게 하사 세상으로 아버지께서 나를 보내신 것을 믿게 하옵소서"(17:21).

그러므로 이렇게 말할 수 있다. 예수님은 아버지의 보내심을 받았으나 아버지와 함께 거하시면서 아버지께서 말씀하시는 바를 말씀하시고 가르쳤고, 아버지께서 하시는 일을 행하셨으며 아버지께서 만나시는 자를 만나신 것이다. 아버지께서 고치시는 자를 고치셨고 구원하시는 자에게 구원을 선포하신 것이다. 아버지께서 예수님 안에서 예수님과 하나가 되어 예수님을 통해 아버지의 일을 행하시고 원하시는 뜻을 이루신 것이다.

이것은 하나님 아버지와 예수님의 관계에만 국한된 것이 아니다. 17장의 예수님의 기도에서 볼 수 있듯이, 예수님으로 말미암아 구원받은 하나님의 백성, 자녀들이 하나님과 어떤 관계를 맺고 살아가는지에 대한 모범이요, 삶의 원리로 제시되고 있다(뒤에서 자세히 나눌 것이다).

"내게 주신 영광을 내가 그들에게 주었사오니 이는 우리가 하나가 된 것같이 그들도 하나가 되게 하려 함이니이다 곧 내가 그들 안에 있고 아버지께서 내 안에 계시어 그들로 온전함을 이루어 하나가 되게 하려 함은 아버지께서 나를 보내신 것과 또 나를 사랑하심같이 그들도 사랑하신 것을 세상으로 알게 하려 함이로소이다"(17:22-23).

예수님이 남겨질 제자들을 준비시킨 것은 몇 가지 당부의 말씀이나 사명을 맡기신 것이 아니다. 아버지께서 예수님 안에, 예수님이 아버지 안에 있어 하나 됨을 이루고 있는 것처럼, 예수님 안에서 하나님 아버지와 제자들의 연합, 곧 하나 됨을 이루게 하는 것이었다.

예수님이 떠나고 나면 다른 보혜사이신 성령이 오심으로 삼위일체 하나님과 그들이 하나로 연합될 것임을 말씀하고 있다. 이보다 더 확실한 준비는 없다.

하나님 아버지께서는 구약의 경우와 달리 택하신 자들 안에 임마누엘로 계시기 위해 예수님을 보내셨다. 예수님이 육체로 제자들과 함께 거하신 것은 구약시대와 비교하면 파격적인 임재였지만, 그것이 임마누엘의 온전한 성취는 아니다. 임마누엘은 육체로 함께하심이 아니요, 영으로 우리 안에 거하시는 임마누엘이다. 그것은 예수님의 승천 이후 성령의 오심을 통해 하나님 아버지께서 믿는 자들을 성전삼고 그 안에 거하시는 것이다.

너희가 내 안에, 내가 너희 안에

"내가 아버지께 구하겠으니 그가 또 다른 보혜사를 너희에게 주사 영원토록 너희와 함께 있게 하리니 그는 진리의 영이라 세상은 능히 그를 받지 못하나니 이는 그를 보지도 못하고 알지도 못함이라 그러나 너희는 그를 아나니 그는 너희와 함께 거하심이요 또 너희 속에 계시겠음이라"(14:16-17).

다른 보혜사, 곧 진리의 영이 오시는 것은 예수님도 제자들을 고아와 같이 버려두지 아니하고 다시 오시는 것이다. 그때 세상(불신자들)은 예수님을 보지 못하지만 믿는 제자들은 예수님을 볼 것이다. 피차 살아 있기 때문이다(18-20절). 이것은 예수님이 죽으셨다가 부활하셔서 제자들을 다시 찾아오신다는 말씀이고(20:19 이하), 또한 제자들 안에 오셔서 그들과 영원히 함께하신다는 것이기도 하다. 이것이 아니라면 예수님은 부활하셔서 제자들을 찾아오셨다가 40일 후 승천하심으로 다시 오실 때까지 제자들을 떠나가신 것이 된다. 하나님 아버지와 예수님은 하늘 보좌에 계시고 성령님만 우리와 함께 계시는 것인가? 그렇지 않다.

"그날에는 내가 아버지 안에, 너희가 내 안에, 내가 너희 안에 있는 것을 너희가 알리라"(14:20).

"그날"은 앞서 언급한 것처럼 예수님이 부활하신 날이요, 또한 승천하신 후에 성령님이 오신 날이다. 그날의 기간은 예수님이 부활 승천하신 후, 예수님이 다시 오시는 날까지다. 제자들에게는 부활하신 예수님을 만난 날이요, 오순절에 성령님이 강림하신 날이요, 그 이후 순교할 때까지의 날들이다. 그리고 사도들 이후에는 택함을 받은 자들이 예수님을 주님으로 믿고 영접한 날이다.

부활하신 예수님이 제자들을 찾아오셨을 때, 그들은 예수님이 하나님 안에, 그들이 예수님 안에, 예수님이 그들 안에 있는 것을 알게 되었는가? 그들은 예수님의 부활을 믿지도 못했다. 그러므로 엄밀히 말하면 "그날"은 예수님을 믿는 자들에게 성령님께서 그들 안에 내주하신 날이다. 성령으로 말미암아 예수님을 주님으로 믿고 고백한 날이다(고전 12:3).

그날은 임마누엘이 성취되는 날이다(물론 궁극적인 성취는 예수님이 재림하신 후 하나님의 나라에서 영원히 함께 사는 것이다). 이제 모든 믿는 자들은 모퉁잇돌이신 예수 그리스도 안에서 서로 연결하여 성전이 되고 성령 안에서 하나님이 거하실 처소가 되기 위하여 그리스도 예

수 안에서 함께 지어져 간다(엡 2:20-22).

또한 그들은 개인적이면서 동시에 공동체적으로 하나님의 성령이 계시는 하나님의 성전이다(고전 3:16). 하나님의 성전에 성령님만 거하시는 것은 아니다. 성령은 하나님의 영이요 그리스도의 영이기에, 삼위일체 하나님께서 영으로 우리 안에 함께 거하시는 것이다.

"나의 계명을 지키는 자라야 나를 사랑하는 자니 나를 사랑하는 자는 내 아버지께 사랑을 받을 것이요 나도 그를 사랑하여 그에게 나를 나타내리라"(14:21).

"사람이 나를 사랑하면 내 말을 지키리니 내 아버지께서 그를 사랑하실 것이요 우리가 그에게 가서 거처를 그와 함께하리라"(23절).

다른 보혜사를 보내주시고 그로 말미암아 예수님과 하나님 아버지께서 제자들 안에 있는 것을 알게 될 것이라고 말씀하신 후, 갑자기 예수님의 계명, 즉 말씀을 지켜야 한다고 하신다. 그것이 사랑한다는 증거라는 것이다.

예수님을 사랑한다면 예수님의 말씀을 지키게 되어 있다고 하시면서, 하나님 아버지께서 그를 사랑하여 아버지와 예수님이 그를 거처로 삼고 그와 함께 거하시겠다고 하신다(여기서 '거처'는 하나님 나라에 가서 준비하시겠다는 거처가 아니다. 우리를 성전 삼고 우리 안에 거하신다는 것이다).

이것은 명령인가, 아니면 다른 보혜사가 오시면 그렇게 될 것임을 말씀하신 것인가? 15절에서 예수님은 "너희가 나를 사랑하면 나의 계명을 지키리라"고 말씀하신 후 곧바로 아버지께 다른 보혜사 곧 진리의 영을 구하여 제자들에게 주시도록 하겠다고 하신다. 그리하여 진리의 영이 제자들 안에 거하도록 하시겠다는 것이다. 그리고 아버지와 예수님이 영으로 제자들 안에 거하여 하나 됨을 이룰 것임을 말씀하셨다.

이것은 무슨 말인가? 하나님 아버지께서 예수님 안에 거하시면서 예수님으로 하여금 아버지의 뜻대로 행하게 하신 것처럼, 성령님을 통하여 삼위일체 하나님이 제자들 안에 거하심으로 아버지의 말씀, 곧 진리를 따라 순종하도록 하신다는 것이다.

보혜사 곧 아버지께서 예수님의 이름으로 보내시는 성령께서 그들 안에서 진리의 말씀을 가르치시고 생각나게 하시고 즐거이 순종하게 하시는 것이다. 이를 통해 그들이 하나님의 택하심을 입은 자요, 하나님 아버지와 예수님을 사랑하는 자임이 증거되는 것이다.

예수님은 선한 목자로서 자기의 양을 알고 양도 선한 목자를 안다(10:14). 또한 예수님의 양은 예수님의 음성을 듣고 예수님을 따르게 되어 있다(17절). 이것이 다른 보혜사가 오심으로, 진리의 영이 양들 안에 내주하심으로, 아버지와 예수 그리스도께서 그들 안에 거하심으로 이루어진다는 것이다.

길이요, 진리요, 생명이신 예수님이 제자들 안에 영으로 오셔서 그들을 아버지께로 인도해 가실 것을 말씀하심으로 그들로 두려워하거나 근심하지 않도록 준비시키셨다. 당시 요한복음을 읽은 성도들이나 오늘날 택함을 받은 우리에게도 마찬가지다. 성령의 내주하심을 통해 아버지와 예수 그리스도께서 우리 안에 거하셔서 우리로 하여금 말씀대로 순종하는 삶을 살게 하시고, 우리를 아버지의 나

라로 인도해 가신다. 우리가 택하심을 받아 예수님을 주님으로 믿는 순간부터 삼위일체 하나님과 함께 아버지의 나라에 가는 여정을 시작한 것이다.

15

포도나무 이신 예수님

"나는 포도나무요 너희는 가지라 그가 내 안에, 내가 그 안에 거하면 사람이 열매를 많이 맺나니 나를 떠나서는 너희가 아무것도 할 수 없음이라 사람이 내 안에 거하지 아니하면 가지처럼 밖에 버려서 마르나니 사람들이 그것을 모아다가 불에 던져 사르느니라"(요 15:5-6).

    예수님은 남겨질 제자들을 가장 확실하게 준비시키셨다. 그것은 보혜사 성령을 보내시고 아버지와 예수님이 제자들을 거처로 삼아 그들 안에 거하시는 것이다. 이것을 15장에서 포도나무와 가지의 비유를 통해 다시 말씀하신다. 거기에는 예수님과 제자들의 관계, 그리고 예수님이 다시 심판주로 오실 때까지 그들이 살아가는 삶의 방식과 삶의 한복판에서 하나님께 드리는 기도의 원리가 담겨 있다.

내 안에 거하라

예수님은 "참 포도나무"이고 하나님 아버지는 "농부"이시다(1절). 농부이신 아버지께서는 예수님께 붙어 있는 가지들 중에서 열매를 맺지 못하는 가지는 제거해 버리고, 열매를 맺는 가지는 더 튼실하고 풍성한 열매를 맺도록 하기 위해 깨끗하게 해 주신다(2절).

예수님께 붙어 있는데 열매를 맺지 못하는 가지는 무엇인가? 예수님을 주님으로 믿어 하나님의 자녀가 되었는데도 열매를 맺지 못한 가지인가? 그렇지 않다. 이런 일은 절대로 없다.

그러면 무엇인가? 예수님에게 붙어 있으나, 예수님 안에 거하지 않는 자다(4절, "내 안에 거하라 나도 너희 안에 거하리라 가지가 포도나무에 붙어 있지 아니하면 스스로 열매를 맺을 수 없음같이 너희도 내 안에 있지 아니하면 그러하리라"). 그는 예수님을 주님으로 믿고 따르는 자가 아니라, 예수님을 통해 자기의 욕심과 야망(꿈)을 이루려는 목적으로 예수님에게 붙어 있는 자다.

제자들 중에서는 가룟 유다요, 요한복음에서는 혈통적으로 아브라함의 자손이요, 하나님이 자기들의 아버지라고 주장하나 사람들로부터 오는 영광만을 구하고 예수님을 대적하고 죽이려고 하는 유대인들이다.

하나님 아버지의 택함을 받아 예수님께로 인도함을 받은 자들, 하나님께로부터 나서 예수님을 주님으로 믿고 영접한 자들은 열매를 맺는 가지로 택함을 받아 예수님께 붙어 있는 자들이다. 이미 예수님 안에 거하는 자들이다. 예수님은 제자들에게 아버지와 함께 그들 안에 거할 것임을 이미 말씀하셨다(14:20,23).

　제자들은 이미 깨끗해진 자들이다. 이제 깨끗함을 입은 자로서 예수님을 온전히 믿고 따라야 한다. 이것이 "내 안에 거하라"(4절 상반절)는 의미다. 예수님 밖에 있는 자, 떨어져 있는 가지에게 '안에 거해라', '붙어 있어라'고 하신 것이 아니다. 이미 관계를 맺은 자들에게 더욱 친밀한 관계, 온전한 연합으로 초대하시는 것이다. 그래야만 그들은 하나님 아버지께서 원하시는 풍성한 열매를 맺을 수 있기 때문이다.
　제자들은 열매 맺는 가지로 포도나무이신 예수님께 붙어 있는 자들이다(15:5). 그래서 그들은 반드시 열매를 맺을 수밖에 없다. 그러나 그들은 열매를 맺되 풍성하게 맺기 위해 포도나무이신 예수님께 온전히 붙어 있어야 한다. 이는 예수님을 떠나서는 절대로 아무것도 할 수 없기 때문이다(문자적으로 그렇다는 것이 아니라, 아무리 훌륭한 일을 했더라도 그 일이 예수님 안에서 행한 일이 아니면 하나님 아버지께서 보시기에 아무것도 아니라는 것이다).

　"그가 내 안에, 내가 그 안에 거하면", 즉 예수님 안에 거하게 된 자가 더욱 온전하게 거하게 되면, 다시 말해 온전한 연합을 이루면 그는 한두 가지의 열매가 아니라 많은 열매를 맺게 된다. 제자들이 예수님 안에 거하지 않게 되는 일은 없다. 예수님을 떠나게 되는 일도 없다(가룟 유다를 제외하고). 그래서 그들이 열매 맺지 못한 가지처럼 밖에 버려져 말라 불에 던져지는 일은 없다. 이것은 하나님 아버지께서 택하신 모든 성도들의 경우에도 동일하다.

"나는 내가 사랑하는 자를 위하여 노래하되 내가 사랑하는 자의 포도원을 노래하리라 내가 사랑하는 자에게 포도원이 있음이여 심히 기름진 산에로다 땅을 파서 돌을 제하고 극상품 포도나무를 심었도다 그중에 망대를 세웠고 또 그 안에 술틀을 팠도다 좋은 포도 맺기를 바랐더니 들포도를 맺었도다 예루살렘 주민과 유다 사람들아 구하노니 이제 나와 내 포도원 사이에서 사리를 판단하라, 무릇 만군의 여호와의 포도원은 이스라엘 족속이요 그가 기뻐하시는 나무는 유다 사람이라 그들에게 정의를 바라셨더니 도리어 포학이요 그들에게 공의를 바라셨더니 도리어 부르짖음이었도다"(사 5:1-3, 7).

하나님께서는 최상의 포도를 얻기 위해 이스라엘 민족을 택하셨다. 그런데 그들은 하나님의 기대와는 달리 들포도를 맺어 버렸다. 정의를 행하고 의로운 삶을 사는 대신에 포학, 즉 다른 사람들을 억압하고 학대하고 그들의 소유를 빼앗았다. 그리고 공의를 행하는 대신 이해관계에 따라 판결을 달리했다. 돈, 권력, 명예 등에 의해 공의는 고무줄이 되어 버렸다. 아니 그들에게 공의는 없었다. 이러한 삶이 들포도다.

새 언약

이스라엘은 최상급의 포도를 맺는 데 있어서 실패했다. 그러나 하나님께서는 포기하지 않으셨다. 그들과 새 언약, 곧 영원한 언약을 맺어 최상급의 열매를 반드시 맺게 하겠다고 약속하셨다(렘 31:31-34, 32:36-44; 겔 36:24-28 참조,《토기장이이신 하나님의 손》중에서 '14. 약속하신 성령' 참조).

새 언약은 무엇을 통해 맺어졌는가?

"저녁 먹은 후에 잔도 그와 같이 하여 이르시되 이 잔은 내 피로 세우는 새 언약이니 곧 너희를 위하여 붓는 것이라"(눅 22:20).

"이것은 죄 사함을 얻게 하려고 많은 사람을 위하여 흘리는바 나의 피 곧 언약의 피니라"(마 26:28).

새 언약은 예수님이 흘리신 피로 맺어졌다. 그 피는 하나님 아버지께로부터 난 자들(1:13), 아버지의 이끄심을 받아 예수님께로 오는 자들(6:44)에게만 효력이 있다. 하나님 아버지께서는 택하신 자들과 예수님의 피로 새 언약, 곧 영원한 언약을 맺으신다. 새 언약은 구약에서 맺은 언약(아담, 노아, 아브라함, 모세, 다윗 등과 맺은 언약)과는 달리 강력한 힘이 있어 언약 안에 있는 자들로 하여금 하나님 아버지께서 받으실 만한 열매를 반드시 맺게 한다.

돌에 새겨진 율법으로는 최상급 포도를 맺을 수 없다. 그러나 새 언약은 하나님의 법을 택하신 자들의 마음에 기록하여 순종하게 함으로 명실상부한 하나님의 백성이 되게 한다(렘 31:33). 또한 새 언약은 영원한 언약으로서 택하신 자들에게 한마음과 한 길을 주어 항상 하나님을 경외하게 하고, 하나님을 떠나지 않게 하며, 하나님께서도 그들을 떠나지 않으신다(렘 32:39-40).

새 언약은 택함 받은 자들을 모든 더러운 것에서와 모든 우상 숭배에서 정결하게 하고 새 영을 그들 속에 두고, 새 마음을 그들에게 주어, 그들의 육신에서 굳은 마음을 제거하고 부드러운 마음을 주

며, 또 하나님의 영을 그들 속에 두어 그들로 하나님의 율례를 행하게 한다(겔 36:25-27). 이처럼 새 언약은 하나님께서 주권적인 은혜로 맺으시는 것이요, 하나님께서 주도적으로 성취해 가시는 것이다.

그러므로 하나님 아버지께서 우리와 새 언약을 맺으셨다는 것은 엄청난 은혜이다. 새 언약 안에 있는 자가 열매를 맺지 못하는 경우는 절대로 없다. 예수 그리스도를 주님으로 믿는다는 것은 예수님이 그의 안에, 그가 예수님 안에 있다는 것인데, 이런 상태에서 열매를 맺지 못한다는 것은 불가능하기 때문이다. 하나님 아버지께서 예수님 안에, 예수님이 아버지 안에 계심으로 사신 삶이 예수님의 공생애다.

열매는 무엇인가?

열매는 무엇인가? 예수님의 이름으로 얻어낸 어떤 성과들인가? 일명 간증이라고 하는 축복인가? 아니다. "예수님이 내 안에, 내가 예수님 안에" 거함으로 맺어지는 열매는 어떤 결과물들이 아니라, 예수님을 주님으로 모시고 살아가는 삶 그 자체이다. 예수님 안에 거하나 예수님을 변두리에 모셔놓고 자기가 주인이 되어 살아가느냐, 아니면 예수님을 주인의 자리에 모시고 주님의 말씀을 따라 순종하며 사는 삶이냐가 하나님께서 받으시는 열매인지 아닌지를 결정한다. 나의 삶이 하나님께서 받으시는 삶이냐, 아니냐는 것이다.

"내 안에 거하라"(4절 상반절)고 하신 예수님은 "그가 내 안에, 내가 그 안에 거하면 사람이 열매를 많이 맺는다"(5절)고 하셨다. 그리고 "아버지께서 나를 사랑하신 것같이 나도 너희를 사랑하였으니 나의 사랑 안에 거하라"(9절)고 말씀하신다.

그러므로 예수님 안에 거한다는 것은 예수님의 사랑 안에 거하는 것이다. 이것은 혼자서 예수님의 사랑에 감동하고 눈물 흘리고 좋아하면서 "예수님 사랑해요"라고 독백을 하며 지내는 것이 아니라, 예수님이 우리를 사랑한 것같이 우리도 서로 사랑하는 것이다(12절, 13:34 참조). 서로 사랑하는 자가 예수님 안에, 예수님의 사랑 안에 거한 자다.

예수님이 내 안에, 내가 예수님 안에 거함으로 맺어지는 열매는 서로 사랑하는 것이다. 예수님은 택함 받은 우리를 친구로 여겨 우리를 위해 자기 목숨을 버리는 큰 사랑으로 우리를 사랑하셨다. 이렇게 큰 사랑을 받은 우리 또한 믿음의 형제를 위해 목숨을 버리는 것이 마땅하다(요일 3:16).

세상의 빛으로 오신 예수님을 주님으로 믿어 빛 가운데 거하게 된 자(예수님이 그 안에, 그가 예수님 안에 거하는 자)는 형제를 사랑하게 되어 있다. 그런데 빛 가운데 있다 하면서 형제를 미워하는 자는 아직도 어둠에 있는 자다(요일 2:9). 또한 형제를 사랑하지 않는 자는 하나님께 속한 자가 아니다(3:10).

사도 요한은 심지어 이렇게까지 말한다.

"우리는 형제를 사랑함으로 사망에서 옮겨 생명으로 들어간 줄을 알거니와 사랑하지 아니하는 자는 사망에 머물러 있느니라"(요일 3:14).

죄인이 사망에서 생명으로 옮겨지는 일은 예수님의 말씀을 듣고 예수님을 보내신 하나님 아버지를 믿는 것을 통해 이루어지고, 그는

영생을 얻으며 심판에 이르지 않는다(요 5:24). 그런데 지금 사도 요한은 여기에서, 그 일이 예수님이 말씀하신 새 계명대로 형제를 사랑함으로 사망에서 옮겨 생명으로 들어간다고 말하고 있다. 그가 영생을 얻은 자요, 심판에 이르지 않는다고 말한다. 이것은 병행구절로서 하나님 아버지와 예수님을 믿고 말씀대로 순종하는 것은 다른 것이 아니라, '믿음의 형제들을 사랑하는 것이다'라는 것이다.

그러므로 예수님을 믿는다고 하면서도 형제를 사랑하지 않고 미워하는 자는 어둠에 거하고 있는 자요, 하나님이 아니라 마귀에게 속한 자요, 아직 생명을 얻지 못한 자인 것이다.

예수님이 우리를 사랑하신 사랑으로 형제를 사랑하며 사는 삶이 바로 열매이다. 이것이 우리가 예수님 안에, 예수님이 우리 안에 거하고 계신다는 증거요, 사랑이 깊고 많을수록 예수님 안에 온전히 거하고 있다는 것이다. 다른 말로 성령 충만한 삶을 살고 있는 것이다.

서로 사랑한다는 것?

그러면 사도 요한이 말하는 '형제를 사랑한다'는 것은 무엇인가? 자칫 고상하고 신령하다고 하는 정신적인 사랑이나 영적인 사랑인가? 그렇지 않다. 초대교회 당시 큰 영향력을 끼쳤던 이단인 영지주의자들은 영적인 지식만을 강조하면서 육체는 무익하고 악하다고 주장했다. 이런 주장이 예수님의 성육신을 부인하기에 이르렀다. 거룩하신 하나님이 악하고 더러운 육체를 입을 리가 없다는 것이다(그래서 그들이 적그리스도로 정죄를 받는다, 요일 4:1-3 참조).

예수님의 성육신에 대한 부인은 단지 교리적인 잘못으로만 그치지 않는다. 예수님의 성육신은 하나님 아버지께서 죄인들을 사랑하신 사랑의 표현이요, 그 사랑의 절정이 십자가에 죽으심이었다. 그러므로 예수님의 성육신과 십자가의 죽으심을 빼고서는 하나님의 사랑을 말할 수 없다(요일 4:9-10).

우리는 하나님 아버지와 예수님의 전인적인 사랑으로 구원을 받았고, 성령으로 말미암아 그 사랑이 우리에게 부어져서 예수님이 우리 안에, 우리가 하나님 안에 거하게 하심으로 우리로 서로 사랑하게 하신 것이다(12-16절). 하나님 아버지께서 예수 그리스도로 말미암아 우리를 구원하신 것은 사랑이신 하나님처럼 우리 또한 서로 사랑하며 살게 하시기 위함이다.

그런데 영지주의자들은 육체를 부정하다고 여겨 예수님의 성육신을 부인하고 더불어 형제들을 사랑함에 있어서 육신적인 부분을 간과했다. 그래서 사도 요한은 성육신 하신 예수님을 믿는 것과 형제를 사랑하는 것을 동등하게 놓고 구원을 이야기한 것이다. 믿음의 형제를 사랑하는 것은 성육신하시고 십자가에서 피 흘려 죽으신 예수님을 믿고 따르는 것과 같다.

그러므로 우리의 사랑은 전인적인 사랑이어야 한다. 자칭 영적인 사랑이 아니다. 그저 기도해 주고 몇 마디의 격려와 위로의 말을 건네주며 영적인 지식을 전달해 주는 사랑이 아니다. 사도 요한은 형제 사랑에 대하여 이렇게 말한다.

"그가 우리를 위하여 목숨을 버리셨으니 우리가 이로써 사랑을 알고 우리도 형제들을 위하여 목숨을 버리는 것이 마땅하니라 누가 이 세상의 재물을 가지고 형제의 궁핍함을 보고도 도와줄 마음을 닫으면

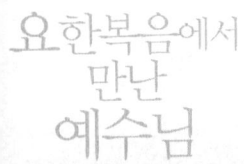

하나님의 사랑이 어찌 그 속에 거하겠느냐 자녀들아 우리가 말과 혀로만 사랑하지 말고 행함과 진실함으로 하자 이로써 우리가 진리에 속한 줄을 알고 또 우리 마음을 주 앞에서 굳세게 하리니"(요일 3:16-19).

우리가 서로 사랑한다면 목회자, 평신도를 떠나 자기의 소유를 가지고(자기 지갑을 열어서) 어려운 형편에 처한 형제를 돕는 것이 마땅하다. 당시 믿음의 형제들이 어려운 형편에 처하는 경우는 크게 두 가지였다. 하나는 원래 가난한 자들이 예수님을 믿고 교회로 나오는 경우이고, 또 하나는 그리스도인들에 대한 핍박이 심해져서 믿음 때문에 토지와 집, 재산을 압류당하고 강제 이주를 당하거나 감옥에 잡혀 들어가고, 가족 중에 순교를 당해서 어려움을 겪는 경우이다. 두 경우 모두 믿음의 형제이고, 동일하게 사랑의 대상이다. 이런 형제를 행함과 진실함으로 사랑하라는 것이다. 이것을 기준으로 마지막 날, 예수님은 양과 염소로 구분하실 것이다(마 25:31-46).

열매와 기도 응답

예수님이 제자들을 택하신 것은 그들로 하여금 삶에서 열매를 맺게 하고, 그 열매가 항상 있게 하시기 위함이었다(요 15:16). 이는 남겨질 제자들, 예수님의 이름 때문에 고난과 핍박을 당하게 될 제자들이 세상 속에서 열매 맺는 삶을 살면서 예수님의 이름으로 아버지께 기도하여 응답을 받을 수 있도록 하기 위함이다(16절).
예수님은 제자들에게 "너희가 내 안에 거하고 내 말이 너희 안에 거하면 무엇이든지 원하는 대로 구하라 그리하면 이루리라"(7절)고 말씀하신다. 우리가 예수님 안에, 예수님과 예수님의 말씀이 우리 안에 거하면 구하는 대로 이루어진다는 것이다.

이것은 예수님과 예수님의 말씀이 우리 안에 거하면 우리는 새 계명대로 예수님이 우리를 사랑하신 것처럼 서로 사랑하게 되어 열매를 맺게 되고, 그래서 하나님 아버지께 무엇이든지 원하는 대로 구하면 받게 된다는 것이다. 이것이 예수님의 이름으로 구한다는 것이다(16절). 예수님의 이름은 만능 꼬리표가 아니다.

사랑의 열매가 없으면 기도의 응답도 없다. 예수님의 사랑 안에 거하지 않으면 올바른 기도를 할 수 없다. 행함과 진실함으로 서로 사랑하지 않으면 기도의 응답이 없다. 하나님 아버지의 이름이 영광스럽게 되는 응답이 없는 것이다.

이런 사랑의 열매가 없는 상태에서 기도의 응답을 받았다면, 그것은 하나님의 기뻐하신 뜻 안에서의 응답이기보다, 하나님의 허용하신 뜻 안에서, 즉 구하는 자의 고집이 하나님으로 응답하게 하신 경우이다. 이런 응답은 받는 자에게 육신적인 나음은 가져다줄지 모르지만 결코 복이 되지 못하고, 하나님께도 영광이 되지 않는다(광야에서 고기를 구한 이스라엘 백성들에게 메추라기를 주신 경우에 속한다. 민수기 11장 참조).

예수님은 하나님 아버지의 계명을 지켜 그의 사랑 안에 거하는 삶을 사셨고, 모든 기도에 응답을 받으셨다. 예수님이 아버지의 사랑 안에 거하셨다는 것은 아버지를 사랑하여 그분의 말씀에 절대적인 순종을 하셨다는 것이요, 아버지께서 택하여서 사랑하시는 모든 자들을 사랑하셨다는 것이다. 그 사랑 안에서 아버지께 기도하신 것이고, 아버지께서는 그 기도에 기쁘게 응답하신 것이다.

그때 예수님이 아버지께 구한 것들은 무엇이었는가? 예수님이 원한 것들이었는가, 아니면 아버지께서 원하신 것들이었는가? 둘 다이다. 정확히 말하면, 아버지께서 원하신 것들을 예수님도 원한 것이다. 왜냐하면 예수님이 아버지의 사랑 안에 거하고 있었고, 아버지의 말씀으로 가득 차 있었기 때문이다. 아니 아버지께서 예수님 안에 온전히 거하심으로 하나가 되어 있었기 때문이다.

마찬가지로 우리도 예수님과 하나님 아버지의 사랑 안에 온전히 거하게 되면 무엇을 기도하게 되는가? 아버지께서 원하시는 것이 곧 우리가 원하는 것이 된다. 아버지께서 자기의 기뻐하신 뜻을 이루시기 위해 우리로 품게 하신 소원만이 우리의 소원이 된다(빌 2:13, "너희 안에서 일하사 자기가 참으로 기뻐하는 것을 원하게 하시고 행하게도 하시는 이는 하나님이시니라" - KJV). 그것을 구하고 이루어지기를 바랄 때, 아버지께서는 자신이 원하신 것이기에 기쁘게 응답하시는 것이다《내 안에 예수님께서 사시는 중보적인 삶》, pp. 74-81 참조).

그러므로 우리의 기도는 먼저 그의 나라와 의를 구하는 것, 곧 하나님의 다스림을 구하는 기도여야 한다(마 6:33). 하나님 아버지의 주권과 통치에 자신을 복종시키는 기도여야 한다. 다른 말로 하면 예수님이 항상 나의 주인으로 계시기를 구하는 기도요, 성령 충만함을 구하는 기도이다. 이것은 우선순위의 문제가 아니다. 하나님의 통치 밖에서 일용할 양식을 비롯한 나머지 것들을 구하는 것이 아니라, 하나님 아버지의 다르심을 받는 가운데서 그분의 필요를 따라 구하는 것이다.

예수님은 남겨질 제자들의 삶도 예수님의 공생애와 같기를 원하셨다. 그들이 예수님의 경우처럼 아버지께 무엇이든지 구하여 다 받기를 원하셨다. 그래서 그들을 통해 아버지의 이름이 영광스럽게 되기를 원하셨고, 더불어 제자들도 영광을 누리기를 원하셨다. 이를 위해 제자들을 택하여 부르신 것이다.

이런 바람을 제자들에게 말씀하셨을 때, 제자들은 '그래, 예수님께서 우리를 떠나가시고 우리만 남겨졌을 때, 우리가 하나님 아버지께 무엇이든지 구하면 다 받게 된다면 그것은 참으로 다행스러운 일이지 않은가? 그러기 위해서는 예수님의 사랑으로 서로를 사랑함으로 예수님 안에 온전히 거해야 하는구나'라고 생각했을 것이다(요 14:17). 제자들에게 있어서 기도 응답에 대한 말씀은 천군만마를 얻는 것이었고 도전이었다.

택함 받은 제자들은 이미 예수님 안에 거하고 있었다. 그리고 그들은 다른 보혜사이신 성령님이 그들 가운데 오시면 예수님의 사랑으로 서로 사랑하게 될 것이다. 그때 제자들은 오늘 말씀하신 예수님의 말씀을 더욱 분명하게 기억하게 될 것이고, 말씀대로 서로 사랑하기를 더욱 힘쓰게 될 것이다(사도행전에서의 사도들과 교회의 모습은 이것을 잘 증명해 주고 있다).

예수님 밖에 있는 자들은 서로 사랑할 수 없다. 하나님의 사랑이 그들에게 부어지지 않았기 때문이다. 거듭나지 않고 회심하지 않은 자들은 예수님의 사랑으로 서로 사랑할 수 없다. 그들을 모아 놓고 '서로 사랑합시다'라고 한들 그들이 받아들이기에는 자기중심적인 사랑으로 들리고, 자기 사랑에서 비롯된(흘러나오는) 사랑밖에 할 수 없다.

예수님의 사랑으로 서로 사랑하는 것과 사랑의 열매가 그가 하나

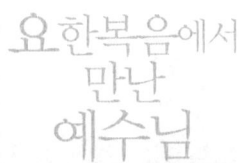

님께 속한 자인지 아닌지와, 예수님이 그 안에 그가 예수님 안에 거하는 자인지 아닌지를 구분한다.

예수님은 제자들에게 "너희가 열매를 많이 맺으면 내 아버지께서 영광을 받으실 것이요 너희는 내 제자가 되리라"(15:8)고 말씀하셨다. 예수님의 삶과 십자가 지심이 하나님 아버지를 영광스럽게 한 일이 된 것은, 예수님이 아버지를 사랑하고 아버지의 말씀대로 즐거이 순종한 것이었기 때문이다(이것이 아니었다면 예수님의 십자가 죽음은 강도나 전쟁포로들이 십자가에 매달려 죽은 것과 다를 바가 없다. 그러나 예수님은 하나님 아버지의 뜻에 자신을 복종시키셨다. 마땅히 져야 할 십자가로 받아들이신 것이다).

우리가 모든 재산을 팔아 가난한 자들에게 나누어주고, 불길에 뛰어들어 다른 사람을 구하고 우리 몸은 불에 타버린다고 해도, 우리가 예수님의 사랑으로 행한 것이 아니라면 하나님께 인정받지 못한다(고린도전서 13장 참조). 우리가 수많은 사역, 곧 예배, 전도, 선교, 구제, 봉사 등을 열심히 한다고 해도 예수님의 사랑과 말씀을 따라 행한 것이 아니라면, 그것은 우리만의 열심일 뿐 하나님 보시기에는 온전한 것이 하나도 없다(계 3:1-6, 사데 교회 참조). 하나님을 위해 한다고 하는 사역 자체가 하나님을 기쁘시게 하는 것은 아니다.

오직 예수님이 내 안에, 내가 예수님 안에 온전히 거한 상태에서 행한 일을 통해서만 아버지께서 영광을 받으신다. 예수님 안에 온전히 거하는 삶을 살면 하나님께서 우리에게 주신 각각의 믿음의 분량과 은사와 부르심을 따라 순종하게 된다. 하나님의 일이라고 하는 모든 사역들에 전체 그리스도인(성도)들이 다 참여해야 하는 것은 아니다. 우리는 몸의 지체들이다(고린도전서 12장 참조).

예수님은 자기를 육신의 배부름을 위한 메시아로 삼고자 하는 자들에게서 벗어나 산으로 혼자 가셨으며, 다시 찾아온 그들에게 자기의 살과 피를 마셔야만 영생을 얻을 수 있다는 말씀을 하심으로 열두 제자들만 남기고 모두 떠나가게 하셨다(요한복음 6장). 한순간도 그들의 요구와 기호대로 응해 주시지 않았다.

오늘날 우리도 예수님처럼 그렇게 하고 있는가? 아니면 우리가 먼저 그들에게 예수님과 하나님 아버지를 그들의 배부름을 위해 존재하는 신으로 소개하고 있지는 않은가? 우리도 예수님 때문에 이렇게 배부르게 산다고 하면서 말이다. 그러니 예수님을 믿고 하나님께 충성하라고 가르치고 있지는 않은가? 이런 식으로 선교와 전도를 하고 예배를 드리고 있지는 않은가? 그래야만 복을 얻을 수 있다고.

이렇게 해서 아무리 많은 사람을 모은다 할지라도, 그들은 하나님께서 영광을 받으시는 열매가 못 된다. 그들은 배부름을 위해 예수님께 나온 자들일 뿐이다. 물론 그 일에 수고한 자들도 하나님께서 인정하지 않으신다.

다시 말하지만, 예수님은 제자들에게 권면이나 명령을 하고 계신 것이 아니다. 예수님이 떠나고 나면 다른 보혜사가 오심으로 제자들 가운에 일어나게 될 일, 곧 그들이 경험하게 될 일을 말씀하신 것이다(택함을 받은 자들에게는 반드시 일어나는 일이다). 그 일이 일어날 때, 예수님 안에 거하기를 더욱 힘쓰라는 것이다. 이것이 가장 확실한 소망과 확신을 갖게 한다.

미움을 받을 것이다

서로 사랑하라고 말씀하신 예수님은 앞으로 제자들이 세상의 미움을 받게 될 것이라고 말씀하신다(14:18-19). 예수님이 그들 안에, 그들이 예수님 안에 거하는 삶을 살게 될 것이기 때문이다. 하나님 아버지의 택하심을 받아 예수님께 속한 자들은 세상의 미움을 받게 되어 있다. 세상 만물이 예수님으로 말미암아 지은 바 되었으나 예수님이 세상의 임금으로 오신 것은 아니다(1:3, 11). 예수님은 하나님 아버지께서 택하신 자들의 임금과 주(主)로 오신 것이다.

예수님은 자기가 아버지께로 가고 나면 이 세상의 임금이 올 것이라고 말씀하셨다(14:30). 그러나 예수님께 중요한 것은 세상에 거하는 동안 "오직 내가 아버지를 사랑하는 것과 아버지께서 명하신 대로 행하는 것을 세상이 알게"(14:31) 하는 것뿐이라고 하셨다. 예수님은 자발적으로 즐거이 십자가를 지심으로 이것을 증명하셨다.

예수님의 나라가 이 세상에 속한 것이었다면 예수님은 죽지 않으셨을 것이다(18:36). 대적하거나 굴복하지 않는 무리들은 자기의 종들을 동원해서 모두 물리치고 이 세상에 자기 나라를 세우셨을 것이다. 그러나 예수님의 나라는 이 세상에 속한 것이 아니다. 예수님은 세상의 임금이 되기 위해 오신 것이 아니다. 세상에 있는 자들 중에 하나님 아버지께서 택하신 자들을 불러 모아 구원하여 그들의 주(主)가 되시기 위해 오신 것이다.

그러므로 예수님께 속한 자들은 세상에 속한 자가 아니다. 그래서 세상 임금은 자기에게 속하지 않은 자, 자기를 임금으로 모시지 않고 예수님을 주와 임금으로 모시는 자들을 미워하고 핍박하는 것이다. 세상의 임금은 죄와 사망의 권세를 가지고 사람들을 옭아매어 종으로 부리는 사단(마귀)이다. 사단이 세상에서 왕 노릇하기 때문에 예수님께 속한 자들이 미움을 받을 수밖에 없지만 그렇다고 미움만 받는 것은 아니다. 그중에서 택하심을 입은 자들은 예수님의 말씀에 순종하듯이 제자들의 말을 듣고 따를 것이다(15:20).

그러나 예수님은 분명히 아셨다. 예수님이 떠나고 나면 다른 보혜사가 제자들 가운데 오겠지만, 그들이 세상의 미움을 받아 고난과 핍박을 받게 될 것이다. 특히 하나님을 안다고 하나 예수님을 보내신 하나님은 모르는 자들로부터 미움과 핍박을 받을 것이다. 예수님을 보고도 대적하여 십자가에 못 박은 그들은 정죄와 심판을 피할 수 없다(유대인의 구원을 혈통적으로나 민족적으로 이해하지 말라).

우리가 잘 아는 대로, 사도들과 초대 성도들은 유대인들과 로마 황제에 의해 극심한 핍박을 받았다. 왜냐하면 세상에서 세상이 그토록 미워하는 예수님을 증언했기 때문이다.

제자들은 세상의 미움을 받으면서도 예수님의 사랑으로 서로 사랑함으로써 자기들이 예수님의 제자임을 나타내야 했고, 예수님을 증거해야 했다. 이를 위해 예수님은 아버지께 제자들에게 다른 보혜사이신 진리의 성령을 보내주시기를 구하셨다. 그 응답으로 성령님이 오셔서 그들로 예수님을 증거하게 하실 것이다(15:26-27).

그러므로 '예수님이 십자가에 못 박혀 죽으시고 부활하사 승천하신 것은 믿는 자들에게 보혜사 성령님을 보내주시기 위함이다'라고 말할 수 있다. 예수님의 죽으심과 부활은 단지 죄인을 구원하여 하나님의 자녀가 되게 하는 것만이 아니라, 그것을 지나 그들로 예수

님 안에 거하면서 서로 사랑하며 살게 하고, 그들로 하여금 예수님의 증인의 삶을 살게 하시기 위함이었다. 이를 위해서는 반드시 하나님의 영이요, 그리스도의 영이신 보혜사 성령님이 그들 가운데 오셔야만 한다. 그래야만 진리의 영이신 성령님이 믿는 자들 가운데 거하시면서, 그들로 예수님의 증인의 삶을 살게 하시는 것이다. 서로 사랑함을 통해, 예수님과 예수님의 가르침을 살아내고 전하는 것을 통해 증인의 삶을 살게 하신다.

예수님은 근심하고 있는 제자들에게 반드시 다시 와서 그들과 함께 거하실 것이라고 말씀하셨다. 다른 보혜사가 그들에게 오실 때, 하나님 아버지와 예수님이 그들에게 와서 그들 안에 거하실 것이라고 하셨다. 그리고 보혜사이신 진리의 성령이 오시면 제자들이 어떻게 해야 하고 무슨 말을 해야 하는지에 대한 모든 것을 가르쳐 주시고, 예수님께서 말씀하신 모든 것들을 생각나게 하고 순종하게 하실 것이라고 하셨다(14:26). 이는 그들로 근심하지 않고, 두려워하지 않고, 확신과 소망을 가지고 평안을 누리게 하기 위함이었다(27절).

예수 그리스도를 주님으로 믿는 자, 곧 거듭난 자는 예수님이 그 안에, 그가 예수님 안에 거하는 자다. 그는 반드시 하나님 아버지께서 받으실 만한 열매를 맺게 되어 있다. 그는 좋은 땅으로서 말씀을 듣고 지키어 인내로 열매를 맺는다(마 13:1-23; 눅 8:15 참조. 믿음의 분량에 따라 30배, 60배, 100배의 열매를 맺는다). 나머지 땅 – 길가, 돌밭, 가시떨기 – 과 같은 자들은 열매를 맺지 못한다(이 비유는 신앙성장의 단계를 말하는 것이 아니다. 택함을 받은 자와 택함을 받지 못한 자를 구분하고 있다. 택함을 받은 좋은 땅만 열매를 맺는다). 그들은 환난이나 핍박을 당할 때 바로 넘어지고, 세상의 염려와 재물의 유혹 때문에 열매를 맺지 못한다. 왜냐하면 그들은 하나님께로부터 난 자가 아니기 때문이다.

고난, 환난, 핍박, 세상의 유혹 등은 우리의 믿음이 참 믿음인지 아닌지를 확인시켜 주는 장치들이다. 믿음은 은혜로 주어지고 성장한다. 하나님께로부터 난 자는 어떤 고난이나 환난, 핍박, 그리고 어떠한 세력에 의해서든지 하나님의 사랑에서 끊어지지 않는다(롬 8:35-39 참조). 하나님 아버지와 예수님께서 그를 결코 빼앗기지 않으시기 때문이다.

교회 안에 거하고 있으나 열매를 맺지 못한다면, 그는 아직 예수님 안에 거하고 있는 자가 아니다. 즉 예수님을 믿는 자가 아니다. 아직 때가 되지 않아 거듭나지 않았거나, 처음부터 하나님께로부터 난 자가 아닐 수 있다. 예수님께 속한 자는 하나님께 속한 자요, 빛 가운데 거하는 자다. 그는 반드시 열매를 맺게 된다. 그를 통해 참 빛이신 예수님이 세상에 비쳐진다. 그래서 그는 세상의 미움을 받게 된다.

당신은 누구에게 속한 자인가? 예수님 안에 거하고 있는가? 아니면, 다른 예수 안에 거하고 있는가?

16

보혜사 성령을 약속

"그러나 내가 너희에게 실상을 말하노니 내가 떠나가는 것이 너희에게 유익이라 내가 떠나가지 아니하면 보혜사가 너희에게로 오시지 아니할 것이요 가면 내가 그를 너희에게로 보내리니 그가 와서 죄에 대하여, 의에 대하여, 심판에 대하여 세상을 책망하시리라"(요 16:7-8).

"이것을 너희에게 이르는 것은 너희로 내 안에서 평안을 누리게 하려 함이라 세상에서는 너희가 환난을 당하나 담대하라 내가 세상을 이기었노라"(요 16:33).

가장 필요한 것

예수님은 혼자 남겨질 것에 대해 근심하고 두려워하는 제자들에게 14, 15장에 걸쳐서 여러 말씀을 하셨다. 그것은 제자들로 하여금 근심하거나 두려워하지 않고 평안을 누리게 하려 함이요, 그들 안에 기쁨이 충만하게 하려 함이었다.

남겨질 제자들에게 가장 필요한 것은 무엇이었는가? 세상의 미움을 받더라도 증인의 삶을 살아야 하는 그들로 하여금 무엇이 있어야 평안을 누리고 기쁨으로 담대하게 예수님을 증거할 수 있는가? 평안과 기쁨, 담대함 그 자체는 아님이 분명하다.

그것은 '다른 보혜사, 곧 진리의 성령'이다. 이것이 요한복음 14, 15, 16장의 핵심이다. 15장의 포도나무와 열매 맺는 가지의 비유는 택하신 자들에게 성령이 오시면 그들의 삶에 일어나게 될 일들을 보여주는 비유이다.

예수님의 증인으로 부르심을 받은 자들은 먼저 진리를 행함으로 자신이 예수님의 제자임을 증명해야 한다. 그것은 진리를 따라 사는 삶인데, 예수님이 자기들을 사랑하신 것같이 서로 사랑하며 사는 삶이다. 이를 위해 그들은 예수님 안에, 예수님이 그들 안에 온전히 거하도록 해야 한다. 그래야만 열매를 맺을 수 있으며 예수님의 이름으로 아버지께 구하는 것을 얻을 수 있다.

더 나아가 그들은 예수님이 그리스도라고 증거하고 예수님이 하신 말씀들을 전해야 했다. 특히 그들을 미워하고 핍박하는 세상 가운데서 예수님의 증인으로 살아야 했다. 그들은 같은 민족인 유대인들에 의해 핍박을 받고 출교를 당할 것이다(16:2). 그럼에도 그들은

예수님께 실족(실망)하지 않고 오히려 예수님의 증인이 되어야 했다. 이것은 제자들이 예수님과 함께 공생애를 보냈던 경험을 토대로 경건의 훈련을 한다고 되는 것이 아니었다.

제자들(모든 그리스도인들)이 증인의 삶을 사느냐, 못 사느냐는 하나님 아버지께서 예수님의 이름으로 보내시는 보혜사, 곧 진리의 성령이 그들 가운데 오시느냐에 의해 결정된다. 진리의 성령이 오시면 제자들에게 모든 것을 가르치시고, 그들이 예수님께 들은 모든 것을 생각나게 하시고(14:26), 그들을 통해 예수님을 증언하실 것이다(15:26-27).

이런 의미에서 예수님이 제자들을 떠나가는 것이 그들에게 (매우) 유익하다(16:7). 왜냐하면 예수님이 떠나가지 않으면 보혜사 성령이 그들에게 오시지 않을 것이기 때문이다. 예수님이 가셔서 제자들에게 보혜사 성령을 보내시는 것이다.

그래서 앞에서 언급했듯이, 예수님이 오신 것은 택함 받은 자들을 구원하고 그들에게 성령을 부어 주시기 위함이었다. 왜냐하면 택함 받은 자들을 구원하신 목적은 그들로 예수님의 증인의 삶을 살아감으로 그들을 택하신 하나님 아버지를 영광스럽게 하는 자들로 세우는 것이었기 때문이다. 이 일은 오직 하나님의 영이요, 그리스도의 영이신 성령을 통해서만 가능하다.

진리의 성령이 오시면 제자들을 모든 진리 가운데로 인도하실 것이다(13절). 진리의 성령은 하나님 아버지께 들은 것, 곧 예수님께 들은 것을 제자들에게 알게 하고 그 말씀대로 살게 하신다. 또한 제자들에게 예수님을 더욱 온전하게 알게 하심으로 그들로 하여금 예수님의 영광을 나타내게 하신다(14절). 제자들의 삶을 통해 예수님을 존귀케 한다는 것이다.

우리는 이것을 기준으로 영을 분별할 수 있다(사도 요한이 요한일서에서 말한 적그리스도의 영을 분별하는 것은 기본이다). 성령 충만하다고 하고 탁월한 은사를 받았다고 하는 사람의 삶과 사역을 통해서 예수 그리스도께서 영광스럽게(존귀케) 되지 않는다면 그는 진리의 성령으로 충만한 자가 아니다. 그가 은사와 능력은 행하지만 진리의 말씀대로 순종하는 삶을 살지 않는다면(이것은 얼마든지 가능하다) 그는 예수님의 제자가 아니다(8:31, 13:35). 그는 예수님의 사랑 안에 거하는 자가 아니다(15:10).

죄에 대하여, 의에 대하여, 심판에 대하여

이제 제자들은 진리의 성령으로 말미암아 예수 그리스도를 증거할 것이다. 증거의 핵심은 죄에 대하여, 의에 대하여, 심판에 대한 것이다(16:8). 세상으로 하여금 하나님의 기준에서 죄가 무엇인지, 하나님의 의(정의)가 어떻게 행해지는지와 어떤 자들이 하나님의 심판을 받게 되는지에 대해 세상을 꾸짖으면서 그것에 대해 분명하게 알게 한다. 그리고 예수님이 그리스도요 하나님의 아들이심을 증거하고, 예수님께로부터 들었던 말씀들을 가르쳐 지키게 할 것이다.

무엇이 죄인가? 오늘날에는 죄를 심리학적으로나 인간관계에서의 잘못으로만 국한시켜 정의한다. 그러나 분명하게 기억해야 한다. 죄는 사람에게 잘못한 것이기 전에 하나님과의 관계에서 하나님께 지은 잘못이다. 그렇다고 윤리, 도덕적인 잘못들이 죄라는 것도 아니

다. 살인, 강도, 음행, 시기, 질투, 분쟁, 다툼 등은 죄의 결과, 죄가 맺는 열매들일 뿐이다. 물론 그것들도 '죄들'이다.

하나님 앞에서 죄는 무엇인가? 하나님께서 보내신 예수님을 믿지 않는 것이다. 교회에 나오지 않는 것이나 성경을 읽지 않거나 알지 못하는 것, 기도를 하지 않는 것이 죄가 아니라, 예수님을 창조자로, 임금으로, 하나님의 어린양으로, 생명의 떡이요 빛으로, 선한 목자로 알고 믿고 따르지 않는 것이 죄다. 예수님을 믿고 따르지 않고 있다면 그는 아직도 죄 가운데 있는 것이다.

성령님이 제자들의 증거를 통해 택하신 자들을 구원하실 때는 반드시 그들로 하여금 하나님 앞에서 지은 죄에 대하여 책망하신다(자신이 하나님께 범죄한 죄인임을 깨닫게 하고 인정하게 하신다). 이것이 없이 예수님을 주님으로 믿고 따르는 경우는 없다.

의에 대하여 세상으로 알게 한다는 것은 무슨 말인가? 하나님의 정의가 무엇인지를 알게 한다는 것인데, "내가 아버지께로 가니 너희가 다시 나를 보지 못한다"는 것이다. 여기서 "너희가"는 '세상'이다. 예수님을 다시 보지 못하는 것이 하나님의 정의라는 것이다.

무슨 말인가? 예수님은 제자들에게 "내가 너희를 고아와 같이 버려두지 아니하고 너희에게로 오리라 조금 있으면 세상은 다시 나를 보지 못할 것이로되 너희는 나를 보리니 이는 내가 살아 있고 너희도 살아 있겠음이라"(14:18-19)고 말씀하셨다.

제자들은 부활하신 예수님을 보았고, 성령의 오심으로 예수님이 그들 안에, 그들이 예수님 안에 있음을 경험하였다. 이것이 제자들, 곧 택하심을 입은 자들에게 하나님의 정의가 행해진 것이다. 반대로 예수님을 믿지 않고 대적하는 세상에게 행해지는 하나님의 의(정의)는 그들에게 예수님을 나타내 주시지 않는 것이다. 혹 이들 중에 종교인은 있을 수 있으나, 예수님이 그 안에, 그가 예수님 안에 있어 열매를 맺는 삶을 사는 경우는 없다.

성령님은 택하신 자들에게 예수님을 알게 하고, 예수님이 그 안에 그가 예수님 안에 거하게 하여, 그로 하여금 하나님 아버지께서 받으실 만한 열매를 맺게 하신다.

심판에 대해서 알게 한다는 것은 무엇인가? 예수님으로 말미암아 세상 임금, 곧 사단, 마귀가 이미 심판을 받았음을 알게 한다는 것이다. 예수님은 죽으심과 부활을 통해 죄와 사망의 권세를 가지고 있는 사단의 세력을 영원히 이기셨고, 장차 다시 오실 때 그를 영원한 지옥으로 보내실 것이다. 사단, 마귀는 자기가 이미 정죄를 받고 심판을 받았다는 것을 너무도 잘 알고 있다.

그래서 성령님은 이것에 대해 세상 사람들로 하여금 마귀를 좇아 사는 자들은 이미 심판을 받은 마귀처럼 결국 지옥의 판결을 받게 될 것임을 알게 한다는 것이다. 반대로 택하신 자들에게는 세상의 임금인 사단 마귀가 이미 정죄를 받았음을 알게 하고, 또한 그들도 예수님이 다시 오시는 날 심판대 앞에 선다는 것을 알게 한다.

그래서 그들로 하여금 세상에서 사는 동안 깨어 있는 삶을 살게 하고 예수님을 맞을 준비를 하며 살게 한다(마태복음 25장-열 처녀 비유, 달란트 비유, 양과 염소의 비유 참조).

기쁨

여전히 제자들은 근심에 빠져 있다. 그래서 예수님은 제자들에게 "지금은 너희가 근심하나 내가 다시 너희를 보리니 너희 마음이 기쁠 것이요 너희 기쁨을 빼앗을 자가 없으리라"(요 16:22)고 말씀하신다.

그렇다. 제자들은 부활하신 예수님을 만남으로 기뻐할 것이고(얼떨떨한 상황에서의 기쁨), 성령님이 오심으로 예수님이 그들 안에 함께 거하시는 것(삼위일체 하나님이 거하시는 것이다)을 통해 큰 기쁨을 누리게 될 것이다(아이를 낳은 여인이 아이로 인하여 해산하는 고통을 잊어버림과 같이 예수님이 십자가에 달리실 때 느꼈을 제자들의 낙심과 절망, 슬픔, 불안, 두려움을 모두 삼키고도 남을 큰 기쁨이었다).

그날(성령님이 오신 날)에 제자들은 더 이상 자기들이 무엇을 해야 하는지, 무슨 말을 해야 하는지를 다른 누군가에게 물어볼 필요가 없게 된다. 왜냐하면 진리의 성령님이 그들을 진리 가운데로 인도해 가시고, 예수님의 말씀을 생각나게 하실 것이며 그들이 무슨 말을 해야 하는지를 알게 하실 것이기 때문이다. 성령님은 제자들로 하여금 구속을 이루신 일을 제외하고는 예수님보다 더 큰일을 하게 하실 것이다(14:12).

또한 그들은 무엇이든지 예수님의 이름으로 직접 하나님 아버지께 구하고, 아버지께서는 그들의 기도에 기쁘게 응답해 주시는 것을 경험하게 될 것이다(23-24절, 우리는 예수님의 이름으로 하나님 아버지께 기도하는 것이다). 그래서 그들은 예수 그리스도를 더욱 힘있게 증거하고, 그들의 삶을 통해 예수 그리스도를 나타내게 될 것이다(사도행전이 이것을 잘 증명해 준다).

이를 통해 그들은 하나님 아버지께서 자기들을 친히 사랑하신다는 것을 깨닫게 된다(27절). 그렇다. 하나님 아버지께서는 예수 그리스도 안에서 택하신 자녀들을 친히 사랑하신다. 그래서 기도도 예수님에게나 성령님에게 하는 것이 아니라 아버지께 직접 하기를 원하시고, 자녀들이 예수님의 이름으로 구하는 것들을 예수님을 위하여, 아버지의 영광을 위하여 기쁘게 허락하신다(14:13, 15:16 참조).

예수님은 남겨질 제자들이 하나님 아버지와 어떠한 관계를 맺고 있는지를 알기 원하셨다. 이를 위해 예수님과 아버지의 관계가 어떠한지를 말씀하셨고, 제자들 또한 예수님 안에서 그러한 관계를 맺었고, 장차 오실 성령으로 말미암아 예수 그리스도와 하나님 아버지와 하나가 되어 살아가게 될 것에 대해 말씀하셨다.

그리고 16장을 마치면서 하나님 아버지께서 그들을 친히 사랑하신다는 것을 알기 원하셨다. 이제 제자들이나 믿는 모든 자들은 예수님을 통해서(거쳐서) 하나님 아버지를 대하는 것이 아니라, 예수님 안에서 하나님 아버지와 함께하는 삶을 산다. 아버지께서 우리를 성전으로 삼고 우리 안에 거하고 계신다. 자녀 된 우리는 언제든지 아버지께서 앉아 계시는 은혜의 보좌 앞에 담대히 나아갈 수 있다(히 4:16).

마지막으로 예수님은 자신이 이 세상에 와서 죽고 다시 살아나는 것이 아버지께로부터 와서 다시 아버지께로 가는 것임을 말씀하심으로 제자들 또한 그렇다는 것을 알게 하시다(16:28). 그렇다. 이 세상에 태어나서 예수님을 주님으로 믿고 살다가 질병이나 사고, 기력이 쇠하여서, 또는 고난과 핍박으로 죽음을 맞이하는 것은 예수님처

럼 아버지께로부터 나서 예수님을 믿고 증거하는 삶을 살다가 아버지께로 가는 것이다.

이와 더불어 제자들의 신앙고백(29-30절)을 들으신 예수님은 그들이 다 흩어지고 예수님을 혼자 둘 것이라고 말씀하신다. 이것은 단순히 몇 시간 후에 있을 일을 알려주시는 것이 아니다. 지금 예수님은 자신이 잡혀 죽게 될 상황에서 아무도 곁에 없을 것이지만, 혼자가 아니라 아버지께서 자기와 함께 계신다는 것을 강조하고 있다. 아버지께서 예수님의 고난과 죽으심의 과정을 끝까지 함께하신다는 것이다.

이것은 장차 고난과 핍박을 받고 순교를 당하게 될 제자들과 성도들이 그 상황에 처했을 때, 그들에게 엄청난 위로와 담대함을 갖게 하는 말씀이 아닐 수 없다. 지금 본문을 읽고 있는 성도들은 세상의 미움을 받아 극심한 핍박과 순교를 당하는 상황에 처해 있다(사도들은 사도 요한을 제외하고는 모두 순교한 때이다).

믿는 자들이 고난과 핍박과 순교를 당할 때, 하나님 아버지와 우리 주 예수 그리스도께서 함께해 주시고, 우리를 그분의 나라로 인도해 가신다.

예수님은 남겨질 제자들을 준비시키기 위해 요한복음 14, 15, 16장에 걸쳐서 그 어느 때보다도 애절한 사랑으로 엄숙하고 진지하게 말씀하셨다. 그 이유와 목적은 다음 한 구절로 요약된다.

"이것을 너희에게 이르는 것은 너희로 내 안에서 평안을 누리게 하려 함이라 세상에서 너희가 환난을 당하나 담대하라 내가 세상을 이기었노라"(16:33).

17

예수님의 기도

"내가 그들을 위하여 비옵나니 내가 비옵는 것은 세상을 위함이 아니요 내게 주신 자들을 위함이니이다 그들은 아버지의 것이로소이다 내 것은 다 아버지의 것이요 아버지의 것은 내 것이온데 내가 그들로 말미암아 영광을 받았나이다 나는 세상에 더 있지 아니하오나 그들은 세상에 있사옵고 나는 아버지께로 가옵나니 거룩하신 아버지여 내게 주신 아버지의 이름으로 그들을 보전하사 우리와 같이 그들도 하나가 되게 하옵소서"(요 17:9-11).

"내가 비옵는 것은 이 사람들만 위함이 아니요 또 그들의 말로 말미암아 나를 믿는 사람들도 위함이니 아버지여, 아버지께서 내 안에, 내가 아버지 안에 있는 것같이 그들도 다 하나가 되어 우리 안에 있게 하사 세상으로 아버지께서 나를 보내신 것을 믿게 하옵소서"(요 17:20-21).

하나가 되게 하옵소서

예수님은 제자들이 홀로 남겨지지 않고 진리의 성령님이 오실 때 하나님 아버지와 예수님이 그들 안에 오셔서 그들과 함께하실 것임을 말씀하신 후, 그들을 위해 기도하신다.

예수님이 아버지께 기도하신 내용의 핵심은 무엇인가? 예수님이 아버지와 하나인 것처럼 제자들을 비롯해서 앞으로 믿게 될 모든 자들이 하나님 아버지와 예수 그리스도 안에서 서로 하나가 되는 것이다. 이것은 요한복음 13장부터 16장까지에 걸쳐서 제자들에게 하신 말씀이 제자들과 믿는 자들의 삶에 성취되기를 기도하신 것이다. 그것은 예수님이 그들을 사랑하신 사랑으로 서로를 사랑함으로 그들이 예수님의 제자임을 나타내는 것이요, 예수님 안에 온전히 거하여 열매를 맺는 삶을 사는 것이요, 성령으로 말미암아 그들이 증인의 삶을 사는 것이다.

이를 위해 그들은 하나가 되어야만 하고, 세상의 악에 빠지지 않고 거룩한 삶을 살아야 한다. 그러면 세상은 그들을 통해 예수님이 하나님 아버지께서 보내신 구원자이심과 그들이 하나님의 사랑을 받는 자들임을 알게 될 것이다.

제자들, 그리고 나중에 믿는 자들의 하나 됨은 그들만의 연합과 친밀한 교제가 아니라, 하나님 아버지와 예수 그리스도와 연합하여 교제하는 것이다(요일 1:3). 영생을 얻은 자(거듭나서 회심한 자)와 얻지 못한 자(거듭나지 못한 자, 회심하지 못한 자)는 서로 하나가 될 수 없다. 회심한 자는 빛 가운데 거하는 자고, 회심하지 못한 자는 어둠에 거하는 자이기 때문이다. 회심한 자는 하나님께 속한 자요 하늘에 속한 자이나, 회심하지 못한 자는 마귀에게 속한 자요 땅에 속한 자이기 때문이다.

하나님 아버지의 주권적인 은혜로 예수님을 구주와 주님으로 믿는 자들은 포도나무이신 예수님께 붙어 있는 가지로서, 예수님이 그 안에 그가 예수님 안에 있어 말씀대로 순종하는 삶, 곧 열매 맺는 삶을 살게 된다.

그러므로 예수님 안에 거하여 열매 맺는 삶을 사는 자와, 교회에 속해 있으나 예수님 안에 거하지 않는 자도 서로 하나가 될 수 없다. 서로 붙어 있는 나무(뿌리)가 다르기 때문이다.

그래서 교회 안에 속해 있다고 해서, 기독교 단체에 속해 있다고 해서, 경계가 너무도 넓어진 복음주의 안에 있는 교회, 단체, 목회자라고 해서 무조건 용서하고 화목과 연합, 하나 됨을 추구하는 것은 위험하다(그들을 정죄하고 심판하는 일만 삼가면 된다).

사도들은 다른 복음, 다른 예수를 전하는 자들, 하나님의 말씀을 왜곡시키고 변질시키는 자들, 그리고 자기의 배부름을 추구하며 성도들 위에서 군림하며 사역하는 자들을 거짓 사도, 거짓 교사, 거짓 선지자라고 하며, 성도들로 하여금 그들을 조심하라고 권면한다. 또한 교회 안에서 은밀하게 죄를 짓는 자들(사역자나 일반 성도를 불문하고)을 예수 그리스도의 이름으로 책망하였고, 회개하고 돌이키지 않으면 그들과 사귀지도 말고 내쫓으라고 했다(고전 5:11-13). 사람이 먼저가 아니라, 예수님의 몸인 교회의 거룩함과 순결함을 지키는 것이 먼저다.

하나님 아버지께 택함을 받아 예수님의 양이 된 자들은, 모두 선한 목자이신 예수님의 우리에 들어가 예수님 안에서 하나로 연합하게 된다. 그들은 내주하시는 성령으로 말미암아 하나님 아버지와 예수 그리스도와 하나로 연합하게 되고, 하나님이 거하실 처소가 되기 위하여 그리스도 예수 안에서 함께 지어져 간다(엡 2:22). 사도 바울은 이들에게 "성령이 하나 되게 하신 것을 힘써 지키라"(엡 4:3)고 권면한 것이다.

지금 예수님은 세상이나 모든 사람들을 위해 기도한 것이 아니라, 하나님 아버지께서 자기에게 주신 자, 곧 하나님을 믿고 예수님을 그리스도로 알고 믿고 따름으로 영생을 얻은 자들이 예수님 안에서 삼위일체 하나님과 하나 됨을 이루어 살기를 기도한 것이다(17:9).

그들은 하나님 아버지께로부터 난 자들이요(1:13), 하나님 아버지를 알고 예수님이 아버지께서 보내신 자임을 믿는 자요, 하나님의 말씀, 곧 예수님이 하신 말씀을 듣고 지키는 자들이다(17:7-8). 그래서 하나님 아버지께서 그들도 하나님 아버지와 예수님의 관계처럼 하나가 되게 해주시기를 기도한 것이다.

또한 예수님은 공생애 동안 멸망의 자식인 가룟 유다를 제외한 제자들을 잃지 않고(빼앗기지 않고) 지키셨듯이(12절), 예수님이 아버지께로 가면 남겨질 제자들을 아버지께서 아버지의 이름을 걸고 지켜주시기를 기도한 것이다(11절). 예수님의 공생애 동안에도 세상의 미움을 받았던 제자들이, 자신이 떠난 후에는 예수님만큼이나 더욱 미움을 받게 될 것을 너무도 잘 아셨기에 아버지의 보호를 구한 것이다.

여기서 세상의 미움을 받는다는 것은 은밀한 유혹을 받는다는 것이요, 유혹이 통하지 않으면 핍박과 죽음의 위협을 받게 되고, 또는 실제로 죽임을 당하게 된다는 것이다. 그렇다고 예수님이 제자들로 하여금 그런 상황을 겪지 않도록 에녹이나 엘리야의 경우처럼 죽음을 보지 않고 데려가시기를 구한 것은 아니다.

그런 유혹과 위협적인 상황에서도 악에 빠지지 않고 승리하기를 기도하신 것이다(15절). 그들의 승리는 대적하는 세력을 이기고 세상의 주도권을 잡는 것이 아니라, 미움과 핍박을 받는 상황 속에서도 서로를 사랑하며 거룩한 삶을 사는 것이다.

그래서 예수님은 아버지께 그들을 진리로 거룩하게 해주시기를 기도하신다(17절). 이것은 거룩해진 최초의 상태를 말하는 것이 아니라, 진리(아버지의 말씀)를 행함으로 거룩한 삶을 사는 것을 말한다.

그들을 세상에 보내었고

제자들과 제자들의 전도를 통해 믿게 될 모든 그리스도인들은 세상에 속한 자들이 아니요, 예수님께 속한 자들이요, 아버지께 속한 자들이다. 또한 그들은 아버지께서 예수님을 세상에 보내신 것같이 예수님에 의해 세상에 보내심을 받은 자들이다.

이것은 세상에서 예수님의 증인으로 살라는 것이다. 그렇다고 그들이 예수님을 증거하기 위해 어떤 무언가를 열심히 해야 하는 것은 아니다. 전도 프로그램을 만들고 예수님이 어떤 분이신지, 어떤 말씀들을 했는지, 그 말씀의 의미는 무엇인지, 어떻게 하면 순종할 수 있는지에 대한 강좌들을 열거나 세상의 기호에 맞는 행사들을 하라는 것이 아니다(이런 것들은 중요하다. 그러나 본질적인 것은 아니다. 본질적인

것이 빠진 상태에서 행해지는 것은 하나님과 아무런 상관이 없다. '너나 잘하세요'가 되어 버린다).

세상 속에서 예수님을 증거하는 데 있어서 본질적이고 가장 강력한 영향력을 끼치는 것은 무엇인가? 예수님 안에 온전히 거함으로 하나님 아버지와 예수님 안에서 서로 하나가 되는 것이다. 우리의 하나 됨을 통해 세상은 우리를 통해 예수님을 보게 되는 것이다. 그래서 예수님은 이렇게 기도하셨다.

"아버지여, 아버지께서 내 안에, 내가 아버지 안에 있는 것같이 그들도 다 하나가 되어 우리 안에 있게 하사 세상으로 아버지께서 나를 보내신 것을 믿게 하옵소서"(21절).

"곧 내가 그들 안에 있고 아버지께서 내 안에 계시어 그들로 온전함을 이루어 하나가 되게 하려 함은 아버지께서 나를 보내신 것과 또 나를 사랑하심같이 그들도 사랑하신 것을 세상으로 알게 하려 함이로소이다"(23절).

영생을 얻은 자들이 진리를 따라 거룩하게 살면서 하나님 아버지와 예수 그리스도 안에서 서로 사랑하며 사는 모습보다 예수님을 강력하게 증거하는 것은 없다. 그래서 예수님 안에서 이미 연합이 되어 있는 자들이지만, 하나님 아버지와 예수님의 관계만큼 온전히 하나가 되게 해달라고 기도하신 것이다.

내게 주신 영광을

이를 위해 예수님은 아버지께서 자기에게 주셨던 영광을 그들에게도 주셨다(22절). 그것은 아버지께서 자기의 뜻과 영광을 위해 예수님을 보내셨듯이 예수님도 그들을 보내셨다는 것이요, 예수님이 아버지의 사랑을 받아 아버지께서 예수님 안에 예수님이 아버지 안에 있는 것처럼, 그들도 아버지와 예수님 안에 거하는 자가 되게 하셨다는 것이다.

또한 하나님 아버지께서 예수님과 함께하셔서 아버지의 뜻을 이루게 하심으로 자기를 영광스럽게 하시고, 또한 예수님을 영광스럽게 하신 것과 같이 제자들의 경우도 예수님이 그들과 함께하셔서 사명을 완수하게 하심으로 영광을 받으시고 그들도 영광스럽게 하시겠다는 것이다.

예수님이 아버지로부터 영광스러운 직분을 받아 완수하신 것처럼, 제자들과 믿는 자들에게도 영광스러운 직분을 주어 그 역할을 하도록 초대하신 것이다. 나 같은 죄인에게 하나님 아버지와 예수 그리스도를 증거할 수 있는 영광을 주신 것이다.

동일한 영광의 직분이 보냄 받은 자들을 하나가 되게 하는 것이다. 그것은 그 직분 자체가 서로를 하나가 되게 한다는 것이 아니다. 같은 비전을 품었다고 하나가 되는 것은 아니다. 같은 비전을 품었다고 그가 최고의 배우자감이 되는 것은 아니다.

그들의 세계관, 가치관, 삶의 방식이 같아야 하고 무엇보다도 하나님을 어떤 분으로 알고 믿느냐가 같아야 한다. 그래야만 같은 마음, 같은 뜻, 같은 말을 하면서 그 비전을 성취해 갈 수 있는 것이다. 비

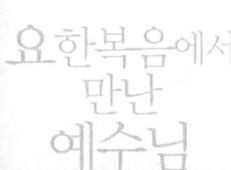

전(목표)만 같다고 하나가 되지 않는다.

예수님이 주신 영광이 제자들과 믿는 자들을 하나가 되게 하는 것은, 그 영광(영광의 직분과 사명)의 성취가 성령의 내주하심과 능력 주심을 통해서만 온전하게 이루어지기 때문이다. 이것은 은사와 능력만을 말하는 것이 아니다. 한 성령 안에서 믿는 자들의 언어와 말이 같아졌다는 것이다(《토기장이이신 하나님의 손》 중에서 '6. 바벨탑' 참조).

하나님 아버지께서 예수님께 성령을 한량없이 주심으로 예수님이 하나님 아버지와 하나가 되어 공생애를 사신 것이다(3:34). 성령의 오심으로 성령을 받은 자들의 언어와 말이 같아졌다. 그들의 생각과 마음, 가치관과 세계관, 사고방식이 같아졌다. 그래서 이제 그들은 같은 마음과 같은 뜻을 품고 영광의 직분을 맡은 자들로서 하나가 되어 그 사역에 동참한다. 그 일이 성령의 오심으로 먼저는 사도들 가운데, 그리고 그 후로 믿는 자들 가운데 성취되었고, 성취되고 있다.

영광을 보게 하소서

예수님은 제자들과 믿는 자들이 서로 하나 되어 예수님을 온전히 증거하는 삶을 살도록 하기 위해, 그들도 예수님이 계신 곳에 함께 있어 아버지께서 예수님에게 주신 영광을 보게 해달라고 기도하신다(24절). 이것은 제자들도 하나님 나라에 데려가 승천하신 예수님께서 아버지로부터 받으시는 영광을 보게 해달라는 것이 아니다.

사도 바울은 새 언약의 일꾼들에 대해 말하면서 "우리가 다 수건을 벗은 얼굴로 거울을 보는 것같이 주의 영광을 보매 그와 같은 형상으로 변화하여 영광에서 영광에 이르니 곧 주의 영으로 말미암음이니라"(고후 3:18)고 했다. "주의 영" 곧 성령으로 말미암아 말씀이 육신이 되어 이 땅에 오셨고, 고난을 받으사 십자가에 달려 죽으셨다가 다시 살아나신 예수님 안에서 아버지의 독생자(독생하신 하나님)의 영광을 보는 것이다. 성육신하신 예수님의 영광, 고난받으신 예수님의 영광, 부활하신 예수님의 영광, 승천하사 하나님 보좌 우편에 앉으시고 심판의 권세를 넘겨받으신 예수님의 영광을 보는 것이다(부활하시고 승천하여 하나님 보좌 우편에 계시는 것만이 영광이 아니다. 하나님의 보내심을 받은 것 자체가 영광이기에, 그 사명을 감당하면서 당하는 모든 것이 영광스러운 일이다). 또한 이것은 예수님 안에 은혜와 진리가 충만함을 보는 것이며(1:14), 예수님을 통해 하나님 아버지를 보는 것이다(18절).

예수님의 이런 영광을 본 자, 그 영광스러움 앞에 엎드려 본 자만이 예수님 안에 온전히 거하고, 예수님도 그 안에 거하심으로 끝까지 예수님의 증인으로 살아가는 것이다.

예수님의 기도의 응답은 예수님이 약속하신 보혜사 성령님, 진리의 성령님이 오순절에 그들 가운데 충만하게 임하심으로 이루어졌고(14:16-26; 행 2:43-47, 4:32-37 참조), 또한 이루어지고 있다. 성령님이 오심으로 그들이 예수님 안에 예수님이 그들 안에 계시게 되었고, 하나님 아버지께서 예수님 안에 계심으로 그들 안에 영원한 임마누엘이 되셨다.

소망과 확신, 그리고 우리의 기도

요한복음 14, 15, 16장의 말씀과 17장의 예수님의 기도는 당시 핍박 가운데 있었던 성도들에게 제자들의 경우만큼이나 위로와 확신을 갖게 하고 담대하게 예수님을 증거하며 살게 했다. 그들은 예수님의 영광을 본 자들로서 고난과 핍박과 죽음에 대해 예수님의 영광에 참여하는 자로 부르심을 받았다는 확신으로 두려움 없이 소망 가운데 찬송하며 그것들을 감당하였다. 세상의 미움을 받고 고난과 핍박을 받고 죽임을 당하였지만, 그들은 승리자였다.

예수님의 기도는 그들로 하여금 예수님의 이름 때문에 당하는 고난과 핍박이 지나가고 평안한 시대가 오기를 기도하거나 자기들을 속히 데려가시기를 구하게 하지 않았다. 오히려 자신들이 예수님(하나님)께 속한 자로서 세상이 자기들을 미워하고 핍박하는 것은 당연한 것이요, 그런 상황 속에서도 예수님의 증인으로서 진리에 순종함으로 거룩하게 살기를 힘쓰고 서로 하나가 되기를 힘써야 한다는 것을 알게 하였다. 그래야만 예수님의 영광에 참여하는 자가 될 수 있음을 알게 된 것이다(초대교회 성도들이 예수님의 재림을 사모한 것은 극심한 핍박 때문이 아니라, 다시 오시겠다는 약속을 확실하게 믿었기 때문이다).

예수님의 기도는 우리가 하나님 아버지께 어떤 기도를 해야 하는지를 알려 준다. 또한 성령으로 말미암아 예수님을 주님으로 믿고 따르게 된다는 것이 무엇이고 그것은 어떤 삶인지, 그 삶이 어떻게 펼쳐지고 그 결말은 무엇인지를 분명하게 알게 해준다.

다시 말하지만, 14장부터 17장까지의 말씀은 택함을 받은 자들에게 성령님이 오시면 반드시 경험되고 열매 맺는 삶이다. 이것은 마태복음 5장부터 7장까지의 산상수훈이 하나님 나라 백성들의 삶의 모습인 것과 같다. 산상수훈은 구약의 율법처럼 주어진 것이 아니다(물론 죄를 깨닫게 하여 회개하게 하는 율법적인 기능이 없는 것은 아니다). 산상수훈은 믿는 자들이 예수님 안에 온전히 거하는 만큼, 성령으로 충만한 만큼 살게 되는 삶의 열매(모습)이다.

그러므로 우리는 무엇을 기도해야 하는가? 구하는 자에게 성령을 주시는 하나님 아버지께 '성령'을, '성령 충만'을 구해야 한다(눅 11:13, 이 말씀은 다른 어떤 것이 아닌 성령을 구하라는 말씀이다. 이것은 하나님의 나라(통치)를 구하는 것이다).

예수님이 승천하시기 전에 제자들에게 그들이 예수님의 고난과 죽으심, 부활, 그리고 죄 사함을 전파하는 증인이라고 하시면서 "볼지어다 내가 내 아버지께서 약속하신 것을 너희에게 보내리니 너희는 위로부터 능력으로 입혀질 때까지 이 성에 머물라 하시니라"(눅 24:49)고 말씀하셨다. 또한 "오직 성령이 너희에게 임하시면 너희가 권능을 받고 예루살렘과 온 유대와 사마리아와 땅 끝까지 이르러 내 증인이 되리라"(행 1:8)고 하셨다.

그 약속의 말씀을 들은 제자들이 어떻게 하였는가? 그들이 "더불어 마음을 같이하여 오로지 기도에 힘썼다"(14절). 무슨 기도를 했겠는가? 당연히 약속하신 대로 성령을 보내주시기를 기도했을 것이다. 성령으로 말미암아 권능을 받아 땅끝까지 예수님의 증인이 되겠다고 기도했을 것이다.

그리고 10일 후 오순절 날에 성령이 그들 가운데 오셨고(2:1-4), 성령이 그들을 인도해 가시면서 예수님의 증인으로 살게 하셨다. 우리

는 이것을 사도행전을 통해 분명하게 볼 수 있다. 성령이 오시면 우리를 진리 가운데로 인도하여 진리를 따라 살게 하고(16:13), 예수님의 영광을 보게 하며, 우리로 하나가 되게 하여 예수님을 증거하게 하신다(17장).

또한 우리는 예수님의 기도를 그대로 인용하여 기도할 수 있다. 예수님의 기도의 핵심은 우리가 하나 됨을 이루는 것인데, 이는 세상을 향해 하나님 아버지와 예수 그리스도를 증거하고 나타내기 위함이다. 그러므로 우리의 기도는 어떤 상황에서도 우리를 통해 예수님이 그리스도시요, 주님이라는 것이 세상에 증거되기를 위해 기도해야 한다.

베드로와 요한이 붙잡혔다가 놓였을 때, 그들은 동료들에게 가서 자기들을 위협한 제사장들과 장로들의 말을 전하고 나서 모두가 한 마음으로 기도했다(행 4:23-30). 그들의 기도의 내용은 지금 위협적인 상황이 하나님의 주권 아래에서 일어나고 있다는 것이고, 위협을 당하는 상황임에도 불구하고 하나님의 말씀을 담대하게 전하게 하시고, 더불어 예수님이 그리스도이심을 증거하는 기사와 표적이 일어나게 해달라는 것이다. 한마디로 세상의 미움과 핍박과 죽음의 위협을 두려워하지 않고 예수님의 증인으로서 예수님을 담대하게 증거하도록 해달라는 것이다.

이때 하나님께서 어떻게 응답하셨는가?

"빌기를 다하매 모인 곳이 진동하더니 무리가 다 성령이 충만하여 담대히 하나님의 말씀을 전하니라"(행 4:31).

하나님께서 성령으로 충만하게 해주심을 통해 그들의 기도에 응답하신 것이다. 성령을 구하는 자에게 성령으로 충만하게 하시는 것과 예수님의 증인으로서의 삶을 충성되게 살고, 예수 그리스도가 온전하게 증거되기를 구하는 자에게 성령으로 충만하게 하시는 것은 같은 응답이다. 성령님은 오직 예수 그리스도를 증거하고, 그분의 말씀을 가르치고 순종하게 하기 위해 오셨기 때문이다. 이를 위해 주권적인 뜻대로 은사와 능력을 각 사람에게 나누어 주시는 것이다(고전 12:11).

응답을 위해 고난당하심

예수님은 남겨질 제자들에게 14, 15, 16장의 말씀으로 그들을 위로하고 확신과 소망을 가지게 함으로 준비시킨 후, 17장에서 그것이 제자들의 삶에 이루어지기를 기도하셨다. 그리고 그 기도가 응답되도록 체포당하시고, 십자가에 못 박혀 죽으셨고(18-19장), 삼 일 만에 다시 살아나셨다(20장).

예수님이 죽으시고 다시 살아나셔야만 택하신 자들에게 성령님이 오시고 이로 말미암아 그들이 증인의 삶을 살 수 있기 때문이다. 그래서 부활하신 예수님은 다시 고기나 잡으러 간 제자들에게 가셔서 다시 사명을 맡기셨다(21장). 그들은 이미 증인으로 택함을 받은 자요, 성령을 받기로 확정된 자들이기 때문이었다.

예수님의 기도가 예수님의 죽으심과 부활을 통해 응답된 것이다. 예수님의 죽으심과 부활이 하나님 아버지로 하여금 택하신 자들에게 보혜사 성령, 진리의 성령을 부어 주도록 하신 것이다. 또한 죽으시고

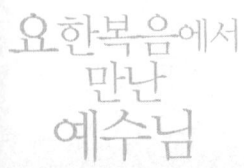

부활하신 예수님의 이름으로 구할 때, 성령으로 충만하게 하신다.

성령으로 충만하게 된 제자들이 성령으로 말미암아 예수를 주라 시인한 자들, 곧 예수님의 양들을 먹이고 치는 것이다(21:15-17). 그것은 양들 위에 군림하거나 그들에 의해 배부름을 누리는 것이 아니라, 양들과 함께 선한 목자이신 예수님의 음성을 듣고 서로를 끌어주고 밀어주면서 그 뒤를 따라가는 것이다. 그들을 통해 예수님이 그리스도이심이 증거된다.

성령님의 감동하심을 따라 사도들이 기록한 예수님의 음성을 알아듣지 못한 자는 선한 목자이신 예수님의 양이 아니다. 예수님의 음성을 따라 순종하지 않는 자 또한 예수님의 양이 아니다. 기록된 예수님의 음성을 옳게 분별하여 전하여 준 말씀을 그대로 받고 인정하고 그 말씀 앞에 자기를 복종시키지 않는 자는 하나님께로부터 난 자가 아니다. 그가 지금 지역 교회 안에 속해 있다면, 그는 혈통이나 육정이나 사람의 뜻에 의해 교회에 속해 있는 것일 뿐이다.

지역 교회가 예수님의 '양 우리'는 아니다. 예수님의 양 우리는 보이지 않는 교회이다. 그곳에는 염소가 한 마리도 없다. 오직 예수님의 양들만 있을 뿐이다. 그러나 지역 교회 안에는 예수님의 양과 염소가 섞여 있다. 예수님이 다시 오시면 교회 안에서 양과 염소를 분리하실 것이다(마태복음 25장 참조).

요한복음의 기록 목적

사도 요한이 요한복음을 기록한 목적은 요한복음을 통해 예수님이 하나님의 아들이요, 하나님께서 보내신 유일한 그리스도이심을 믿게 하려 함이요, 생명이신 예수님으로 말미암아 생명, 곧 영생을 얻게 하려 함이다(20:31). 이것은 복음의 기초적인 요소나 신앙생활의 시작 부분을 말하는 것이 아니다. 당시 그리스도인들에게 이것은 자기의 모든 재산과 목숨, 가족들의 목숨까지 걸어야 하는 문제였다.

누가 "예수님은 하나님의 아들이십니다", "예수님만이 나의 주님이십니다"라는 고백을 신앙생활의 기초, 입문 과정으로만 여기게 만들었는가? 누가 이런 고백을 신앙의 입문이나 성장을 위한 훈련 단계에서 입술로 고백만 하면 통과되는 과정으로 만들었는가?

사도들과 그들에게 복음을 듣고 믿은 초대교회 성도들에게 이런 신앙의 고백은, 자기를 부인하고 자기 십자가를 지고 예수님을 따르는 삶을 살게 하는 것이었다(마 16:24, 25-27 참조).

초대교회 성도들의 신앙고백은 그들로 하여금 요한복음 13장의 세족식에 담겨진 새 계명, 곧 서로 사랑하라는 삶, 14장의 길이요, 진리요, 생명이신 예수님의 뒤를 따르는 삶, 15장의 포도나무이신 예수님께 붙어 있어 열매를 맺는 삶, 16장에서 성령으로 말미암아 하나님 아버지께서 예수님 안에, 예수님이 그들 안에, 그들이 예수님 안에 계심을 느끼고 확신함으로 세상의 미움을 받으나 기쁨과 평안을 누리는 삶, 17장에서 예수님이 기도하신 하나 됨을 이루어 예수님을 증거하는 삶이 살아지게 하는 고백이었다.

이는 그들의 신앙고백은 성령님이 그들에게 예수 그리스도를 알게 하고 말씀을 깨닫게 하심을 통해 그들의 영혼을 관통하여 나온 고백이었기 때문이다. 성령님이 그들에게 죄에 대하여, 의에 대하여, 심판에 대하여 깨달아 알게 하시고 사도들이 전한 복음에 합당하게

반응하게 하신 것이다. 성령님으로 말미암아 하나님의 사랑, 십자가의 사랑이 그들의 마음에 부어져서 예수님을 주님으로 믿고 고백한 것이다(롬 5:5; 고전 12:3).

요한복음에서 만난 예수님은 세상적인 배부름을 위해 찾아와 자기들의 임금이 되어 달라는 자들을 피해 도망치신 분이고, 그들이 끈질기게 따라오면 그들로 하여금 예수님을 정신병자 취급이나 '누가 그렇게 살 수 있느냐?'라고 항변할 만한 말씀을 하심으로 그들 스스로 떠나가게 하셨다.

그리고 예수님에게 붙어 있으나 딴 속셈이 있어서 예수님 안에 거하지 않는 자들은, 너무도 무기력하게 잡히셔서 십자가에 죽으시는 것 때문에 실족(실망)하여 예수님을 떠나가게 만드셨다(택함을 받지 않았기 때문에 실족하는 것이다).

그러나 하나님 아버지께서 예수님께로 보내주신 자들은 그들과 동일한 말씀을 들었고, 예수님이 무기력하게 죽으시는 모습을 보았지만, 예수님을 떠나가거나 실족하여 넘어지는 자(배반하는 자)가 없었다. 그것은 하나님 아버지와 예수님이 그들을 지키셨기 때문이다.

요한복음에서 만난 예수님은 하나님 아버지께서 택하셔서 자기에게 보내주신 자들을 절대로, 영원히 빼앗기지 않으신다. 한 번 택하심은 영원한 택하심인 것이다.

또한 하나님 아버지께서 그들에게 성령을 보내주게 하심으로 성령으로 말미암아 하나님이 예수님 안에, 예수님이 그들 안에, 그들이 예수님 안에 있게 하신다.

이를 통해 그들로 하여금 예수 그리스도 안에서 열매를 풍성히 맺게 하심으로 하나님 아버지를 영광스럽게 하는 삶을 살도록 하신다. 그 삶은 삼위일체 하나님과 그들이 하나가 되고, 또한 그들이 서로 하나 되어 새 계명대로 서로 사랑하며 살아가는 삶이요, 예수님이 그리스도이심과 하나님께서 예수님을 그리스도로 보내셨음을 증거하는 삶이다.

이것은 택함을 받은 자, 그래서 예수님을 주님으로 믿는 자들이 마땅히 살아가는 삶이다. 그들이 살아내야 하는 삶이 아니라, 예수님이 내 안에 내가 예수님 안에 거함으로 살아지는 삶이다.

당신은 예수님을 만났는가?

요한복음에서 만난 예수님

1판 1쇄 인쇄 _ 2018년 6월 20일
1판 1쇄 발행 _ 2018년 6월 30일

지은이 _ 조치민
펴낸이 _ 이형규
펴낸곳 _ 쿰란출판사

주소 _ 서울특별시 종로구 이화장길 6
편집부 _ 745-1007, 745-1301~2, 747-1212, 743-1300
영업부 _ 747-1004, FAX 745-8490
본사평생전화번호 _ 0502-756-1004
홈페이지 _ http://www.qumran.co.kr
E-mail _ qrbooks@gmail.com / qrbooks@daum.net
한글인터넷주소 _ 쿰란, 쿰란출판사
등록 _ 제1-670호(1988.2.27)
책임교열 _ 김유미·신영미

ⓒ 조치민 2018 ISBN 979-11-6143-161-1 93230

책값은 뒤표지에 있습니다.
이 출판물은 저작권법에 의해 보호를 받는 저작물이므로 무단 복제할 수 없습니다.
파본(破本)은 구입처에서 교환해 드립니다.